# 대공황,
## 1929~1933년

# 대공황,

## The Great Contraction, 1929~1933년, 1929-1933

밀턴 프리드먼, 안나 J. 슈워츠 지음 | 양동휴, 나원준 옮김

미지북스

일러두기

1. 이 책은 Milton Friedman and Anna J. Schwartz, *A Monetary History of the United States, 1867-1960*(Princeton, N. J.: Princeton University Press, 1963년)의 제7 장을 단행본으로 엮은 것이다.

2. 이 책에서 언급하는 장章(예: 제8장을 참고할 것)은 *A Monetary History of the United States, 1867-1960*의 해당 장을 가리킨다.

3. 대괄호([ ])로 부연한 설명은 모두 저자가 단 것이다.

차 례

새로운 머리말_안나 제이콥슨 슈워츠    6
논평_벤 S. 버냉키    10
소개의 글: 2007년의 관점에서 본 대공황_피터 L. 번스타인    34

대공황, 1929~1933년    61

옮긴이의 말    289
용어 정리    299
1차 사료    304
도표 출처    306
찾아보기    309

# 새로운 **머리말**

| 안나 제이콥슨 슈워츠 |

이 서문은 공저자가 『미국화폐사A Monetary History of the United States, 1867-1960』로 출간된 지난 연구계획을 두 번째로 회고하는 글이다. 이 책은 바로 그 『미국화폐사』에서 발췌한 것이다. 다만 이 글을 쓰면서 슬픈 것은, 밀턴 프리드먼이 2006년 11월 16일에 서거하여 이 책 서문을 함께 쓸 수 없기 때문이다.

지난 세기에 경제학자들은 거시경제적 ─ 즉 경제를 하나의 총체로서 연구하는 ─ 사고방식을 적어도 세 번 바꿨다. 첫 번째는 존 메이너드 케인즈의 『고용, 이자 및 화폐에 대한 일반이론』에 고무된 혁명적 변화(1936년)였다. 그에 따르면 1930년대 대공황은 경쟁시장체제의 실패이자 통화정책의 무력성을 입증한 사건이었다. 그는 대신 정부의 재정정책을 통한 총수요 관리를 옹호했다. 그의 아이디어는 이후 수십 년간 경제학자들을 사로잡았다.

반격은 『미국화폐사』 제7장에서 1929~1933년의 대침체를 재해석함으로써 시작되었다. 우리가 그 책에서 제시한 증거는, 일련의 은행위기가 발생했는데도 연방준비제도가 최종대부자 역할을 제대로 하지 못해 대규모 통화공급 위축을 초래했고 이것이 다시 총수요, 국민소득, 고용을 위축시킨 책임이 있음을 보이는 것이었다. 시장은 경제를 불안정하게 한 적이 없고, 통화정책은 무력한 것이 아니라 올바르게 사용하면 경제가 잘 유지되게 하고 잘못 사용하면 그 기초를 약화시킬 수 있는 막강한 도구였다. 이런 견해에 경제학자들은 불신 또는 적대감으로 반응했다. 케인즈 정통주의를 공격하는 이 주장에 대한 저항은 쉽게 극복하기 어려웠다.

서로 대립하는 입장에서 출발한 각 주요 주장들 간의 논쟁이 고조되었다. 논쟁의 중심에는 대공황 설명만이 아니라 1960년대와 1970년대 중앙은행에게 풀리지 않은 큰 문제였던 인플레이션에 대한 처방도 있었다.

통화주의와 케인즈주의 간 논쟁은 1980년대까지 계속되었으나 이후 가라앉았다. 이를 가라앉히는 데 일종의 촉매제 역할을 한 것이 바로 1979년 10월 연방준비제도가 폴 볼커Paul Volcker 지휘하에서 인플레이션을 억제하는 통화정책을 채택한 사건이었다. 그것은 임금과 가격 통제, 긴축재정정책 등을 쓰지 않고 인플레이션을 잡으려는 시도였다. 볼커의 성공으로 인해 통화주의 학설 즉, 인플레이션은 비용 상승의 산물이 아니라 화폐적 현상이라는 주장이 빛을 발했다. 아울러 볼커의 경험은 이후 화폐이론과 통화정책 실무의 기본 틀에 반영되었다.

볼커의 경험에서 판명되어 합의가 이루어진 통화정책 이론은 신케인즈주의 종합이라고 이름 붙여졌다. 통화주의와 케인즈주의의 핵심 아이디어와 기타 다른 이론의 요소들(최적화 행위, 합리적 기대, 그리고 정책준칙)을 혼합한 것이었다. 그러나 정책준칙에 따라 중앙은행이 공급해야 할 본원통화량이 모형에서 결정되긴 했지만, 명시적인 통화량 측정은 빠져 있었다. 연방준비제도나 대부분의 다른 중앙은행들은 모형에 화폐를 포함시켜야 할 이론적 필요성을 찾지 못했다.

볼커의 성공은 또한 중앙은행들의 핵심적 책임이 인플레이션 통제라는 것을 처음으로 인식하게 하는 계기가 되었다. 모든 선진국이 묵시적이든 명시적이든 미래 인플레이션에 대한 정책목표를 채택했다. 정책목표가 충족되자 중앙은행에 대한 신뢰가 커졌다. 그러자 목표 자체가 민간의 예상 인플레이션율이 되었다.

암묵적인 인플레이션 목표 설정이 연방준비제도에서 다루는 통화정책의 실무로서 부상했다. 이것은 통화정책이 인플레이션에 미치는 효과에 2년의 시차가 존재하기 때문에 인플레이션율 자체는 통화정책에서 효과적 지침이 될 수 없다는 통화주의적 접근법과는 다른 것이다. 이에 따라 통화주의자들은 인플레이션 통제를 위해 집계통화량을 목표변수로 채택할 것을 제안했다. 하지만 연방준비제도는 물가안정 유지에 전념하여 경기순환 과정에서 인플레이션을 낮은 수준으로 안정시켰음을 입증했다.

연방준비제도는 공개적으로 정책변수를 은행에 대한 1일물(오버나이트) 대부금리로 전환했다. 1980년대와 1990년대 초반에 M1과 M2에 대한 수요가 불안정해지면서 정책변수로서 집계통화량을 강조한 통화주의자의 주장이 빛을 바랬다.

인플레이션이 낮은 수준에서 안정적으로 유지되자 연방기금금리는 낮은 수준의 좁은 범위 안에서 움직이면서 경기순환과 실물경제의 변동성이 완화되었다. 한 가지 아마도 의도하지 않았던 결과가 있었다. 그것은 통화량이 경기확장기에 더 빠르게 증가하고 경제활동이 주춤하는 시기에는 적게 증가해 물가가 (경기순환 과정에서 확장기에 — 옮긴이) 높았다가 (수축기에 — 옮긴이) 낮아질 것으로 예상되는 일이 더 이상 나타나지 않는 것이다. 이런 패턴은 볼커의 경험 이전에는 관측되었으나 그 이후로는 확인되지 않는다. 미국에서 통화량은 물가 예측력을 잃었다. 그러나 다른 경제에서 다 그렇지는 않을 것이다.

최근의 통화주의와 케인즈주의 간 논쟁이 해결되는 과정에서 『미국화폐사』에 제시된 통화주의 옹호론은 어느 정도 수정되었으나 핵심은 달라지지 않았다. 통화량이 중요하고, 인플레이션은 통화정책으로 통제할 수 있고, 장기적으로 인플레이션과 실업 사이에 상충 관계는 없고, 명목금리와 실질금리를 구별해야 하며, 정책준칙이 안정적인 통화정책의 기반 형성에 도움이 된다는 것 등이다. 오늘날 경제학계는 이 주장들을 수용한다.

『미국화폐사』가 출간된 1963년 이래 수십 년 동안에 기각된 것은 이 책에서 연방준비제도의 정책변수로서 연방기금금리 대신 집계통화량을 옹호했던 주장이다. 그럼에도 불구하고 이 책의 주제 —— 장기적으로 통화량이 안정되게 증가하면 비록 그것이 물가 예측력은 갖지 못하더라도 경제활동을 안정화시킬 수 있다는 것 —— 는 당분간 현실이다.

뉴욕에서

벤 S. 버냉키

밀턴 프리드먼의 90번째 생일을 기념하는 오늘 행사에 초대받아 이렇게 발언할 수 있는 것보다 더한 영광이 또 뭐가 있을지 나로서는 잘 떠오르지 않는다. 경제학자 가운데, 프리드먼은 필적할 만한 사람이 없다. 경제학에 그가 이룬 중대한 기여는 많다. 소비자 지출에 대한 항상소득이론permanent-income theory을 개발한 것이라든가, 화폐경제학monetary economics 분야에서 패러다임을 바꾼 연구, 경제사와 방법론에 관한 그의 고무적이고 독창적인 에세이들이 그 기여 가운데 포함된다. 시카고대학교와 그 밖의 여러 곳에서 여러 세대에 걸쳐 대학원생들은 그의 통찰력으로부터 혜택을 입어왔다. 그리고 수많은 이 지적인 2세들과 3세들이 오늘날에도 경제학 분야에서 프리드먼의 생각이 가진 영향력을 끊임없이 확대해가고 있다. 게다가 대중적인 저술, 강연, TV 출연 등을 통해 더욱 광범위한 여론에 미친 밀턴 프리드먼의 영향력은 그의 학술 분야에서의 영향력 못지않게 중요하고 또 오래 지속되어왔다. 밀턴 프리드먼은 인문학적인 교양

---

* 2002년 11월 8일 일리노이 주 시카고의 시카고대학교에서 개최된 〈밀턴 프리드먼 90회 생일 기념 컨퍼런스〉 발표문.

이 넘치고 매력적인 그만의 방식으로 재산권이나 계약의 자유와 같은 경제적 자유가 다른 유형의 자유에 대해 갖는 밀접한 연관성, 그리고 자유경쟁시장이 주는 경제적 혜택에 대한 이해를 수백만 명에게 전해주었다.

오늘 나는 밀턴 프리드먼을 기념하면서 그가 탁월한 공저자인 안나 슈워츠와의 긴밀한 공동작업을 통해 경제학에 남긴 그의 가장 큰 공헌 가운데 한 가지에 대해 이야기하고 싶다. 이 성과란 다름 아닌 바로 미국 역사상 최악의 경제적 재앙인 대공황Great Depression(혹은 프리드먼과 슈워츠의 표현으로는 1929~1933년의 대침체the Great Contraction)의 발발에 대해 선도적이고 가장 설득력 있는 설명을 제공한 것이다. 놀랍게도 프리드먼과 슈워츠는 이 복잡하고 중요한 문제를 해결하기 위해 특별히 나서지 않고 그들의 더 큰 프로젝트인 웅대한 미국화폐사 연구의 일부로 다루었다. 나는 MIT 대학원 시절 초기에 이 『미국화폐사』를 처음 읽었다. 나는 당시 매혹되어 그 이후로 화폐경제학과 경제사를 전공하게 되었다.[1] 다른 많은 사람들도 그런 경험이 있었을 것이라고 본다. 그 결과로서 이 『미국화폐사』가 우리 시대의 화폐경제학에 남긴 직간접적인 영향력이란 아무리 강조해도 지나치지 않을 것이다.

여기 모두가 알겠지만, 『미국화폐사』에서 프리드먼과 슈워츠는 1929~1933년의 경제 붕괴가 국가의 통화 메커니즘이 잘못된 데 따른 것이라고 주장했다. 그들이 그 책을 저술하던 당시에 널리 받아들

---

1) 그런 이유로 나는 뒤의 참고문헌 목록에 나 자신의 연구결과들이 많이 들어 있는 데 대해 독자의 용서를 바란다. 이는 나 자신의 연구의 상당 부분이 프리드먼과 슈워츠의 선도적인 연구과제 제시를 따른 것이기 때문이다.

여지던 생각, 즉 1930년대의 사건 전개에서 통화는 단지 수동적인 역할만을 했다는 견해와 정반대로 프리드먼과 슈워츠는 "대공황이 사실은 통화 요인의 중요성에 대한 비극적 증거"(300쪽, 이하에서 밝히는 쪽수는 『미국화폐사』(1963년)의 쪽수이다.)라고 주장했다.

프리드먼과 슈워츠의 대공황에 대한 설명은 그 박식함과 이전에 사용되지 않은 1차 사료들을 활용한 점 등 역사적인 디테일의 전개 측면에서 인상적이다. 하지만 이 책의 가장 중요한 점, 그리고 이 책이 언제나처럼 오늘날에도 영향력이 큰 이유는 저자들이 인과관계의 얽히고 설킨 실타래를 풀어내기 위해, 즉 경제학자들이 식별의 문제 identification problem라고 부르는 문제를 해결하기 위해 역사적 경험을 절묘하게 활용한 데 있다. 대공황 시기의 자료를 통계적으로 연구하면 미국에서 통화량, 생산, 물가가 1929년부터 1933년까지 동반 하락했고 이어지는 몇 해 동안 동반 상승한 기본적인 사실 등을 알 수 있다. 하지만 이와 같은 상관관계로는 다음과 같은 결정적인 질문들에 답변하지 못한다. 과연 무엇이 원인이고 무엇이 결과인가? 프리드먼과 슈워츠의 결론대로 통화량 변화가 주로 물가와 생산에 변화를 야기했다고 할 수 있을까? 아니면 그보다는 통화량이 경제 상황의 변화를 수동적으로 반영했던 것일까? 혹은 어떤 다른 측정되지 않는 요인이 있어서 이 세 가지 변수 모두에 영향을 미쳤던 것은 아닐까?

『미국화폐사』가 지닌 특별한 천재성은 저자들이 오늘날 "자연실험natural experiments" —— 이 맥락에서는 통화량이 경제 상황과 무관한 것으로 판단되는 이유로 인해 변동하는 에피소드에 대한 분석(통화량이 경제 상황에 내생적으로 반응한 것이 아니고 경제 상황으로부터 독립적으로 즉 외생적으로 변동한 경우에 통화량의 경제 변수들에 대한 영향을 살펴볼 수 있는 특별한 상황 — 옮긴이) ── 이라고 불리는 방법을 활용한 점에 있다. 그와 같은 에피소드들을 찾아낸 다음, 그 이후에 경제 안에서 일어난 일들을 관찰함으로써, 프리드먼과 슈워츠는 상당한 노력을 기울여 (주로) 통화량이 원인이 되고 산출과 물가가 결과가 되도록 인과관계의 방향이 설정될 수 있는 사례들을 확립했다. 그리하여 대공황은 통화 요인에 의해 야기된 것으로서 타당하게 설명될 수 있었다. 물론 자연실험이란 것은 절대로 완벽하게 통제된 실험이 아니므로 한 차례의 자연실험으로 곧바로 방향을 결정할 수 있다고는 볼 수 없다. 바로 그 점에서 프리드먼과 슈워츠의 역사적 분석은 그 중요성이 큰데, 그들의 주장을 뒷받침할 수 있는 광범위하고 다양한 역사적 사건과 비교들을 예시하고 있기 때문이다. 나는 오늘 논평의 남은 부분에서 내가 할 수 있는 가장 유익한 일은 그들이 제시한 주요 사례들을 되돌아보고 후대의 연구에서 그 정당성이 어떻게 확인되었는지를 설명함으로써 여러분들에게 프리드먼-슈워츠 방법론의 천재성을 상기시켜드리는 것이 아닐까 생각한다.


네 차례의 통화정책 에피소드


반복하자면 프리드먼과 슈워츠의 식별전략의 핵심에는 역사적 시기들을 검토하여 생산이나 물가의 같은 시점의 변화와는 크게 보아 관계가 없는 이유로 발생한 통화량 변동 혹은 통화정책상의 변동을 찾아내기 위한 시도가 자리잡고 있다. 이와 같은 통화 변동을 타당하게 "외생적"이라고 간주할 수 있다면 이 통화 변동에 대한 경제의 반응에는 인과관계가 반영되어 있다고 해석할 수 있다. 특히 유사한 패턴이 반복적으로 발견된다면 말이다.

대공황 초기에 대해 프리드먼과 슈워츠는 이와 같은 기준을 충족시키는 것으로 보이는 적어도 네 차례의 독특한 에피소드들을 찾아내었다. 이 중 셋은 통화긴축이고 나머지 하나는 통화 완화였다. 각각의 경우에 경제는 대공황에 대한 통화가설이 예측하는 것과 같은 방식으로 반응했다. 나는 이 에피소드 각각을 간단히 논의하려고 한다. 이들이 프리드먼-슈워츠의 방법론을 잘 예시해줄 뿐만 아니라 그것 자체로도 흥미롭기 때문이다.

프리드먼과 슈워츠가 분석한 첫 번째 에피소드는 1928년 봄에 시작되어 1929년 10월 주식시장 붕괴 때까지 지속된 의도적인 긴축통화정책이었다. 이 긴축정책은 우리가 오늘날에는 통상적으로 통화긴축이 필요하다고 보기 어려운 조건하에서 실시되었다. 프리드먼과 슈워츠가 지적했듯이 경기순환 저점은 1927년 말에 바로 겪었고 (NBER의 공식적인 저점은 1927년 11월), 상품가격이 하락하고 있었으며 인플레이션의 조짐은 조금도 없었다.[2] 그렇다면 연방준비제도는 왜 1928년 초에 긴축을 선택했을까? 주요한 이유는 월스트리트의 투기에 대한 연방준비제도이사회의 지속적인 우려였다. 연방준비제도는 오래전부터 신용자원의 용도를 "생산적인" 것과 "투기적인" 것으로 구분해왔고 주식가격 상승과 이에 수반된 증권 브로커에 대한 은행 대출 증가가 중요한 우려사항으로 대두되었다.[3] 영향력 있는 뉴욕연

---

2) 하지만 아타나시우스 오르파니데스Athanasios Orphanides가 나에게 지적해주었듯이 1929년까지는 산출증가세가 강했고 이것이 긴축의 추가적인 동기가 되었을 수도 있다.

3) 주식 매입에 활용된 자금이 생산적인 용도로는 활용 불가능한 것은 아니었는지 하는 문제에 대해 연방준비제도이사회가 분명했던 것은 결코 아니었다. 물론 주

방준비은행의 총재이자 프리드먼과 슈워츠 이야기의 핵심적 주인공인 벤자민 스트롱Benjamin Strong은 주식시장 붐을 억제하기 위해 통화정책을 사용하는 것에 대한 입장이 매우 강력하게 유보적이었다. 불행하게도 스트롱은 만성 폐결핵의 중병을 앓고 있었다. 그의 건강은 1928년에 심각하게 악화되었고(10월에 사망) 그의 연방준비제도 내에서의 영향력 역시 함께 사라졌다.

1928~1929년의 "투기 억제를 위한" 긴축정책은 뉴욕연방준비은행의 스트롱의 후임인 조지 해리슨George Harrison과 워싱턴의 연방준비제도이사회 성원들 간 갈등관계 확대의 영향을 어느 정도는 받았다. 특히 양측은 브로커 대출을 억제하기 위한 최선의 방법에 대해 의견이 달랐다. 연방준비제도이사회는 실제로는 일종의 창구지도 moral suasion 계획인 이른바 "직접 행동direct action"을 선호한 반면 해리슨은 할인율(즉 정책금리) 인상만이 효과가 있을 것이라고 생각했다. 이 논쟁은 1929년에 해리슨의 입장에 가깝게 결론이 났고 직접 행동의 계획은 금리의 추가 인상에 밀려 취소되었다. 이런 해프닝에도 불구하고, 그리고 그 해프닝이 정책의 실행 시점에 미친 영향에도 불구하고, 워싱턴과 뉴욕 사이의 논쟁 기간 동안 통화정책이 긴축적이지 않았다고 보는 것은 정확하지 않을 것이다. 프리드먼과 슈워츠가 지적했듯이(289쪽) "[1928년] 7월까지 할인율은 뉴욕에서 1921년 이래 최고치인 5%로 상승했고 금 유출에도 불구하고 연방준비제도의 정부증권 보유액은 1927년 말의 6억 달러를 넘는 수준에서 1928년 8월까지 2억 1천만 달러로 줄었다." 따라서 이 기간은 통화정책이

---

식 매도라는 것은 단지 기존 자산을 양도하는 것이라는 점에서 주식 매입에 쓰인 자금은 사라지는 것은 아니고 한 사람으로부터 다른 사람으로 이전되는 것뿐이다.

당시의 생산이나 물가 상황과 연관되지 않은 이유로 긴축적이게 된 기간이다. 오늘날의 통계적 용어로 표현하자면 통화정책에 일종의 "구조적 충격innovation"이 발생한 것이다.

더욱이 프리드먼과 슈워츠는 더 나아가 이 긴축정책이 물가 하락과 경기 하강으로 이어졌음을 지적했다. "1929년 8월의 순환 정점에서 주식시장 붕괴에 이르는 두 달 동안 생산, 도매물가, 개인소득이 연율로 각각 20%, 7.5%, 5% 하락했다." 물론 10월에 주식시장이 무너지자 —— 동시대 전공자들이 추측했듯이 이 붕괴는 주식가치에 대한 근본적인 과대평가뿐만 아니라 경기침체의 결과이기도 했다. —— 경기 하강은 훨씬 더 가파르게 진행되었다. 그런데 통화 사정이 이미 1928년 봄에 매우 긴축적이었다는 주장은 제임스 해밀턴James Hamilton의 뒤이은 연구(Hamilton (1987))에 의해 강화되었다. 해밀턴은 미국의 프랑스 —— 당시 프랑스는 앙리 푸앙카레Henri Poincaré의 리더십 하에서 경제가 안정되었으며 이에 따라 해외에서 대량의 금이 유입되고 있었다. —— 로의 금 유출을 지연시키려는 연방준비제도의 의도로 인해 미국의 통화정책이 더욱 긴축적으로 되었음을 보였다.

프리드먼과 슈워츠가 살펴본 다음 에피소드는 역시 긴축 사례로서 1931년 9월에 스털링 위기에 뒤이어 일어났다. 같은 달에 파운드에 대한 투기적 공격의 물결이 영국으로 하여금 어쩔 수 없이 금본위제에서 이탈하게 했다. 미국이 금본위제를 이탈하는 다음 나라가 될 것이라는 예상하에서 투기꾼들은 파운드에서 달러로 관심을 옮겼다. 중앙은행들과 민간 투자자들은 1931년 9월과 10월에 대규모의 달러 표시 자산을 금으로 태환했다. 이에 따른 금 준비의 유출("대외적 유출 external drain")은 외국인들이 달러 예금을 청산하고 국내 예금주들이 추가적인 은행 도산을 우려해 현금을 인출하면서 미국 은행시스템에 압박 요인이 되기도 했다("대내적 유출internal drain"). 관례적이고 오랜 전통을 가진 중앙은행 관행에 따르면 대외적 유출과 대내적 유출 양자 모두에 대한 대응이 요구되었다. 그러나 연방준비제도는 —— 당시 연방준비제도는 미국 은행시스템에 대한 어떤 책임도 포기했었다. 이 점에 대해서는 나중에 논의할 것임 —— 오직 대외적 유출에 대해서만 대응하기로 결정했다. 프리드먼과 슈워츠가 기록했듯이 "대외적 유출에 대한 연방준비제도의 대응은 …… 즉각적이고 강력했다. 뉴욕 연방준비은행은 재할인율을 [1931년] 10월 9일에 2.5%로 인상하고, 10월 16일에 3.5%로 다시 인상했다. 이 정도로 단기간 내 급격한 재할인율 인상 사례는 연방준비제도의 역사 전체를 통틀어 전무후무했다."(317쪽). 이러한 조치는 금 유출은 중단시켰지만 프리드먼과 슈워츠가 은행 도산과 인출쇄도의 "극적인" 증가라고 불렀던, 10월 한 달 동안에만 522개의 상업은행들이 문을 닫은 사건에 기여하게 되었다. 긴축정책과 은행시스템의 계속되는 붕괴로 통화공급은 가파르게 하락했고 생산과 물가의 하락은 훨씬 더 맹렬해졌다. 다시 한 번, 논리는 국내 경제 이외의 목적 —— 이 경우에는 외부적 공략에 맞선 달러의 방어 —— 과 연관된 통화정책이 변화한 이후 국내 생산과 물가가 예측했던 방향으로 변화했다는 것이다.

　지금까지 살펴본 두 "실험"이 모두 통화긴축 에피소드였다는 점에 이의를 제기할 사람도 있을 것이다. 그래서 두 실험이 긴축통화정책 다음에 생산과 물가의 하락이 이어졌다는 것을 제시한다고 해도, 그 증거가 어쩌면 충분히 설득력을 갖지 못하는 것일 수 있다. 대공황이 다른 이유로 발생했고 긴축적인 통화정책은 단지 당시 진행 중이던 경기 하강과 우연히 동시적으로 (혹은 어쩌면 경미한 정도로 상황을 악화시키면서) 나타났을 가능성이 여전히 남아 있는 것이다. 그런 점에서 프리드먼과 슈워츠가 살펴본 세 번째 에피소드가 통화 팽창 에피소드인 점은 특별히 흥미롭다.

이 세 번째 에피소드는 1932년 4월에 발생했다. 그때는 의회가 연방준비제도에 통화정책을 완화할 것을, 특히 공개시장에서 증권을 대규모로 매입할 것을 요구하며 상당한 압력을 행사하기 시작한 때였다. 연방준비제도이사회는 이를 상당히 꺼려하는 입장이었다. 하지만 1932년 4월과 6월 사이에 상당한 규모의 매입을 인가했다. 이 유동성 주입으로 통화량 감소 속도가 눈에 띄게 줄었고 정부채권, 회사채, 상업어음 수익률이 크게 떨어졌다. 가장 흥미로운 것은 프리드먼과 슈워츠가 지적했듯이(324쪽), "통화량 감소가 멈추고 매입 프로그램이 개시된 후 얼마 되지 않아 전반적인 경제지표도 뚜렷한 변화를 보였다. …… 도매물가는 7월에, 생산은 8월에 상승하기 시작했다. 개인소득은 계속 줄었지만 감소 속도는 훨씬 둔화되었다. 공장고용과 철도 수송량을 비롯해 실물 부문의 여러 다른 지표 모두 이와 유사하다. 전반적으로, 많은 지표가 1931년 초 때처럼 경기가 바닥을 치고 회복될 때 나타나는 모양새였다. …… 번스와 미첼(Burns and Mitchell (1946))은 경기 저점을 1933년 3월로 잡긴 하지만 1932년의 이 시기를 이른바 '이중 저점double bottom'의 한 예로 본다." 뉴욕 연방준비은행의 조지 해리슨을 포함하여 몇몇 연방준비제도 임원들이 공개시장 매입 프로그램을 지지했지만 불행히도 대부분은 이 정책이 적절하다고 보지 않았다. 특히 몇몇 현대 학자들이 주장했듯이, 그들은 낮은 명목금리가 통화 상황에 여유가 있음을 보여주는 증거라는 잘못된 견해를 가지고 있었다. 따라서 1932년 7월 16일 의회가 휴회하자 연방준비제도는 그 프로그램을 실질적으로 중단했다. 그 해 후반부까지 경제는 극적인 양상으로 다시 악화되었다.

프리드먼과 슈워츠가 살펴본 마지막 에피소드는 다시 한 번 긴축적인 영향을 준 것인데 1933년 1월부터 3월의 은행 휴무banking holiday에 이르는 기간 동안에 일어났다. 새 미국 대통령의 선거와 취임 사이의 헌법이 강제한 긴 시차가 이 시기의 외생적 요인으로 간주될 수 있을 것 같다. 프랭클린 D. 루즈벨트Franklin D. Roosevelt는 1932년 11월에 선출되었는데 1933년 3월에야 업무를 시작할 예정이었다. 물론 그러는 중에 새 대통령의 정책에 대한 상당한 추측이 난무했다. 대통령 당선자가 정책에 대한 명확한 입장을 밝히기를 거부했을 뿐만 아니라, 당시 점점 더 혼란의 수렁에 빠져들고 있던 후버 대통령이 제안한 조치들을 지지하기를 거부함으로써 불확실성은 더욱더 커져만 갔다. 하지만 대통령 당선자의 선거운동 당시의 공약이나 알려진 성향에 기초하여 많은 이들은 루즈벨트가 달러를 평가절하하거나 혹은 심지어는 금본위제와의 연결고리를 완전히 끊을지도 모른다고 (정확하게) 예상했다. 그에 따른 자본손실을 우려하여 국내 투자자와 외국인 투자자 모두 달러를 금으로 태환하기 시작했다. 이는 은행시스템, 연방준비제도의 금준비 양자 모두에 압박 요인이 되었다. 금 유출에 맞선 연방준비제도의 방어적 조치들과 은행 도산이 통화량의 더 큰 감소를 야기했다. 경제는 1932년 11월~1933년 3월에 가장 깊은 나락으로 떨어졌다. 이것은 통화가설이 예측하는 시간상의 선후 관계를 다시 한 번 확인시켜준다. 일단 루즈벨트가 취임선서를 하고 난 다음 전국 은행 휴무가 선언되고, 이어 달러와 금 사이의 관계가 단절되자 통화량, 물가, 생산의 증가가 개시되었다. 평가절하의 기대는 불안정성을 매우 크게 확대시키지만 평가절하 자체는 이로운 것일 수 있다는 것은 경제학에서 흥미롭지만 그리 찾아보기 어려운 현상은 아니다.

이 네 가지 에피소드들은 대공황시기 통화 요인의 역할에 대한 프리드먼과 슈워츠의 증거의 시계열적 예시들로서 간주될 수 있다. 하지만 그것들이 그 증거의 전부는 아니다. 프리드먼과 슈워츠는 또한 "횡단면적"인, 즉 국가 간 비교를 통한 증거들도 소개했다. 이 횡단면적 증거는 1930년대 여러 나라들 간의 환율제도의 차이점에 근거한다.

## 금본위제와 세계 대공황

비록 이 책『미국화폐사』가 의도적으로 미국 내 사건에 초점을 맞추고 있긴 하지만 가장 중요한 통찰 가운데 몇몇은 국가 간 비교에서 나온 것이다. 1980년대와 1990년대에 발표된 많은 학술문헌들을 예견이라도 하듯이 프리드먼과 슈워츠는 통화체제 측면에서 상이한 각국의 1930년대 경제 성과를 비교해보는 것 또한 그들의 통화가설에 대한 검증이 될 수 있을 것으로 이미 1963년에 인식하고 있었다.

횡단면상의 자연실험이 가능했던 것은 제1차 세계대전 기간 중에 정지되었던 국제금본위제도가 1920년대를 거치면서 (금환본위제gold-exchange standard라고 불리는 다소 수정된 형태로) 힘들게 재건되었다는 사실에 기인했다. 국제금본위제를 지키는 나라들은 기본적으로 다른 금본위제 국가들과 고정환율을 유지해야 했다. 더욱이 이 기간 동안 미국이 (프랑스의 경쟁이 있긴 했지만) 금본위제에서 지배적인 경제였기 때문에 금본위제 국가들은 미국에서 나타나고 있던 긴축통화정책과 디플레이션에 보조를 맞추어야만 했다.

하지만 대공황이 진행되면서 금본위제를 고수할지는 나라마다 다르게 나타났다. 이 점이 (횡단면상의 자연실험에 대한 — 옮긴이) 식별에 있어 중요하다. 몇몇 나라들은 역사적인 혹은 정치적인 이유로 (재건된 — 옮긴이) 금본위제에 처음부터 참여하지 않았다. 몇몇 다른 나라들은 국내 정치라든가 국내의 취약한 은행 상황, 다른 경제교리의 영향하에 있는 지역이라는 점 등의 요인 때문에 조기에 이탈해야 했다. 다른 나라, 특히 프랑스와 이른바 금 블록 회원국들은 이데올로기적으로 강력한 금본위제 고수 의지가 있었고 이에 따라 가능한 늦게까지 금본위제에 머물렀다.

프리드먼과 슈워츠의 통찰에 따르면, 만약 통화긴축이 실제로 경제 공황의 원천이었다면 금본위제에 더 단단히 제약되어 미국을 따라 디플레이션에 처하게 된 나라일수록 상대적으로 더 심한 경기침체를 겪어야 했다. 비록 정식으로 통계분석을 수행하지는 않았지만 프리드먼과 슈워츠는 많은 두드러진 예를 제시함으로써 금본위제에 더 엄격하게 제약된 나라일수록 (따라서 자연스럽게 미국의 통화정책을 반드시 따를 수밖에 없는 나라일수록) 통화긴축이나 물가 및 산출의 감소가 더욱 심각한 양상으로 나타났음을 보여주었다. 이는 각국을 네 개의 범주로 나누어 논의한 것에서 드러난다.

첫 번째 범주는 금본위제를 전혀 고수하지 않았거나 어쩌면 아주 잠깐만 따랐던 나라들이다. 프리드먼과 슈워츠가 제시한 예는 중국이었다. 그들이 기술했듯이(361쪽), "중국은 금본위제가 아니라 은본위제였다. 그 결과, 이 나라의 환율은 금본위 국가들과의 관계에서는 변동환율에 해당하는 것이었다. 금으로 표시된 은 가격 하락은 중국 위안화 가치 하락과 같은 효과를 가졌다. 그로 인해 중국 내 경제 여건은 전 세계적 공황의 영향권과 격리되어 있었다. …… 실제로 그렇게 되었다. 1929~1931년에 중국 내부적으로는 금본위제 국가들을 휩쓴 대공황의 영향을 거의 받지 않았다. 이는 마치 독일이 초인플레이션과 이에 수반된 변동환율로 인해 1920~1921년 세계 불황의 영향에서 격리된 것과 마찬가지였다."

후대의 연구(예를 들어 Choudhri and Kochin (1980))가 중국처럼 금본위제를 고수하지 않아 대공황의 최악의 상황을 면했던 다른 나라들을 찾아냈다. 두 개의 예는 결국 내전으로 귀결된 국내 불안 때문에 1920년대에 금본위제를 다시 채택하지 못한 스페인, 그리고 금본위제를 단지 몇 달간 유지하다 이탈해야 했던 일본이었다. 스페인의 공황은 비교적 완만했고 일본은 금본위제의 짧은 실험기간이 끝나자마자 거의 즉시 강력한 회복을 경험했다.

두 번째 범주는 1920년대에 금본위제를 회복했으나 대공황 초기, 통상 1931년 가을에 포기한 나라들로 구성되어 있다. 프리드먼과 슈워츠의 관측과 마찬가지로(362쪽), 경제적 영향력이 큰 주요국 가운데 금본위제를 첫 번째로 이탈한 나라는 영국이었다. 영국은 1931년 9월에 금본위제를 어쩔 수 없이 이탈했다. 몇몇 무역상대국, 특히 스칸디나비아 나라들이 거의 즉시 영국을 따랐다. 금본위제 이탈의 효과는 국내적으로 독자적인 통화정책의 여지를 가짐으로써 통화긴축을 막는 것이었다. 이와 같이 통화량에 대한 압력이 완화된 결과는 무엇일까? 프리드먼과 슈워츠에 의하면(362쪽), "영국, 그리고 영국과 함께 금본위제에서 이탈한 다른 나라들의 불황 저점은 1932년 3분기였다. 〔반면에〕 금본위제를 유지한 나라들, 그리고 캐나다처럼 영국과 중간까지만 같은 길을 걸은 나라들에서 대공황은 지루하게 계속되었다."

세 번째 범주는 금본위제를 유지했지만 충분한 금준비를 가지고 있었거나 금 유입이 일어나고 있던 나라들이었다. 중요한 예는 금 블록의 리더 프랑스였다(362쪽). 1928년의 안정화 이후 프랑스는 경제 규모에 비해 과도하게 많은 금 유입을 경험했다. 프랑스는 금 유입 덕분에 통화공급을 유지할 수 있었고 1932년까지 심각한 침체를 피할 수 있었다. 하지만 바로 그때부터 프랑스가 금 이외의 대외 지불 준비자산인 외환을 매각하고 은행 문제가 대두되면서, 지속되던 금 유입의 영향이 상쇄되기 시작했고 프랑스의 통화량이 감소했다. 프리드먼과 슈워츠가 지적했듯이 프랑스에서도 심각한 디플레이션과 산출 감소가 시작되었는데 1935년 4월이 되어서야 비로소 저점에 도달했다. 이는 금본위제를 일찍 이탈했던 영국 등 다른 나라보다 훨씬 늦은 것이었다.

네 번째 범주는 아마도 최악의 피해를 입은 경우로서 금본위제에 다시 합류했지만 금준비 규모가 매우 작았고 제1차 세계대전과 뒤따른 초인플레이션으로 은행시스템이 심각하게 훼손된 나라들이었다. 프리드먼과 슈워츠는 이 범주의 예로서 오스트리아, 독일, 헝가리, 루마니아를 언급했다(361쪽). 이 나라들은 디플레이션뿐만 아니라 대규모의 은행위기와 금융위기를 겪었는데, 이 과정에서 매우 빠른 속도로 대공황의 나락으로 빠져들었다.

프리드먼과 슈워츠가 이와 같이 각국을 범주화함으로써 이루어낸 효과적인 식별에 대해서는 다시 한 번 강조할 만하다. 만약 대공황이 주로 독립 지출 혹은 생산성의 변화와 같은 비통화요인의 산물이었다면, 각국이 어떤 명목환율제도를 선택했는가는 대체로 별 문제가 아니었을 것이다. 각국의 환율제도와 통화정책, 국내 물가와 산출의 움직임 사이의 밀접한 연관성이야말로 통화요인이 미국의 대공황뿐만 아니라 세계 대공황에서도 핵심 역할을 했다는 주장을 뒷받침하는 강력한 증거다.

물론 대공황에 대한 더 최근의 연구 결과에 익숙한 사람들이라면 환율제도를 기준으로 각국을 범주화하는 프리드먼과 슈워츠의 아이디어가 이후의 연구에서 광범위하게 확장되었음을 알 것이다. 특히 일시적으로 휴면 상태였던 이 프리드먼과 슈워츠의 통찰을 부활시킨 차우드리와 코친의 논문(Choudhri and Kochin (1980))은 스페인(앞에서 언급했듯이 금본위제를 채택하지 않은 나라), 세 스칸디나비아 국가들(1931년 9월에 영국과 함께 금본위제를 이탈한 나라들), 그리고 프랑스의 지도력하에서 금 블록에 머물렀던 네 나라(네덜란드, 벨기에, 이탈리아, 폴란드)의 상대적 성과를 검토했다. 그들은 금본위제를 고수한 나라들이 금본위제를 이탈한 나라들보다 훨씬 더 극심한 산출 감소와 물가 하락을 경험했음을 발견했다. 배리 아이켄그린과 제프리 삭스의 매우 영향력 있는 논문(Eichengreen and Sachs (1985))은 1929~1935년간 주요 열 개 나라의 많은 주요 거시 변수들을 검토했다. 그 결과 금본위제를 일찍 이탈한 나라의 회복이 더 빨랐음을 발견했다. 버냉키와 해롤드 제임스의 연구(Bernanke and James (1991))는 아이켄그린과 삭스의 발견을 (가장 산업화된) 24개국으로 구성된 더 광범위한 표본을 통해 재확인했다(Bernanke and Carey (1996)도 참고). 캄파(Campa (1990))는 중남미 국가들을 대상으로 해서도 같은 결과를 얻었다. 버냉키(Bernanke (1995))는 앞선 연구자들이 지적했던 바와 같이 금본위제를 고수할수록 공황이 더 심각한 양상으로 더 장기간 나타났을 뿐만 아니라, 실질임금이나 실질이자율과 같은 여러 주요 거시 변수의 움직임을 보면 금본위제 국가와 금본위제를 이탈한 국가 사이에 그 패턴에 차이가 있는데 그 차이는 성격상 통화적인 원인의 작용에 따른 것으로 설명될 수 있음을 보여주었다. 금본위제가 어떻게 대공황을 전 세계로 파급시켰는가 하는 문제에 대해 가장 자세하게 설명한 것은 물론 아이켄그린의 영향력 있는 책(Eichengreen (1992))이다. 아이켄그린(Eichengreen (2002))은 나중에 그 책의 결론을 검토하고 자신의 결론이 프리드먼과 슈워츠의 접근법과 상당히 가깝다고 말한다.

### 은행 도산의 역할

미국에서 대공황의 또 하나의 놀라운 특징은 대규모의 은행 패닉과 도산 사태였다. 이는 미국 은행시스템 전체가 문을 닫은 1933년 3월의 은행 휴무로 막을 내린다. 대공황 기간 동안 전체 미국 상업은행의 절반 가까이가 도산하거나 다른 은행에 합병되었다.

프리드먼과 슈워츠는 유례없이 심각하고 장기화된 미국의 은행위기에 자신들의 식별 방법론을 다시 한 번 적용했다. 요약하자면 그들의 주장은 연방준비제도 설립 전에 존재했던 제도적 장치하에서라면 심지어 대공황 기간만큼이나 경제 상황이 나빴다 하더라도 1929~1933년에 발생한 규모 정도의 은행 도산은 일어나지 않았을 것이라는 이야기이다. 하지만 잠시 후 자세히 논의할 정책적인, 제도적인 이유로 인해 유독 은행 도산이 빈발했고 그 결과 대규모 은행 예금 소멸과 비정상적으로 큰 통화량 감소가 야기되었다. 은행위기에 의한 통화량 감소는 과거의 체제하에서였다면 일어나지 않았을 것이라는 점에서 프리드먼과 슈워츠는 그것이 부분적으로는 외생적인 것으로 간주될 수 있고 따라서 뒤이어 발생한 산출과 물가의 보기 드문 하락의 잠재적인 한 원인이 될 수 있다고 주장했다.

프리드먼과 슈워츠는 연방준비제도의 창설 이전에는 은행위기가 발생하면 이를 보통 은행들 스스로가 처리했음을 지적했다. 예를 들어 청산소clearinghouse라고 불린, 민영은행의 도시 지역 컨소시엄이 그것이었다. 한 도시의 한두 개 은행에서 인출쇄도 사태가 발생하면 청산소는 지불 유예suspension of payments를 선언할 수 있었는데 이는 일시적으로 예금이 현금으로 전환될 수 없음을 의미했다. 그러면 더 크고 더 건실한 은행들이 앞장서서 첫째로, 문제가 된 은행이 실제로 건전성에 문제가 있는지 여부를 결정하고 둘째로, 인출수요 충족을 위해 필요한 현금을 해당 은행에 대부했다. 지불 유예가 몇 주간 지속되면 대중이 크게 곤경을 겪을 것이므로 이와 같은 지불유예 시스템이 물론 완전히 만족스러운 해결책은 아니겠지만, 통상적으로 지역 은행위기가 확산되고 지속되는 것은 막을 수 있었다(Gorton and Mullineaux (1987)). 크고 우량한 은행들은 위기를 치유하는 데 참여할 인센티브가 있었다. 위기를 막지 않으면 궁극적으로는 자신의 예금조차 위협을 받을 수 있음을 알았기 때문이다.

1913년에 연방준비제도가 창설된 데에는 은행위기 발생 시 이에 대한 관리 개선에 적지 않은 목적이 있었다. 하지만 프리드먼과 슈워츠가 어느 정도 자세히 논했듯이, 1930년대 초 연방준비제도는 그런 임무를 수행하지 않았다. 크게 볼 때 연방준비제도 내부의 문제는 정책원칙에 관한 것이었다. 연방준비제도 임원들은 재무부 장관 앤드류 멜론Andrew Mellon의 악명 높은 "청산주의" 논제에 가담했던 것으로 보인다. 이 관점에 따르면 "허약한" 은행을 솎아내는 것은 은행 시스템이 회복되는 데 혹독하지만 필수적인 전제조건이었다. 더욱이 도산은행 대부분이, 우리가 현재 머니센터뱅크money-center bank(대형전국은행)라고 부르는 은행과는 대조되는 소규모 은행이었고 연방준비제도 회원은행이 아니었다. 따라서 연방준비제도는 위기를 막아야 할 특별한 필요성을 예견하지 못했다. 동시에 연방준비제도 창설 이전이었다면 상황 개선을 위해 개입했을 대형 은행들은 자신보다 작은 형제들을 보호하는 것이 더 이상 자기네 책임이 아니라고 느꼈다. 실은 대형 은행들 입장에서는 필요하다면 연방준비제도가 자신들을 보호해줄 것으로 확신하고 있었기 때문에 소규모의 경쟁자들을 솎아내는 것은 긍정적인 측면이 있었다.

요컨대, 프리드먼과 슈워츠에 따르면 대공황 시기 은행위기는 제도적 변화, 잘못 지도된 정책원칙 등으로 인해 경기침체기에 보통 일어날 수 있는 것보다 훨씬 더 심각한 양상으로 광범위하게 나타났다. 은행 도산과 예금인출은 은행예금 규모를 크게 줄였고 이에 따라 통화공급을 줄였다. 그들 주장에 따르면 그 결과 디플레이션과 산출 감소의 정도가 한층 더 커졌다.

프리드먼과 슈워츠의 추론에 대해 몇 가지 반대의견이 제기될 수 있다. 한 가지 논리적 가능성은 1930년대의 보기 드문 은행 도산 비율이 산출과 물가 감소의 원인이었다기보다는 예금주들이나 다른 경제주체들이 경제 붕괴를 예견했기 때문에 발생했다는 것, 즉 은행위기가 경제 상황에 대한 예상에 대해 내생적이라는 것이다. 하지만 나로서는 프리드먼과 슈워츠가 제시한 제도적 장치와 관련된 논거를 볼 때 그 가능성이 커 보이지 않는다. 만약 이전의 제도적 장치들이 작동하고 있었더라면 경기침체의 심도 문제와는 별도로 은행위기가 실제로 발생한 정도만큼 진전되지 않았을 것이다. 게다가 1930년과 1931년에 예금주들과 은행업자들이 이후에 계속 이어질 경기침체의 심각성을 충분히 예견할 수 있었을 것 같지 않다.

두 번째 가능성은 은행위기가 비통화적 파급경로를 통해 산출과 물가 붕괴에 기여했다는 것이다. 나는 초기 연구(Bernanke (1983))에서 실제 은행시스템을 정지한 것이 통화량을 줄였을 뿐 아니라 정상적인 신용중개에 장애를 야기하여 부정적인 영향을 미쳤을 수 있음을 주장했다. 프리드먼과 슈워츠는 이와 같은 주장을 예상하고 있었고 미국과 캐나다의 비교를 통해 반대증거를 제시했다(352쪽). 그들은 (1) 캐나다의 통화정책이 고정환율에 의해 미국의 통화정책에 매여 있었고, (2) 캐나다에서는 심각한 은행 도산이 없었지만, (3) 캐나다에서 산출 감소는 미국에서만큼이나 심각했음을 지적했다. 프리드먼과 슈워츠는 캐나다 경제의 침체 원인이 강요된 통화긴축에 있었다고 결론 내렸다. 이 통화긴축이 은행 도산을 통해 발생했는지 아니면 환율제도에 의해 강요된 것인지는 중요하지 않았다.

하지만 나는 캐나다가 상품수출국이었고 미국과 경제적으로 대단히 밀접하게 연결되어 있었다는 점에서 1930년대의 모든 나라의 경험을 충분히 대표할 수 없다고 본다. 예를 들어 나는 26개국 표본을 통해(Bernanke (1995), Table 3) 환율제도가 일정하다고 할 때 안정된 은행시스템을 가진 나라보다 심각한 은행위기를 경험한 나라일수록 뒤이은 산출 감소가 유의하게 크게 나타났음을 보였다. 이 결과는 은행 도산에 대해 추가적인 비통화 경로의 가능성을 지지한다. 동시에 나의 결과는 또한 금본위제 고수와 이에 따른 통화긴축이야말로 어떤 나라들이 심각한 공황을 겪었는가를 설명하는 데 가장 중요한 요인이라는 견해를 강력하게 지지하는 것이기도 하다. 따라서 내가 항상 분명히 하고자 하는 것인데, 은행 도산의 비통화적 영향에 대한 나의 주장은 단지 프리드먼-슈워츠 이야기의 한 가지 윤색일 뿐이며, 그들의 분석의 기본적인 논리와 전혀 배치되지 않는다.

## 벤자민 스트롱과 리더십 공백

　마지막으로 프리드먼과 슈워츠의 아마도 가장 논란이 많은 "자연실험"은 미국의 걸출한 중앙은행가 벤자민 스트롱의 1928년 때 아닌 서거에서 비롯된다. 뉴욕연방준비은행의 총재이자 오늘날로 따지자면 실질적인 연방준비제도 의장이었던 스트롱은 1920년대 내내 연방준비제도를 이끌었다. 이름 그대로 그는 개성이 강했고 명석한 중앙은행가였다. 그럴듯하게도 그의 개성과 노련함은 —— 그 이름이 암시하듯이 —— 의회가 의도적으로 권력을 상대적으로 분산시켜 놓은 기구였던 연방준비제도 내에서 일종의 리더십을 창출해냈다.

　프리드먼과 슈워츠가 유용하게 자세히 묘사했듯이, 스트롱의 서거 이후 연방준비제도는 더 이상 실질적인 지도자가 없었고 심지어는 잘 확립된 지휘계통조차 없었다. 워싱턴의 연방준비제도이사회 성원들은 뉴욕연방준비은행의 전통적인 권력을 시샘했고 더 큰 영향력을 얻기 위해 분투했다. 스트롱의 계승자인 조지 해리슨은 그들을 제지할 만한 경험이나 개성을 가지고 있지 않았다. 지역의 연방준비은행들 역시 더욱 단호하게 자기주장을 하기 시작했다. 이에 따라 권력은 분산되었다. 그보다 나빴던 점은, 권력이라고 할 만한 것을 가진 사람들이 스트롱이 견지했던 전국적이고 국제적인 관점의 중앙은행 업무를 이해하지 못하고 있었다는 것이다. 연방준비제도 내의 리더십 공백과 중앙은행 업무의 전문성이 일반적으로 낮은 수준이었던 점은 중요한 문제들이었다. 이 문제들은 스트롱 사후에 연방준비제도의 과도한 소극성과 수많은 정책 오류를 낳았다.

　프리드먼과 슈워츠는 책에서 만약 스트롱이 살아 있었더라면 대공황시기에 저질러진 많은 실수를 피할 수 있었을 것이라고 주장했다. 이 주장은 상당한 논란을 야기했고, 여러 통화정책 결정 문제에서 스트롱의 견해가 "실제로 어떤 것이었는지"에 대한 상세한 검토가 이어졌다. 내 의견으로는 이 가상 논쟁은 다소 정곡을 벗어난 것 같다. 스트롱이 살아 있었더라면 어떤 일이 일어났을지 우리는 모른다. 하지만 우리는 1929년에 경제적으로 세계에서 가장 중요한 중앙은행이 실질적으로 지도력이 부재했고 전문성이 결여되어 있었음은 알고 있다. 더 나은 리더십이나 더 집중된 제도적 구조하에서라면 없었을 정책 결정 혹은 우유부단함 같은 것들이 바로 이런 상황으로 인해 야기되었다. 그리고 이 정책 결정들과 연관되어 우리는 통화량, 물가, 산출 등의 엄청난 붕괴를 목도하는 것이다. 따라서 내게는 스트롱의 서거가 대공황시기 통화 요인의 영향을 식별할 수 있는 또 하나의 자연실험으로서의 요건을 충족하는 것으로 보인다.


### 결론

프리드먼과 슈워츠의 대공황 연구의 광채는 단지 논의의 짜임새 혹은 관점의 일관성에서 나오는 것이 아니다. 그들의 연구는 복잡한 경제시스템 안에서 인과의 문제, 즉 식별의 문제를 진지하게 다루기 위해 역사를 활용한 첫 번째 연구다. 아마도 그들의 "자연실험"을 개별적으로 하나씩 따지면 설득력이 약해보일 수 있다. 하지만 이것들을 전체로서 보면, 그리고 수많은 연구자가 이룬 후행연구들을 보면 그들의 연구결과가 실제로 얼마나 강력한 것인지 알 수 있을 것이다. 나 자신 현재 한 명의 중앙은행가로서, 프리드먼과 슈워츠의 분석은 중앙은행 실무에 많은 교훈을 제공한다. 내가 그들의 책에서 얻은 것은 통화 요인의 힘은, 특히 (경제 상황을 — 옮긴이) 불안정하게 만드는 방향으로 통화 요인이 작용하는 경우에, 매우 강력할 수 있다는 생각이다. 이 세계를 위해 중앙은행가들이 할 수 있는 최선은, 밀턴 프리드먼의 표현을 빌리자면, 경제에 "안정적인 통화 환경" —— 그것은, 예를 들면 낮은 수준의 안정적인 인플레이션으로 나타난다. —— 을 제공함으로써 그와 같은 위기를 피하는 것이다.

연방준비제도의 공식적인 대표로서의 나의 신분을 조금 남용함으로써 나의 발표를 마치려 한다. 밀턴과 안나에게 말하고 싶다. 대공황에 대하여. 당신들이 옳습니다. 우리가 잘못했습니다. 우리는 이를 매우 유감으로 생각합니다. 하지만 당신들에게 감사합니다. 우리는 다시는 그런 잘못을 반복하지 않을 것입니다.

당신의 다음 90년을 진심으로 축원합니다.

| 참고 문헌 |

Bernanke, Ben. 1983. "Nonmonetary Effects of the Financial Crisis in the Propagation of the Great Depression." *American Economic Review*, 257-276.

Bernanke, Ben. 1995. "The Macroeconomics of the Great Depression: A Comparative Approach." *Journal of Money, Credit, and Banking*, 1-28.

Bernanke, Ben, and Kevin Carey. 1996. "Nominal Wage Stickiness and Aggregate Supply in the Great Depression." *Quarterly Journal of Economics*, 853-883.

Bernanke, Ben, and Harold James. 1991. "The Gold Standard, Deflation, and Financial Crisis in the Great Depression: An International Comparison." R. Glenn Hubbard, *Financial Markets and Financial Crises*. Chicago: University of Chicago Press for NBER.

Burns, Arthur F., and Wesley C. Mitchell. 1946. *Measuring Business Cycles*. New York: National Bureau of Economic Research.

Campa, José Manuel. 1990. "Exchange Rates and Economic Recovery in the 1930s: An Extension to Latin America." *Journal of Economic History*, 6177-6182.

Choudhri, Ehsan, and Levis Kochin. 1980. "The Exchange Rate and the International Transmission of Business Cycles: Some Evidence from the Great Depression." *Journal of Money, Credit, and Banking*, 565-574.

Eichengreen, Barry. 1992. *Golden Fetters: The Gold Standard and the Great Depression, 1919-1939*. New York: Oxford University Press.

Eichengreen, Barry. 2002. "Still Fettered after All These Years." National Bureau of Economic Research, Working Paper 9276, October.

Eichengreen, Barry, and Jeffery Sachs. 1985. "Exchange Rates and Economic Recovery in the 1930s." *Journal of Economic History*, 925-946.

Friedman, Milton, and Anna J. Schwartz. 1963. *A Monetary History of the United States, 1867-1960*. Princeton, N. J.: Princeton University Press.

Gorton, Gary, and Donald J. Mullineaux. 1987. "The Joint Production of Confidence: Endogenous Regulation and Nineteenth-Century Commercial Bank Clearinghouses." *Journal of Money, Credit, and Banking*, 457-468.

Hamilton, James D. 1987. "Monetary Factors in the Great Depression."
*Journal of Monetary Economics*, 145-169.

# 소개의 글 _ 2007년의 관점에서 본 대공황

| 피터 L. 번스타인Peter L. Bernstein |

1940년 여름, 대학 졸업 후 내 첫 직장은 뉴욕연방준비은행 조사국이었다. 리버티 거리Liberty Street로부터 메이든 레인Maiden Lane에까지 이르는 저 우람한 피렌체 궁전(뉴욕연방준비은행 빌딩을 표현한 것으로서 메디치Medici 금융가를 비유함 ― 옮긴이)이다. 1941년 12월 8일 아침에 출근하면서 나는 사람들 여럿이서 이 은행의 창문 모두를 검은색으로 칠하는 광경을 봤다. 내 기억이 정확하다면 1942년 9월에 내가 떠날 때까지 연방준비제도는 금융 구역 내에서 공습 가능성에 대해 그다지도 위험부담을 꺼리는 유일한 빌딩이었다. 뉴욕은 런던과는 달랐다. 만약 실제 폭격이 있었다면 뉴욕연방준비은행 건물이야말로 이 구역에서 유일하게 검게 칠해진 창문 때문에 오히려 완벽한 표적이 되었을 것을 생각하면 항상 흥미롭다.

그러나 당시 연방준비제도는 항상 자기네가 세계의 중심이라고 믿으려는 경향이 있었다. 어쨌든 연방준비제도는 미 연방정부나 대부분의 미국 상업은행시스템에 대해 은행 역할을 했다. 게다가 뉴욕연방준비은행은 다른 중앙은행들이 금을 보관할 수 있는 수탁소였다.

내가 뉴욕연방준비은행에서 일할 때 별도 배정된 20억 달러 이상의 금이 지하 5층의 거대 금고에 보관되어 있었다. 그 출입구는 바깥과 완전히 차단되는 커다란 방수처리 문으로 굳게 닫혀 있었다.[1] 문은 매일 근무시간이 끝나면 자동으로 잠겼고 이튿날, 혹은 금요일이었다면 다음 월요일 아침 일찍 자동으로 열렸다. 각 나라의 금 스톡은 별도의 작은 방에 보관되었고 역시 보안상 출입이 통제되었다. 반짝반짝 빛나는 금괴가 14만 개 이상 쌓여 있는 것을 보는 것은 말 그대로 숨막히는 경험이었다. 친절하게도 매일 근무시간이 끝나면 그 깊은 지하감옥에 신선한 샌드위치가 배달되었다. 어떤 넋나간 직원이 안에서 나오지 못하고 다음날 자동으로 문이 열릴 때까지 아무것도 먹지 못하게 될 것을 감안한 것이다.

진주만 사건 이튿날 아침 창문을 검게 칠하는 것이나 지하 금고의 귀중한 금, 엄청난 관료주의적 경직성(이것은 1970년대 후반 총재에 취임한 폴 볼커 시대까지도 지속됨), 이런 것은 뉴욕연방준비은행의 지속적 중요성과 권력에 대한 인식을 드러낸다. 하지만 그런 시각은 대단히 놀랍다. 1941년에 연방준비제도는 회원은행들을 위한 청산소 이상이 아니었고 은행시스템이나 경제 전반에 대한 영향력은 바닥권이었기 때문이다. 프리드먼과 슈워츠는 당시 상황을 다음과 같이 언급했다.

1920년대에 연방준비제도의 역량에 대한 신뢰의 기반이 다져지고 있었으나 그 신뢰는 대공황 기간 중 은행시스템이 붕괴함으로써 약화

---

1) 그때 20억 달러라면 상당한 돈이었다. 당시 연방준비제도의 정부증권 보유액에 회원은행 대부금을 모두 합쳐야 20억 달러를 겨우 웃도는 정도였다.

되었다. …… 이런 변화로 인해 연방준비제도는 독자적 통제센터 기능을 하기보다는 변화가 발생하면 이에 순응하는 방식으로 스스로 적응하면서 전반적으로 수동적인 역할을 맡기에 이르렀다. …… 결정된 통화정책은 연방준비제도가 아니라 재무부에서 발원하여 집행했다.[2]

이 구절은 내가 뉴욕연방준비은행 조사국에서 보낸 2년간 발생한 한 사건을 상기시킨다. 당시 내 상사는 조사국 담당 부총재이자 신설된 하버드대학교 리타우어센터의 학부장이던 존 H. 윌리엄스John H. Williams였다. 학부시절 나는 그에게서 화폐금융론을 배웠다.[3] 1942년 봄 윌리엄스는 다가오는 여름에 우리 은행에서 나와 함께 연방준비제도의 미래를 연구할 한 명석한 대학원생을 초빙했다고 내게 말했다. 그 학생 이름은 로버트 로자Robert Rosa였고 윌리엄스는 우리가 미래에 대해 상상할 때 방해받지 않도록 그 건물 꼭대기의 쾌적한 사적 공간에서 일할 수 있도록 해주었다.[4]

---

2) Milton Friedman and Anna J. Schwartz, *A Monetary History of the United States, 1867-1960*, Princeton, N. J.: Princeton University Press, 1963, 12쪽.
3) 윌리엄스는 과거에 아르헨티나의 국제수지표 작성을 위한 복식부기 시스템을 개발했었다. 그의 방법론은 곧 전 세계에서 채택되었다. 그는, 다른 경영진 동료들과 달리, 상사로서 모시고 일하기에 좋은 멋있는 사람이었다. 그는 마음이 넓고 관대했으며 지적 호기심이 충만했다. 그리고 당시 뉴욕연방준비은행 다른 부서에 널리 퍼져 있던 반유대주의, 반여성주의 정책들에 휘둘리지 않았다.
4) 로자는 이탈리아가 아니라 스웨덴 혈통이었다. 그의 조부 이름은 로자Roosa였지만 미국에 와서 자신의 이름이 쓰인 그대로 발음되는 것(루자 — 옮긴이)이 듣기 싫었다. 그는 이름을 로자Rosa로 바꾸었는데 그제서야 사람들은 그의 이름을 정확히 발음했다. 로자는 훗날 존 케네디 시절 금융 담당 재무부 차관이 됐는데, 2차 대전 직후 그의 조부가 한 일을 뒤집어 로버트 로자Robert Roosa가 되었다.

프리드먼과 슈워츠가 약 20년 후에 연방준비제도에 대해 인식한 것이 나와 로자한테는 이미 1942년에 명백한 것이었다. 우리가 윌리엄스에게 제출한 최종 보고서 제목은 "연방준비제도의 행동반경 Lebensraum"이었다. 행동반경이란 문구가 불행하게도 나치의 관용구를 가져다 쓴 것이긴 하나, 이 보고서는 그 행동반경이 엄격히 제한되어 있다고 결론지었다. 연방준비제도는 무력했고 확실한 미래가 없었다. 우리의 1차적인 권고는 연방준비제도를 간단히 재무부 내부의 별도 부서로 편성하라는 것이었다. 우리 보고서를 윌리엄스에게 제출하자 그는 그답게 흥분하지 않았다. 하지만 내가 알기로 우리 연구가 이후 다시는 언급되지 않았다.

여기서 거론될 만한 연방준비제도 관련 일화가 하나 더 있다. 연방준비제도의 공개시장조작을 오랫동안 관리해온 로버트 루즈Robert Rouse가 1955년 어느 날 한 의회 위원회에서 증언할 때의 일이었다. 현재 통화정책 기조가 어떤 것이냐는 질문에 대한 루즈의 답변은 "긴축적이지만 지나치진 않다."였다. 그러자 위원회 가운데 한 사람이 그에게 물었다. "마찬가지로 정책 기조가 팽창적이지만 지나치게 팽창적이지는 않다고 할 수도 있지 않은가?"

나는 프리드먼과 슈워츠가 쓴 번득이는 비극적 스토리, 『대공황 The Great Contraction』을 읽을 때마다 매번 당시의 혼동, 불확실성, 완전한 무지에 대해 새삼 놀란다. 연방준비제도이사회 사람들과 연방준비은행 총재들 간 내분은 일상적인 취미였던 것 같다. 1929년 10월에 비극이 시작되었을 때 연방준비제도가 생긴 지 겨우 16년밖에 되지 않았다. 그 16년간, 금융시장이나 실물경제 어느 부문에서도 그렇게 큰 규모의 교란이 없었다는 것도 인정한다. 그렇더라도 통화당국이 그 당시처럼 엄청난 은행 도산, 물가 하락 시기에 디플레이션 유발적인 정책 추구를 고집했다니.

독자는 프리드먼과 슈워츠가 이야기를 전개하면서 그들 스스로도 얼마나 크게 놀라는지 — 그리고 종종 분노하는지 — 알아차릴 수 있을 것이다. 저자들은 이야기할 것이 너무 많아 가장 설득력 있는 관찰 내용의 상당수를 각주로만 처리했다. 이 책은 얼핏 보기만 해도 각주가 차지하는 비중이 상당하다. 저자들이 각주에서 보고하는 내용 가운데 많은 부분은 본문이나 마찬가지다. 이는 단지 각주 내용 때문만이 아니라 각주가 저자들의 분노를 명백히 드러내기 때문이기도 하다. 부가적인 진술이거나 논점에서 벗어난 각주도 있지만 대부분은 본문 내용을 보강한다.

경제학과 경제정책 문제에 관한 프리드먼의 핵심 견해는 프리드먼이 미국화폐사 연구라는 방대한 작업을 수행하던 즈음에 만개했다. 그렇지만 그 연구의 핵심 부분인 이 대공황의 공포스러운 이야기에서 다루어진 사건들은 프리드먼의 확신을 더욱 강화시켰고 그가 남은 일생 내내 부른 주제가의 상당 부분이 이 과정에서 형성되었다. 특히 경제학자들에게는 놀라우리 만큼 그의 관점은 단순하다.

프리드먼은 의사결정의 자유야말로 경제체제가 최대 다수에게 최고의 생활수준을 제공하는 필요조건이라고 믿었다. 그는 개인을 대신하여 의사결정을 하려는 관료보다 개개인 의사의 집합이 언제나 더 나은 선택을 할 것으로 확신하는 사람이었다. 그런 그에게 연방준비제도는 사라졌으면 하는 많은 정부기구 가운데 하나였을 뿐이다. 사라질 것이 아니라면 최소한 그저 통화공급을 일정 수준으로 유지하는 임무만을 수행해야 하는 기관이었다.

나 자신이 프리드먼과 만나본 경험에서 얻은 한 사례는 그의 사상과 의도를 보여준다. 1997년 11월 나는 당시 막 쓴 "고정환율제도는 실패한다Pegs Lay Eggs"는 제하의 짧은 글을 그에게 보냈다. 그 글에서 나는 자유변동환율이 항상 고정환율보다 바람직하다고 주장했다. 고정환율제도에서는 통화당국이 환율을 유지하기 위해 외환을 매매해야만 한다(혹은 금본위제하에서는 상황의 요구에 따라 금의 유입을 막거나 늘리기 위해 금리를 내리거나 올려야 한다.). 이에 따라 통화당국은 불가피하게 통화공급과 금리에 대한 통제력을 상실하게 된다. 사실 고정환율은 필연적으로 고정환율 자체를 파괴하게 되는 제도 내에서의 수많은 왜곡을 낳는다. 이에 대해 프리드먼이 내게 보내준 긍정적 답변은 이러했다. "그렇습니다, 고정환율제도는 실패합니다, 그런데 뭐 좀 안다는 자들이 고정환율제도를 만들지요Yes, pegs lay eggs, and eggheads create pegs."

프리드먼의 세계관에서 자유 못지않게 중요한 것은 화폐와 통화정책이었다. 이 책에도 포함되어 있지만 1963년에 출간된 원래의 책 300쪽에서 그는 다음과 같은 중요한 선언을 한다.

통화 붕괴는 다른 요인들 때문에 불가피하게 발생한 산물이 아니었다. 오히려 공황의 전개 과정에서 강력한 영향력을 행사한 어떤 독립적 요인이었다. 따라서 연방준비제도가 이 같은 붕괴를 막지 못한 것은 통화정책이 무력해서가 아니었다. 그것은 통화당국이 추진한 특정한 정책 때문이었다. …… 사실 공황은 통화 요인의 중요성을 비극적으로 증언한 사건이었다. 〔강조는 인용자의 것〕

프리드먼이 여기서 논하고 있는 경험이란 참혹한 디플레이션의 시기였다. 그것은 통화공급 감소를 수반했다. 혹은 프리드먼의 관점을 따르자면 통화공급 감소 때문에 야기된 것이었다. 하지만 화폐를 주제로 한 그의 가장 불후의 경구는 인플레이션과 관련된 것이다. "인플레이션은 언제 어디서나 통화적 현상이다." 이 간단한 개념 덕분에 프리드먼은 몇 차례 예측을 놀라울 만큼 정확하게 할 수 있었다. 여기서 두 가지 연관된 예시를 제공하고자 한다.

제2차 세계대전이 끝나기 전에조차, 여러 저명한 경제학자들은 전쟁 기간 중 적체된 수요가 일단 충족되고 나면 대공황이 재발할 것이라고 예언하고 있었다. 이처럼 장기불황을 예측한 사람 가운데 하버드대학교의 앨빈 한센Alvin Hansen이 가장 눈에 띄었다. 그는 1세기 이상에 걸쳐 미국 경제성장의 견인차 역할을 한 위대한 성장동학이 이제는 종국에 다다랐다는 생각에 기초한 나름의 정교한 주장을 수립했다. 한센의 상황 인식에 따르면, 미국인이 대륙을 가로질러 서부지역까지 확산하고 나자 미개척 영역이 사라졌고, 1920년대 기술혁명은 그것을 대체할 만한 어떤 눈에 띄는 것도 없는 가운데 소진되었으며, 인구 증가는 급격히 둔화되고 있었다.

미국인의 지속적인 지역 간 이주, 제2차 대전 동안의 재무장으로 인해 촉진된 화려한 기술진보, 제2차 대전 종전 후 첫 15년간 엄청난 베이비 붐 등이 있었는데도, 이러한 관점이 1968년까지 지속되었다는 것은 놀랍다. 그렇지만 1968년에 프리드먼이 오펜하이머 사Oppenheimer & Co. —— 그 당시에 두드러진 연구 중심의 증권중개업체 가운데 하나 —— 의 초대를 받아 대공황 재연 전망에 대한 판단을 발표했을 때 그는 다음과 같이 말했다. "여러분은 완전히 틀렸다. 정치인들은 자기네가 최근에 —— 명백하게 1930년대 —— 저지른 큰 실수를 피하기 위해 항상 애쓴다. 그래서 침체가 있을 때마다 항상 그들은 통화량을 지나치게 팽창시키는 등으로 경제를 '과도하게 부양한다.' 그 결과는 인플레이션의 롤러코스터가 올라간다는 것인데 고점과 저점이 각각 전 고점과 전 저점보다 더 높은 수준에서 형성될 것이다."[5] 다행스럽게도 이 예측은 1970년대에 한해서만 들어맞았다. 하지만 그 기본적인 메시지는 오늘날까지도 계속 통화정책 결정에 늘 따라다니며 영향을 미친다.

1978년 10월, 1970년대 인플레이션의 정점에 가까울 무렵 앨런 그린스펀Alan Greenspan은 인플레이션이 "6~7%, 그리고 어쩌면 8%"가 될 것이라고 선언했다. 프리드먼은 이보다 더 비관적이었고 다음과 같이 지적했다. "인플레이션율이 상승하면 사람들은 화폐 가치가 하락하고 있음을 감지하고 은행에서 현금을 인출해 지출함으로써 이에 적응한다."[6] 결과적으로 인플레이션은 일정 수준을 유지하지 못하고 가속화된다. 프리드먼은 정점이 10~12%가 될 것이라고 봤다. 실제 정점은 14.6%였다. 이 정점은 당시 프리드먼의 신봉자였던 폴 볼커가 연방준비제도 의장으로 취임한 지 9개월 후인 1980년 3월이었다. 볼커는 취임 직후 통화공급 증가율을 떨어뜨리기 위해 급브레이크를 밟았다. 전년 동기 대비로 낮은 두 자리 수 증가율을 보이던 M2 증가율은 7~8%로 떨어졌고 볼커는 계속해서 같은 정책 방향을 밀고 나갔다. 그가 취임하고 30개월 후 인플레이션율은 5%를 밑도는 수준으로 떨어졌다.

이 책에 재수록된 「대공황The Great Contraction」은 프리드먼과

5) Charles H. Brunie, "My Friend, Milton Friedman: Reminiscences of a Great Man," *City Journal*, April 11, 2007. 브루니Brunie는 오펜하이머 사에서 밀턴 프리드먼과 로즈 프리드먼의 투자 포트폴리오를 운용했다.
6) 위의 글.

슈워츠가 쓴 『미국화폐사』의 제7장이다. 그러나 제6장 「연방준비제
도의 절정기, 1921~1929년」에는 대붕괴와 연이은 재앙의 전주곡인
"통화정책의 전개"라는 핵심적인 절이 들어 있다.

책에서 가장 통찰력 있는 관찰들 중 하나가 이 절의 한 각주에 있
다. 이 각주는 연방준비제도가 사후적으로 어떻게 1921년의 갑작스
럽고 격렬했던 디플레이션에 관여하지 않으려고 했는지에 대한 논의
를 진행하는 중에 나온다.

좋은 결과에 대한 공로는 차지하면서 나쁜 결과에 대한 비난을 피하
려 하는 것이 인간의 자연스런 속성이다. 연방준비제도이사회의 연
차보고서를 순차적으로 읽다 보면 한 가지 흥미로운 점을 발견한다.
연방준비제도의 공과를 평가할 수 있게 하는 통화정책 효능에 선명
한 순환 패턴이 있다는 것이다. 번영기에는 통화정책이 효력이 있어
서 이 정책을 잘 써서 일이 잘 되었다는 평가를 받는다. 반면에 그렇
지 못한 기간에는 통화정책이 주로 다른 요인들에 의해 결정되어 다
른 선택의 여지가 거의 없으며 상황이 그나마 더 악화되지 않은 것은
그렇게 많은 제약을 받은 통화정책을 그나마 능숙하게 운용한 덕분
이라는 것이다.[7]

책 전체에서 가장 훌륭한 구절을 고르라고 하면 독자들은 수많은
후보 구절 가운데에서 고민하게 될 텐데, 1923년에 발표된 연방준비
제도이사회의 제10차 연차보고서에 대한 제6장 논의가 그중 하나가
될 것이다. 이 연차보고서의 많은 부분은 통화정책의 원칙을 깊이 분

---

7) Friedman and Schwartz, *A Monetary History*, 250~251쪽, 각주 13.

석하는 데 할애되었으며 이것은 프리드먼과 슈워츠에게 같은 정도의 심층적 분석을 자극했다.

지금 돌이켜보면 이 1923년 보고서는 연방준비제도의 역사에 관해 좀 더 흥미로운 한 구절을 담고 있다. 하지만 보고서는 또한 의심할 바 없이 이 기간의 가장 격렬한 논쟁 가운데 하나를 길게 다루고 있기도 하다. 그 논쟁은 오늘날 연방준비제도 정책에서도 여전히 중요하다.

먼저 흥미로운 구절을 보자. 연방준비제도가 1913년에 처음 조직되었을 때 12개 지역 연방준비은행들은 스스로를 어느 정도 독립된 조직으로 여겼고, 연방준비제도의 경제 전체에 대한 영향에는 별 관심이 없이 각 은행이 자기 영역에 대해서만 책임을 졌다. 이 지방적인 관점에 근거하여 지역 연방준비은행들은 자기네 필요에 따라 정부증권을 매매했다. 이런 행위를 통해 최대의 수익률을 올리는 것이 목표였다. 2차적 효과는 무시되었다. 분명히 연방준비은행 임원들은, 정부증권의 매매가 통화공급, 회원은행의 대부와 투자여력, 전국적인 금리 수준 등에 영향을 주었는데도, 자기네 행위가 채권시장이나 경제 전반에서 가져올 결과에 대해 거의 혹은 전혀 주의를 기울이지 않았다.

10년이 지나면서 진실은 즉각은 아니었지만 서서히 모습을 드러내기 시작했다. 개별 연방준비은행들은 정부증권을 매입하면 매도자 앞으로 수표를 발행하거나 매도자의 은행계좌로 매입액을 이체했다. 어떤 방식이든 이 거래의 결과로, 어떤 다른 은행의 지급준비금도 전혀 줄어들지 않은 가운데 매도자 은행의 지급준비금이 증가한다. 이에 따라 상업은행시스템의 지급준비금 총액은 증가하는데 이로 인해 은행들은 대부를 늘리거나 혹은 연방준비은행 재할인창구로부터의 차입을 줄일 수 있었다. 연방준비은행이 증권을 매도하는 경우에는 반대 과정이 일어난다. 그런데 거래 상대방의 위치가 종종 다른 연방준비지역에 속해 있었기 때문에 이러한 거래 결과는 빠른 속도로 전국으로 확산된다.

프리드먼과 슈워츠는 당국이 마침내 무슨 일이 벌어지고 있는가를 알아차리게 되는 상황을 묘사한다. 1921년 10월~1922년 3월에 연방준비은행들은 개별적인 거래 행위가 자금시장에 미치는 영향에 주의를 기울이지 않으면서 4억 달러에 이르는 정부증권을 매입했다. 1922년 5월, 연방준비은행들은 마침내 동부 소재 연방준비은행들의 총재(당시 명칭은 행장governor임) 5인으로 구성된 위원회를 조직하여 공개시장에서 공동매매를 실행하고, 자금시장 업무와 관련하여 재무부와의 갈등을 피할 수 있도록 했다. 프리드먼과 슈워츠에 따르면, "이것은 전반적인 신용정책에서 공개시장조작과 재할인을 …… 조정하는 것의 중요성을 최초로 명시적으로 인식한 것"[8]이었다. 1923년 봄에 이 위원회는 연방준비제도를 위한 공개시장투자위원회로 대체되었는데, 공개시장투자위원회는 같은 5인으로 구성되었고 연방준비제도이사회의 임명을 받았다. 6개월 후 연방준비제도이사회는 연방준비제도 계정을 창설했다. 매매 행위는 이 계정을 통해 각 연방준비은행들에 비례적으로 배분되었다. 하지만 이 위원회는 여러 해가 지나고서야 연방준비은행들이 수행하는 모든 공개시장 매매에 대해 주된 책임을 부여받았다.

프리드먼과 슈워츠에 따르면 제10차 연차보고서의 가장 중요한

---

8) 위의 책, 251쪽.

부분은 "신용정책 지침"이라는 제목이 붙은 한 절이다. 그들은 이 부분을 "금준비율을 대체할 수 있는 기준을 고안하는 문제에 대한 매우 미묘하고 정교한 분석"이라고 묘사했다. 〔이 절은〕"주요 원칙에 어울리는 불확정성을 가지고 있었다. 그 주요 원칙이란 한 가지 지표, 이를테면 지급준비율, 환율, 물가지수 등에 대한 간단한 테스트만으로는 정책을 위한 적절한 지침을 얻을 수 없다는 것이다. '정책이란 판단의 문제이고 또 판단의 문제여야만 한다.' 그런데 여기서의 판단이란 생산, 교역, 고용, 물가, 상품량 등의 변동에 대한 가능한 모든 범위에 걸친 근거에 기초하여 내려지는 것이다."[9]

현대의 연방준비제도는 의사결정과정을 설명하고 정당화하고 정의할 수 있는 준칙들을 개발하기 위해 오랫동안 시도해왔다. 이 준칙 가운데에는 테일러 준칙처럼 정량적인 것도 있다. 테일러 준칙이란 기준금리인 연방기금금리를 GDP 갭(실질 GDP와 잠재 GDP의 차이)과 인플레이션갭(실제 인플레이션율과 목표 인플레이션율의 차이)에 기초하여 조정하는 준칙이다. 하지만 오늘날의 연방공개시장위원회Federal Open Market Committee(FOMC) 의사록을 보면 테일러 준칙과 같은 기계적인 지침에 세심한 주의를 기울이고 있긴 하나, 궁극적으로 위원회는 또한 "정책이란 판단의 문제이고 또 판단의 문제여야만 한다."는 데 바탕을 둔 결정에 도달하고 있다.

오늘날 연방준비제도는 정책 결정을 할 때, 때로는 경제성장률도 한 가지 고려사항으로 삼긴 하지만, 우선적으로는 스스로를 인플레이션율 상승을 차단하는 수호자로 인식한다. 이 같은 관점은 1920년대 연방준비제도의 목표의식과는 아무 관련이 없다. 그 당시에는 경

---

9) 위의 책, 252쪽.

제시스템 내 신용자원이 투기적 상품을 축적하려는 자금조달에 오용될 가능성을 염려하는 강박관념이 존재했다. 1923년 보고서 표현을 빌리자면 "연방준비은행이 창출하여 제공한 신용이 생산적인 용도에만 쓰인다면 과잉 상태가 될 위험은 거의 없을 것이다." 그와 같은 낙천적인 판단에 대해 오늘날의 공개시장위원회라면 어떻게 말할지 자못 궁금하다.

후대에 진성어음주의real bills doctrine라고 알려진 이 관점은 연방준비제도가 "교역의 필요"라고 묘사하는 것에 초점을 맞추고 있다. 경제성장, 달러의 환율, 그리고 인플레이션 예상 혹은 디플레이션 예상, 이런 문제는 교역의 필요와 투기꾼의 행위를 구별하는 것만큼 중요해보이지 않았다. 이런 견해가 1923년 보고서에서 다음과 같은 구절로 표현되어 있는데 프리드먼과 슈워츠는 이에 대해 격노한다.

보고서의 이 절은 솜씨와 예리함에서는 훌륭하지만 신용정책에 대한 지침으로서는 매우 만족스럽지 못하다. 필요한 "판단"은 사실 관계에만 근거를 두어서는 안 된다. 사실 관계는 반드시 해석되어야 하며 대안적인 일련의 행동이 초래할 수 있는 영향에 대해 예측해야 한다. 이 모든 것에서 이 절은 미사여구 이외에 거의 아무 것도 제공하지 않는다. 적절한 일이 무엇인지를 판단할 최소한의 징후만 가지고도 적기에 정확히 판단해 조치를 취해야 할 사람에게 미사여구나 지시하고 있는 것이다.[10]

프리드먼과 슈워츠는 연방준비제도의 이처럼 극히 단순한 태도를

---

10) 위의 책, 253쪽.

신랄히 비판하면서, 연방준비제도에 관한 중요한 책(1932년)을 쓴 찰스 O. 하디Charles O. Hardy의 통렬한 견해를 인용한다. "이런 식의 분석은 연방준비제도의 업무가 공황 기간에 자금을 인위적으로 싸게 하여 경기를 부양하고 활황 기간에 비싸게 하는 일이 아니라, 단지 그들이 판단한 바의 상황에 스스로 적응하는 것일 뿐이라는 결론을 강조하는 것이다."[11]

연방준비제도 당국이 1923년 보고서에서 상품 투기에 대한 우려와 교역의 필요를 언급했을 때 그들은 곧 다른 종류의 투기에 직면하게 될 것을 전혀 몰랐다. 1920년대 말 거대한 주식시장 투기의 관리 여부와 방법을 정하는 일은 더욱 논란의 여지가 많고 위험한 결정들에 얽히게 될 것이었다.

주식시장 붕괴를 조절하는 문제는 1928~1929년에 대두되었다. 월스트리트에서 진행 중인 과열투기를 억제하기 위해 당시 워싱턴의 연방준비제도이사회와 뉴욕연방준비은행 총재 벤자민 스트롱은 "직접적 압력"을 행사할 것인지를 놓고 정면으로 맞섰다. 회원은행 차입 증가를 억제하려면 통상적으로 할인율을 인상한다. 그렇지 않고 "직접적 압력"을 행사한 적이 1919년 극심한 상품투기 때 처음 있었다. 이때 연방준비제도이사회는 할인율 인상을 승인해달라는 재무부의 요청을 거절했다. 그 대신 연방준비제도이사회는 연방준비은행들에게 연방준비제도 회원인 상업은행들의 과도한 차입을 막기 위해 "직

---

11) 위의 책. 인용의 출처는 Charles O. Hardy, *Credit Policies of the Federal Reserve System*, Washington, D. C.: Brookings, 1932. 프리드먼과 슈워츠는 이 책을 각주에서 인용하면서 하디가 "연방준비제도 외부의 경제학자"라고 지적했다.

접적 압력"을 행사할 것을 권고했다.

1929년 10월 대폭락으로 절정을 맞게 될 투기가 시작된 것은 1925년 10월이었다. 월스트리트가 이를 이제 막 누리기 시작했을 때, 연방준비제도이사회 조사국 이사 월터 W. 스튜어트Walter W. Stewart는 연방준비은행들이 회원은행들에게 주식거래 증거금margin에 대한 신용 공급을 줄이도록 직접적 압력을 행사함으로써 주식시장 붐을 길들일 수 있다고 제안했다. 뉴욕연방준비은행의 수장 벤자민 스트롱은 이에 동의하지 않았다. 스트롱은 상업은행가로서의 오랜 경험과 함께 자기 이름에 걸맞는(힘세다는 형용사 strong의 의미에 걸맞는 — 옮긴이) 개성을 지녔다. 그는 투기 목적으로 자금을 조달하는 은행들에게 재할인창구를 통한 대부를 거부할 권한을 뉴욕연방준비은행이 갖지 못하면 월스트리트 사람들을 비난할 권위가 없는 것이라고 주장했다. 당시에는 아무 일도 일어나지 않았다. 하지만 문제는 1928년에 다시 한 번 불거졌다. 당시 연방준비제도이사회 이코노미스트였던 아돌프 밀러Adolph Miller가 뉴욕 대형 은행들의 행장 모임을 소집해서 월스트리트 투기에 쓰일 자금조달을 중단시키도록 뉴욕연방준비은행에 요청했던 것이다.

여기에는 주식시장 투기를 어떻게 진정시킬 것인가 하는 직접적인 문제를 넘어서는 더 심오한 문제가 내포되어 있었다. 스튜어트와 밀러에게는 투기 억제가 중요했지만, 이 일이 할인율 인상이 아니라 직접적 압력행사로 달성되는 한에서만 중요했다. 그들은 할인율을 인상하면 신용자원이 "교역의 필요"나 생산적 용도로 사용되는 것까지도 억제할 것으로 믿었다. 이 견해는 당국이 어느 방식으로든 신용이 생산적인 용도로 유입되는 것은 위축시키지 않으면서 투기적 행위로 가는 것은 통제할 수 있다고 보는, 논란의 여지가 있는 명제에 근거해 있었다. 또는 달리 표현하자면, 일단 생산적인 용도로 아무런 장애 없이 흘러들어간 신용자원 중 일부가 회수되어 주식시장의 투기활동에 제공되는 일이 발생할 가능성은 없는가? 요컨대 연방준비제도는 어떻게 경제에 다른 부정적인 영향을 미치지 않으면서 투기를 억누를 수 있는가? 사실 프리드먼과 슈워츠가 지적하듯이 1923년 보고서는 "연방준비은행이 신용의 최종적 용도를 통제하는 것이 불가능함을 강조했고 다른 보고서들도 같은 문제를 거듭 지적했다."[12]

논란은 주식시장 붐이 맹렬해지면서 더욱 확대되었다. 1928년 10월 아쉬운 시점에 스트롱이 폐결핵으로 사망하고, 후임자 조지 해리슨이 1929년 2월 5일에 연방준비제도이사회와 만났다. 그는 은행 신용 증가세가 산업활동 증가세보다 상대적으로 훨씬 큰 것에 불만을 토로했다.[13] 동시에 해리슨은 금리가 너무 높아 번영이 지속되는 것을 위협하고 있다고 선언했다. 그는 "전격적으로 높은" 할인율 인상을 제안했다. "[그것은] 신용 총량이 계속 확대되는 것을 신속하게 통제함으로써 연방준비제도가 이후에 금리를 낮추는 정책을 채택할 수 있도록 해줄 것이다."[14] 설마 그런 말을 했을 리가!

이 놀라운 제안은 투기적 신용을 억제하기 위해 할인율을 인상할 것인가를 놓고 뉴욕연방준비은행과 연방준비제도이사회 간에 벌어진, 결코 끝날 것 같지 않은 결론 없는 논쟁 가운데 겨우 한 단계였을 뿐이다. 이 논쟁에서 뉴욕연방준비은행은 할인율 인상을 주장했고

---

12) Friedman and Schwartz, 위의 책, 254쪽.
13) 해리슨은 우드로우 윌슨Woodrow Wilson의 미망인과 결혼했다. 나는 뉴욕연방준비은행에서 근무하던 때에 그를 조금 알았는데 그가 상당히 유쾌하지만 항상 거만하고 자존심이 강했던 것으로 기억한다.
14) 위의 책, 257쪽, 각주 27, 28.

연방준비제도이사회는 주식시장 거래에 자금을 제공하는 회원은행들의 어음 할인을 거부하는 형태로 직접적 압력을 행사할 것을 완강히 요구했다. 한때 뉴욕연방준비은행은 재무부 장관 앤드류 멜론에게 자기네 관점을 지지해달라고 요청했다. 5월 10일 멜론은 연방준비제도이사회에 서한을 보내 연방준비은행은 만약 회원은행이 할인을 통한 대부에 대한 담보로서 적격어음(주로 상업용 대부와 관련된 약속어음)을 제시하는 경우에는 그 은행이 증권에 대부한 것을 근거로 융자를 거부할 권리가 없음을 지적했다.

남은 이야기가 이제 앞으로 보게 될 지면에서 전개될 것이므로 나는 이야기가 어떻게 끝날지 말하고 싶은 유혹을 참기로 하겠다. 하지만 자산가격에 투기가 있어 보이는 현상에 직면하여 연방준비제도가 어떤 역할을 해야 하는가에 대한 논쟁이 오늘날 우리 시대에 두 번째로 환생했다. 그린스펀 의장, 그리고 그 후 버냉키 의장은 이 주제에 대해서는 같은 생각 —— 연방준비제도는 자산가격에서의 투기를 통제하려고 해서는 안 된다는 —— 을 가지고 있다. 하지만 논쟁은 금융계의 참여자들 사이에서 격렬하다.

1990년대의 첨단산업 호황이 1990년대 후반에 점점 더 투기적인 주식시장을 초래하자, 그린스펀의 연방준비제도에, 통화긴축을 통해 거품을 터뜨려야 한다는 압력이 점점 더 거세졌다.[15] 하지만 그린스펀은 자신으로서는 존재 자체를 확신할 수 없는 자산가격 버블을 기초로 연방준비제도의 정책을 결정하는 것에 대해 굳은 반대의지를

---

15) 주가는 1995년 1월부터 1999년 1월까지 연율로 25.7% 상승함으로써 총상승률이 265%였다.

천명했다. 그는 말했다. "거품을 미리 알아내려면, 무수히 많은 투자자 모두가 잘못하고 있다는 판단이 있어야 한다."[16] 이와 같은 진술은 그린스펀의 깊은 철학적 견해 —— 시장이 가장 잘 안다는 것, 그리고 자유시장에 개입하면 덜 바람직한 결과를 얻는다는 것 —— 에 부합하는 것이다. 밀턴 프리드먼이라면 이에 동의했을 것이다. 즉 연방준비제도는 다른 어떤 것도 아닌, 바로 **통화정책**에 책임이 있다.

"교역의 필요"를 고려하는 것과는 상당히 별도로, 자기네가 확인한 주식시장 거품을 통제해야 한다고 확신했던 1920년대 전임자들의 관점을 그린스펀은 인정하지 않았다. 1920년대 전임자들은 투기적 금융 흐름과 경제를 위한 금융 흐름, 이 둘을 분리된 실체로 간주했기 때문에 이와 똑같이 거품을 통제하려는 노력도 실물경기에는 아무런 영향을 미치지 못하리라고 확신했다. 그들이 식별할 수 있는 유일한 불확실성은 투기에 대한 공격을 달성할 가장 효과적인 방법이 무엇인가의 문제였다. 대공황에 대한 이 책이 더할 나위 없이 잘 밝히고 있듯이, 그들은 결국 경제 전체가 항복할 때까지 그 거품을 쫓는 것으로 끝을 냈다!

반면 그린스펀은 연방준비제도는, 의회가 정한 바에 따라, 자산가격을 판단할 책임이 없다고 주장했다. 대신에 연방준비제도는 소비자물가지수 안정, 낮은 수준의 인플레이션, 안정적인 경제성장을 목표로 해야 한다. 원칙 문제와는 별도로, 그린스펀은 1990년대 팽창을 특징짓는 유례없는 기술진보와 인상적인 생산성 향상을 가로막을 수 있는 어떤 조치도 취하기를 꺼려했다. 그린스펀이 낙관론을 접고

---

16) 1999년 6월 미 의회 양원합동경제위원회Joint Economic Committee(JEC) (1946년 설치된 상설기구 — 옮긴이)에서의 증언.

4.75%에서 6.5%로의 연방기금금리 인상에 동의한 것은 소비자물가지수가 1.5%에서 약 3.5%까지 꾸준하고 빠르게 상승한 1999년 중반경이었다. 이 조치로 주식시장이 갑자기 급락하고 실물경제는 완만하게 침체했다.[17]

이 침체는 비록 완만한 것이긴 했지만 경제를 위험하게도 거의 디플레이션에 빠져들 수 있는 상태로 이끌었다. 2002년 초에 소비자물가지수는 연율로 1% 가까이 상승했다. 이는 1년 전에 3%를 웃돈 것과 대조되었다. 1980년대 일본의 재앙적인 경험에서 아주 극적으로 드러났듯이, 그린스펀과 공개시장위원회는 디플레이션이야말로 일어날 수 있는 최악의 결과라는 데 동의했다. 일단 소비자나 기업가가 향후 물가 하락을 기대하기 시작하면 가능한 한 구매를 연기하려 할 것인데 이는 단지 물가가 더욱 가파르게 하락하고 반전이 더욱 어려워지는 결과를 낳을 뿐이다.

그린스펀과 동료들은 뒤이어 발생할 수 있는 인플레이션의 위험을 그들 스스로 "위험관리"라 언급했던 정책으로 떠안았다. 그들은 인플레이션 위험이 통제 가능하다고 확신했다. 그리하여 물가변화가 양(+)에서 음(-)으로 바뀌기 전에 가능한 한 신속히 통화공급을 늘리기 위해 모든 노력을 동원했다. 당시 연방준비제도이사회 이사였던 버냉키는 디플레이션의 영향력을 상쇄하기 위한 지출 부양을 위해 현금을 "헬리콥터로 투하helicopter drop"해야 한다는 1969년 밀턴 프리드먼의 제안을 2002년에 넌지시 내비침으로써 헬리콥터 벤helicopter Ben(Ben은 버냉키의 이름 — 옮긴이)이라는 별명을 얻게 되

---

17) 주식가격은 2000년 9월부터 2003년 3월까지 연율로 20% 하락해 총하락률이 42.5%였다.

었다.[18]

　더욱 최근 들어 그린스펀의 연방준비제도는 디플레이션 예방을 위해 유동성을 너무 많이 풀었다는 비난을 받고 있다. 이로 인해 주택 버블이 형성되었고 그 버블이 연이은 모든 신용 문제를 배태했다는 것이다. 그리고 주택 버블이 극단으로 치닫기 전에 연방준비제도가 버블을 해소해야 한다는 압력이 다시 한 번 거세졌다. 그리고 역시 또다시 그린스펀은 자기 입장을 고수했다. 그와 그의 후임인 벤 버냉키의 관점은 동일하다. 거품은 사실로 판명되기 전까지는 결코 확인할 수 없다는 것, 그리고 연방준비제도의 목표 정책변수는 소비자물가지수이지 자산가격이 아니라는 것이다. 버냉키가 2004년 9월에 정리한 입장에 따르면 "연방준비제도가 증권 투기에 관여하는 것은 바람직하지도 않고 가능하지도 않다. …… 〔만〕약 자산가격에 급격한 조정이 발생하면, 연방준비제도의 일차적인 책임은 …… 위기가 지나갈 때까지 충분한 유동성을 공급하는 것이다."

　논란은 계속 확대된다. 2007년 10월 18일, 모건스탠리의 전무이사이자 이코노미스트로서 월스트리트에 많은 추종자를 거느린 스티븐 로치Stephen Roach는 반대 논지를 펴, 거품이 확대되는 데 연방준비제도가 개입해야 한다고 주장했다.

　이제 통화당국이 새로운 절차 —— 즉 선택 가능한 정책의 틀을 세우는 데 자

---

18) 버냉키의 워싱턴 D.C에서의 2002년 11월 21일 연설, "Deflation: Making Sure 'It' Doesn't Happen Here"를 볼 것. 그는 다음 책을 언급하고 있다. Milton Friedman, *The Optimum Quantity of Money and Other Essays*, Chicago: Aldine, 1969(원서에 "Optimum Supply"라고 오기되어 있는 것을 "Optimum Quantity"로 바로잡음 — 옮긴이).

산시장 상황을 명시적으로 고려하는 것 ── 를 채택해야 할 시점이다. 좋든 싫든, 지금 우리는 자산시장에 크게 의존하는 세계에서 살고 있다. 거품 만연의 정도가 점점 심해지는 양상이 시사하듯이, 자산시장 상황과 실물경제 사이의 상호작용을 인식하지 못하는 것은 엄청난 정책 오류다.[19]

이 문제에 대해 로치가 의견을 피력한 지 얼마 되지 않아 연방준비제도이사회 이사 프레더릭 미쉬킨Frederic Mishkin이 이에 반박했다.

문제는, 비록 연방준비제도가 통화정책 결정을 통해 거시경제적 위험을 상쇄할 수 있고 또 상쇄해야만 하더라도, 가치평가 관련 위험에 대한 책임은 여전히 투자자에게 있다는 것이다. 실제로 통화정책은 그런 측면에서는 무력할 뿐만 아니라 무력해야만 한다. 적정가격을 찾아내며 투자에 수반된 위험을 확인, 관리하는 힘든 일들은 전적으로 시장참여자 책임이다.[20]

연방준비제도의 의사결정을 둘러싼 이와 같은 논쟁은 아마도 앞으로도 무한히 계속될 것이다. 하지만 프리드먼과 슈워츠의 화폐사 가운데 대공황의 악몽과 관련된 몇몇 장들은 오늘의 정책 당국과 그 미래 후계자들에게 중요한 가이드라인을 제공한다. 사실 오늘의 문제들과 해결방안을 이해하는 데 프리드먼과 슈워츠의 이 귀중한 유

---

19) Morgan Stanley.

20) Risk USA 2007 Conference, New York, November 5, 2007.

산에 의지하는 것보다 더 좋은 방법을 찾을 수는 없을 것이다.

책을 읽기 전에 다음에 소개할 흥미로운 진술을 기억해두기 바란다. 밀턴 프리드먼이 사망하기 3년쯤 전인 2003년 8월 19일 『월스트리트 저널』에 남긴 말이다. "15년 전 …… 나는 '미국의 주요 기관 가운데 연방준비제도만큼 성적이 그렇게 오랫동안 좋지 않으면서도 또 그렇게 대중적 인지도가 높은 기관은 없다.'고 쓴 적이 있다. 당시 내가 입증했다고 믿었듯이, 연방준비제도가 존재했던 처음 70년 정도 기간에 대해서는 그런 판단이 충분히 정당하다고 본다. 그 이후 기간에는 그렇지 않다고 말할 수 있어 기쁘다."[21]
만약 프리드먼이 살아 있다면 오늘날에도 같은 견해를 유지했을까?

---

21) Brunie(앞의 각주 5에 나온, 오펜하이머 사의 창업자 찰스 브루니Charles Brunie의 말에서 인용한 것으로 보인다 — 옮긴이).

THE GREAT CONTRACTION
THE GREAT CONTRACTION
THE GREAT CONTRACTION
THE GREAT CONTRACTION
THE GREAT CONTRACTION
THE GREAT CONTRACTION
THE GREAT CONTRACTION
THE GREAT CONTRACTION
THE GREAT CONTRACTION

# 대공황
## 1929~1933년

# 대공황, 1929~1933년

머리말 63

1절 통화량, 소득, 물가, 유통속도와 이자율의 추이 73
    1929년 10월의 주식시장 붕괴 75
    1차 은행위기의 발발, 1930년 10월 83
    2차 은행위기의 발발, 1931년 3월 93
    영국의 금본위제 이탈, 1931년 9월 95
    대규모 공개시장 매입의 개시, 1932년 4월 108
    1933년의 은행위기 111

2절 통화량 변동을 설명하는 요인들 125
    1929년 10월의 주식시장 붕괴 127
    1차 은행위기의 발발, 1930년 10월 139
    2차 은행위기의 발발, 1931년 3월 142
    영국의 금본위제 이탈, 1931년 9월 144
    대규모 공개시장 매입의 개시, 1932년 4월 148
    1933년의 은행위기 151

3절 은행 도산 155
    은행 도산의 역할 155
    은행 도산의 기원 159
    연방준비제도의 태도 166

4절 공황의 국제적 성격   169

5절 통화정책의 전개   175
　　1929년 10월의 주식시장 붕괴   176
　　주식시장 붕괴 시점부터 영국의 금본위제 이탈에 이르기까지, 1929~
　　1931년   183
　　영국의 금본위제 이탈, 1931년 9월   207
　　1932년의 공개시장 매입 프로그램   213
　　1933년 은행위기   220

6절 대안적 정책들   227
　　1930년 1월부터 1930년 10월 말까지   228
　　1931년 1월부터 1931년 8월 말까지   231
　　1931년 9월부터 1932년 1월 말까지   233
　　잉여 금의 문제   242

7절 통화정책은 왜 그렇게 서툴렀을까?   255

이사의 의견_앨버트 J. 헤팅거 2세   279

이와 같은 논쟁을 하다 보면 그 논쟁들이 근거를 바탕으로 검토되고 해석되기 전까지는 사실에서 아무것도 배울 수 없다는 것이 확실해진다. 자료와 숫자 자체가 자신이 내는 주장의 근거인 것처럼 공언하는 자의 주장이야말로 모든 이론 가운데 가장 무모하고 믿을 수 없는 것임을 가르쳐줄 뿐이다. 즉, 그런 사람은 자신이 숫자를 선별하고 분류할 때, 아마도 의도적으로 그러지는 않았겠지만, 그 스스로 한 역할에 대한 배경설명을 하지 않고서, 시간상 앞에 일어났으니 그것이 원인 post hoc ergo propter hoc(결과가 그렇게 나와서 앞의 것이 그렇다는 것, 즉 시간의 전후 관계를 인과관계와 혼동한 허위 논법, 논리학에서 인과의 오류라고 함 — 옮긴이)이 된다고 논증하는 사람일 뿐이다.

___앨프리드 마샬

# 머리말

1929~1933년의 경기침체 과정에서 미국 은행시스템은 붕괴했고 통화정책은 경기 하강을 막는 데 실패했다. 이것은 인류의 사고방식에 심대한 영향을 미쳤다. 이 시기에 발생한 일련의 사건을 목도하면서 학계에서도 정책입안자들 사이에서도 화폐적 현상이란 것이 기본적으로는 다른 경제적 요인의 영향을 반영하는 것일 뿐 어떤 의미 있는 독자적 역할을 수행하는 것으로 보기 어렵다는 견해가 팽배하게 되었다. 이에 따라 경기안정화정책에서도 정부의 재정정책과 직접 개입 방식이 강조되었다.

　1929~1933년에 발생한 일련의 통화적 사건이 인류의 화폐에 대한 이해에 미친 영향은 역설적이다. 화폐가 경제현상에서 단지 부차적 역할을 수행할 뿐이라는 견해가 자리잡았다. 이후 수십 년간 화폐적 현상에 대한 연구 자체가 거의 수행되지 않았다. 사실상 최근 (1960년대 초반 — 옮긴이)에 들어서야 이 분야 연구가 재개된 셈이다. 이와 같은 연구사적 배경에서 우리가 쓴 『미국화폐사, 1867~1960년』의 한 긴 장章은, 4년이나 지속된 대공황 기간에 할애되어 있다. 이 장은 책 전체의 절정부라고 할 수 있다. 사실상 94년간을 다룬 이

책에서 책 전체의 1/6 정도 분량을 이 4년간에 집중한 셈이다.

이 4년간의 경험으로부터 그동안 사람들이 끌어낸 생각은 잘못되었다. 오히려 화폐적 현상, 즉 통화금융 관련 사건들이 중요하다. 이 기간의 경험은 그 점을 매우 비극적 방식으로 입증했다는 것이 우리의 결론이다. 이 기간 동안 통화량이 급감하고 사상 유례없는 규모로 은행위기가 발생했다. 이것은 어떤 다른 경제 변화에 따른 불가피한 귀결이 아니었다. 이 일은 연방준비제도가 상황 통제 능력이 없어서 발생한 것이 아니었다. 연방준비제도는 공황 기간의 디플레이션과 은행이 도산하는 고통스런 과정을 단축시킬 능력을 충분히 갖고 있었다. 이 능력이 1930년 후반이나 1931년 초 혹은 1931년 중반에라도 효과적으로 사용되었더라면 좋았을 것을. 돌이켜보건대 만일 그랬다면 이 시기의 두드러진 특징인 연이은 유동성위기는 거의 확실히 방지할 수 있었을 것이다. 통화량 감소를 방치하지 않고 오히려 어떤 목표 수준으로라도 증가시킬 수 있었을 것이다. 그런 정책은 경기침체의 심도를 완화하고 아마도 훨씬 빨리 공황에서 탈출하도록 도왔을 것이다.

게다가, 통화량 감소를 막고 은행위기 완화를 위한 정책들에는 어떤 급진적이고 혁신적인 요소가 있는 것도 아니었다. 즉, 연방준비제도는 이미 예전에도 그런 종류의 정책을 취한 적이 있다. 1930년 말과 그 이후 지속되었던 것과 똑같은 은행위기에 대처하기 위해 연방준비제도가 오래전에 검토했던 조치도 그 정책들에 포함되어 있다. 아마도 관료제적 구조나 권력 분포, 권력자의 개성 등이 조금만이라도 달랐더라면 실제로 제안되어 채택되었을 수도 있을 조치들이었다. 적어도 1931년 후반까지는, 그리고 아마도 심지어 1931년 후반 시점에서조차도, 대안적 정책이 선택됨으로 인해 금본위제의 지속가능 여부가 문제되는 상황은 벌어지지 않았을 것이다.

얼햄대학Earlham College의 로버트 M. 테일러Robert M. Taylor라는 한 학부생이 우리 책(『미국화폐사, 1867~1960년』)의 대공황을 다룬 장(제7장 「대공황, 1929~1933년」)만을 단행본으로 만들면 대학의 관련 강좌에서 학생들이 보조교재로 공부하기에 좋을 것 같다고 제안했다. 우리는 그의 제안에 감사한다. 아울러 이 일을 맡아준 프린스턴대학출판부에도 감사한다.

원래 책의 한 장인 「대공황, 1929~1933년」 자체도 상당 부분 자기완결적이다. 그래서 다른 장들을 읽지 않고도 이해하는 데에는 큰 문제가 없다. 하지만 이 단행본을 읽는 독자들의 편의를 감안하여 별도로 용어 해설과 도표에 대한 주석을 붙였다.

유감스럽지만 『미국화폐사, 1867~1960년』를 서술하는 과정에서 도움을 받은 수많은 분들과 기관들에 대한 감사의 말씀은 생략한다. 독자들이 원래 책의 서문을 참조해주길 바란다. 다만 『미국화폐사, 1867~1960년』 끝 부분에 등장하는 전미경제연구소National Bureau of Economic Research(NBER) 이사 헤팅거 2세Albert J. Hettinger, Jr.의 의견은 주로 이 장에 대한 것이므로 여기에 재수록했다.

밀턴 프리드먼

안나 J. 슈워츠

**도표 1.** 경기 호황기와 불황기의 통화량, 소득, 물가, 및 화폐유통속도 추이, 1914~1933년

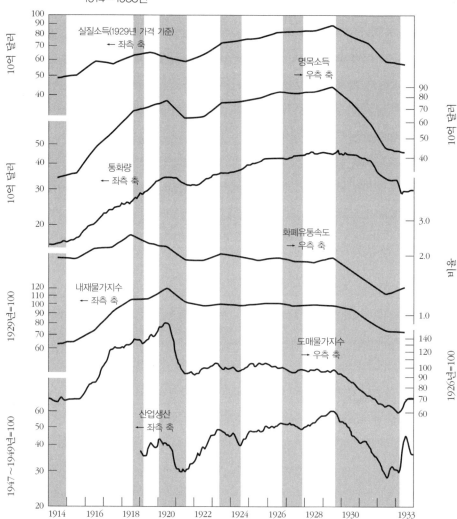

주: 음영은 기준순환주기의 불황 국면, 음영이 없으면 호황 국면.

출처: 산업생산(계절조정)은 *Industrial Production, 1959 Revision*, Board of Governors of the Federal Reserve System, 1960, S-151쪽(제조업과 광업 부문). 다른 자료들은 *A Monetary History of the United States, 1867-1960*, Chart 62와 동일함.

1929~1933년의 대공황은 우리가 다루는 근 1세기만이 아니라 아마 미국사 전체를 통틀어 가장 심각한 침체 기간일 것이다. 대부분의 다른 나라에 비해 미국의 침체 정도나 지속기간이 깊고 길었다. 그렇지만 침체의 지리적 범위는 전 세계적인 것이었다. 이 대공황은 우리 시대에 가장 심각하고 널리 확산된 국제적 불황으로 자리매김될 것 같다. 미국의 국민순생산(NNP)은 경상가격 기준으로 1929년부터 1933년까지 절반 이상, 불변가격 기준으로는 1/3 이상 줄었다. 내재물가지수는 1/4 이상, 월별 도매물가는 1/3 이상 떨어졌다.

월별 자료를 보면 대공황 이전 50여 년 동안에 발생한 어떤 경기침체도 대공황기와 비견할 수준이 아니다. 앞에서 이미 언급했듯이, 대공황 말고는, 침체에 선행하여 그토록 오랜 기간 통화량이 증가하지 못한 사례가 없었다. 대공황 기간 중의 통화지표 추이를 보면 더욱 놀랍다. 1929년 8월 경기 정점부터 1933년 3월의 저점에 이르는 동안 통화량은 1/3 이상 줄었다. 이것은 자료상 대공황기를 제외하고는 가장 크게 통화량이 감소한 1875~1879년, 그리고 1920~1921년의 기록(9%)과 비교할 때도 세 배 이상에 달한다. 미국 전역에 걸쳐 1/5 이상의 상업은행들(대공황 초기에 이 은행들에 예치된 예금 규모는 전체 예금의 1/10 이상이었다.)이 재무적 곤경으로 영업을 중단했다. 여기에 자발적인 청산, 합병 등이 더해져 전체 상업은행 수는 1/3 이상 감소했다. 은행 휴무가 1933년 초 여러 주에서 처음 시행되고 3월 6일 월요일부터 3월 13일 월요일까지 전국에 확대되면서 공황은 일단락되었다. 이 기간 중에 상업은행뿐만 아니라 연방준비은행들도 영업이 중지되었다. 미국사 전체 어느 기간에도 이렇게 전국적으로 오랫동안 은행들이 일제히 영업을 중지한 선례는 없었다.

1929~1933년의 통화 붕괴와 다소나마 비교할 수 있는 역사적 상황을 찾자면, 거의 한 세기를 거슬러 올라가 1839~1843년의 침체 국면 정도일 것이다. 이 기간의 침체 역시 전 세계적인 위기의 산물이었다. 이 위기는 국내적으로 통화와 관련한 불확실성을 심화했다. 이 불확실성이 대두된 것은 이미 제2합중국은행the Second Bank of the United States을 둘러싼 정치적 공방, 이 은행에 대한 영업인가 charter 갱신이 거부되는 사태, 주州 정부 인가를 얻고 국고예치업무를 계승한 은행의 투기 행위 등 때문이었다. 제2합중국은행에 대한 연방정부의 인가가 만료된 이후 통화 관련 불확실성은 더욱 확대되었다. 정부의 연이은 조치들 즉, 잉여금surplus 처리 문제, 정화유통령Specie Circular(토지 투기를 억제하고 지폐 유통량을 줄이고자 공유지 구매대금을 금이나 은과 같은 정화로 지불하게 한 1836년 당시 대통령 잭슨의 행정명령. 유통화폐 감소로 디플레이션과 금융 긴축을 수반해 1837년 공황의

원인으로 알려져 있고 1838년 폐지되었다 — 옮긴이), 1840년 국고업무의 독립 조치Independent Treasury와 이듬해 이의 중단 등이 이를 부추겼다. 1929~1933년과 마찬가지로 1839~1843년 기간에 상당히 많은 은행이 문을 닫았다. 은행 수로는 전자 기간에 약 1/3, 후자 기간에 약 1/4이 줄었다. 두 기간 모두 통화량은 약 1/3 정도 하락했다.[1]

1929~1933년 공황은 다방면으로 광범위한 영향을 미쳤다. 특히 통화금융제도에 대해, 그리고 경제에서 화폐 부문이 차지하는 역할에 대해 학계와 일반 대중이 생각하는 방식에 중요한 영향을 미쳤다. 공황이 진행되는 동안 많은 특별금융기관이 설립되었다. 주목할 만한 예로 재건금융공사Reconstruction Finance Corporation, 연방주택대부은행Federal Home Loan Banks 등이 있다. 이와 함께 연방준비제도의 권한도 상당히 변경되었다. 공황 직후, 은행예금에 대한 연방보험제도가 제정되었고, 중요한 연방준비제도의 권한이 또다시 대폭 수정되었다. 이어서 금의 대외 지급이 일시적으로 정지되었고 금본위제도는 근본적으로 변형되어 이제 더 이상 과거의 모습을 찾아보기 힘든 지경에 이르렀다(제8장을 참고할 것).

공황의 경험을 계기로 사람들은 통화 요인이 경기변동과정에서 중요한 요소로 작용하여, 통화정책이 경제안정성을 제고하는 데 유효한 수단이라는, 오래된, 그리고 1920년대 들어 강화되었던 믿음을 부정하게 되었다. 과거의 인식과는 정반대 극단으로 치달아, 학계나 대중은 "화폐는 중요하지 않다."고 생각하기 시작했다. 이에 따르면

---

1) 이 두 공황을 재미있게 비교한 연구결과로 George Macesich, "Monetary Disturbances in the United States, 1834-45," unpublished Ph. D. dissertation, University of Chicago, June 1958을 참조하라.

통화 요인은 다른 요인들의 효과를 반영하는 수동적인 것일 뿐이고, 경기 안정화 대책으로서 통화정책이 지닌 가치는 극히 제한되어 있다는 것이다. 하지만 이런 판단들은 경험에 근거를 두고 타당성 있게 추론된 것이 아님을 이 장(이 책 — 옮긴이)에 제시한 증거들이 보여줄 것이다. 즉 통화 붕괴는 다른 요인들 때문에 불가피하게 발생한 산물이 아니었다. 오히려 공황의 전개 과정에서 강력한 영향력을 행사한 어떤 독립적 요인이었다. 따라서 연방준비제도가 이 같은 붕괴를 막지 못한 것은 통화정책이 무력해서가 아니었다. 그것은 통화당국이 추진한 특정한 정책, 그리고 당시 실재한 특정 통화제도적 장치들 때문이었다.

사실 공황은 통화 요인의 중요성을 비극적으로 증언한 사건이었다. 공황이 전개된 양상을 볼 때, 통화량이 감소하고 은행시스템이 거의 다 붕괴한 것을 미국의 비통화 요인과 미국 이외 나라들에서 발생한 통화 및 비통화 요인의 귀결로서 간주해볼 수도 물론 있다. 상황을 어디까지 주어진 것으로 가정하는가에 따라 모든 것이 달라질 수 있다. 왜냐하면 앞으로 보겠지만 이 시기 통화당국이 당시에 취할 수 있는 다른 대처를 했더라면 통화량의 감소를 막을 수 있었으리라는 점도 사실이기 때문이다. 실제로, 이 시기 통화당국은 당국이 바라는 거의 어떤 수준으로라도 통화량을 증가시킬 수 있었다. 그런 조치를 취했더라면 은행들의 부담도 크게 줄일 수 있었을 것이다. 통화를 팽창시킬 것까지도 없고 통화량 감소를 막거나 감소 정도를 경감시키는 것만으로도 공황의 심도를 완화하고, 특히 공황 지속기간은 거의 확실히 단축시킬 수 있었을 것이다. 물론 그런 정책을 썼다 해도 이 시기 공황은 다른 공황에 비해 여전히 극심한 경기침체 사례가 되었을 것이다. 하지만 통화량 감소가 없었다면, 4년 동안 명목소득

이 절반 이상, 그리고 물가가 1/3 이상 하락하는 극단적인 상황은 발
생하지 않았을 것이다.[2]

---

2) 이와 같은 견해는 클라크 와버튼Clark Warburton의 다음 논문들에서 설득력 있
   게 주장된 바 있다. "Monetary Expansion and the Inflationary Gap," *American
   Economic Review*, June 1944, 320, 325~326쪽, "Monetary Theory, Full
   Production, and the Great Depression," *Econometrica*, Apr. 1945, 124~128
   쪽, "The Volume of Money and the Price Level Between the World Wars,"
   *Journal of Political Economy*, June 1945, 155~163쪽, "Quantity and
   Frequency of Use of Money in the United States, 1919-45," *Journal of Political
   Economy*, Oct. 1946, 442~450쪽.

# 통화량, 소득, 물가, 유통속도와 이자율의 추이

〈도표 1〉은 1914~1933년의 약 20년에 걸친 좀 더 장기적인 안목으로 공황의 영향력을 가늠해 볼 수 있게 한다. 명목소득은 1929~1930년에 15% 감소하고 이어 이듬해 20%, 다시 그 이듬해 27%, 그리고 끝으로 1932~1933년에 추가로 5% 감소했다. 경기순환주기 상의 저점은 1933년 3월이다. 실질소득 역시 1929~1933년에 4년 연속 매년 11%, 9%, 18%, 3%씩 감소했다. 물가수준이 급격히 하락하여 감소 폭이 상대적으로 작았을 뿐이다. 4개년 동안 지속적으로 감소한 것이 예외적이지만, 개별 연도별로 보더라도 이 정도의 감소 폭은 특이하다 할 수 있다. 4년 누적으로 명목소득 53%, 실질소득은 36% 감소했고 이를 연율年率로 환산하면 각각 19%와 11%에 해당한다.

이미 1931년에 명목소득은 1917년 이래 최저치로 떨어졌고 1933년 들어서는 실질소득 역시 1916년 수준을 약간 밑도는 정도가 되었다. 이 기간 중 인구가 23% 증가한 것을 감안해야 할 것이다. 1933년의 1인당 실질소득은 그보다 4반세기 전, 역시 불황의 시기였던 1908

년 수준과 거의 같았다. 약 20년에 걸친 경제적 축적이 4년에 걸친 경기침체로 일시적이나마 모두 없어졌다. 물론 기술 진보의 성과 자체가 사라진 것이 아니라 인력과 기계 같은 생산요소들이 멈췄기 때문이었다. 대공황기의 경기 저점에서 네 명당 한 명은 실업자였다.

연간 소득 추계치와 비교할 수 있도록 연평균으로 따져보면 통화량은 명목소득보다 훨씬 서서히 하락했다. 통화량 감소율은 1929~1933년의 4년간 매년 2%, 7%, 17%, 12%였다. 이는 4년 누적으로는 33%, 연율로 환산하면 10%에 해당한다. 그 결과 유통속도는 거의 1/3 정도 하락했다. 앞에서 이미 보았듯이 이것은 유통속도가 통상적으로 지닌 정성적 특성을 반영한다. 유통속도는 경기팽창기에 증가하고 경기침체기에 떨어지는 경향이 있다. 일반적으로 유통속도 변화의 크기는 소득과 통화량 각각의 변화의 크기에 따라 달라진다. 예를 들어, 1929~1933년에 유통속도가 급격히 하락한 것은 제1차 세계대전 시기에 유통속도가 거의 비슷한 크기로 급격히 상승한 것과 대비된다. 이 시기 유통속도의 상승은 통화량과 명목소득 증가를 수반했다. 한편 대공황시기 유통속도의 하락은 1920년 이후 유통속도의 빠른 하락과도 비교할 수 있다. 이 시기에도 명목소득과 통화량 감소가 유통속도 하락을 수반했다. 반면에 경기순환이 급격하지 않고 완만하게 이루어지는 시기에는 유통속도 역시 완만하게 변동한다.[3] 1929~1933년에 유통속도는 경기순환이 완만할 때와 비교하면 상당히 큰 폭으로 하락한 셈이지만, 소득 감소의 정도만 놓고 보면

---

3) Milton Friedman, *The Demand for Money: Some Theoretical and Empirical Results*, New York, National Bureau of Economic Research, Occasional Paper 68, 1959, 16쪽.

아마 더 큰 폭의 하락도 가능했을 것이다. 은행 도산으로 인해 예금의 저축수단으로서의 매력도가 감소하면서 민간이 소득 대비 화폐 보유를 줄였기 때문이다(다음의 3절 참조). 그럼에도 불구하고 통화량 감소를 막을 수 있었다면 유통속도 감소 폭이 더 작았을 것이고 이에 따라 소득 감소를 완화하는 데 화폐의 역할이 더 컸을 것이다.

이 충격적인 몇 년간 발생한 사건들에 좀 더 집중하기 위해 연간 자료 대신 월별 자료를 살펴보자. 〈도표 2〉는 〈도표 1〉의 통화량 자료를 1929년부터 1933년 3월까지로 늘리고 여기에 예금과 현금통화 자료를 추가했다. 〈도표 3〉은 산업생산과 도매물가, 그리고 개인소득을 나타낸다. 〈도표 4〉는 몇 가지 이자율을 보여준다. 이 이자율은 금융시장 변화가 공황기에 큰 역할을 하기 때문에 특별히 중요하다. 〈도표 4〉는 또한 스탠다드앤푸어스Standard & Poor's(S&P) 주가지수 자료, 뉴욕연방준비은행의 할인율 추이도 보여준다.

자료를 보면, 위축은 결코 동일한 형태로 진행되지 않았다. 도표의 수직선은 1929년~1933년 3월의 시기를 세분하며 향후 더 자세한 논의를 위한 것이다. 이 선은 우리의 주된 관심사인 통화 관련 사건들의 진행에 맞추어 그어졌다. 그렇지만 그러한 시기 구분은 그 이외 경제변수들의 움직임을 설명하는 데도 거의 같은 정도로 유용하다는 것을 〈도표 3〉과 〈도표 4〉에서 알 수 있다.


### 1929년 10월의 주식시장 붕괴

표시된 첫 번째 시점은 강세시장이 파국을 맞은 1929년 10월이다. 주가의 정점은 90개 보통주에 기초한 S&P 지수가 254에 달한 9월 7

**도표 2.** 통화량, 현금, 상업은행 예금의 월별 수치, 1929년~1933년 3월

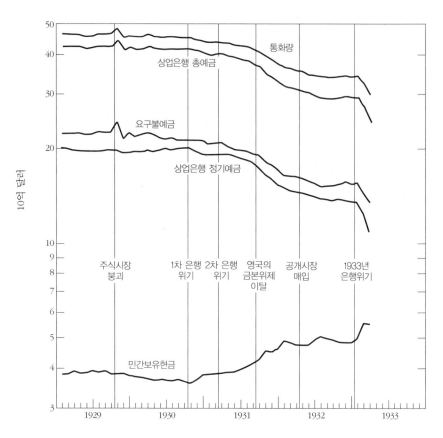

출처: *A Monetary History of the United States, 1867-1960*, Table A-1.

**도표 3.** 물가, 개인소득, 산업생산의 월별 수치, 1929년~1933년 3월

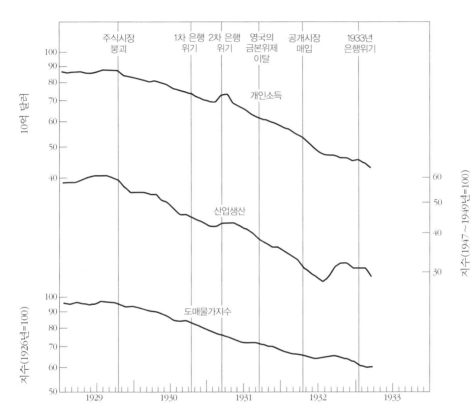

출처: 산업생산은 도표 1과 같음. 도매물가지수는 *A Monetary History of the United States, 1867-1960,* Chart 62와 동일함. 개인소득은 *Business Cycle Indicators* (Princeton for NBER, G. H. Moore, ed., 1961), Vol. II, 139쪽.

**도표 4.** 보통주 주가지수, 이자수익률, 뉴욕연방준비은행 할인율의 월별 수치, 1929년~1933년 3월

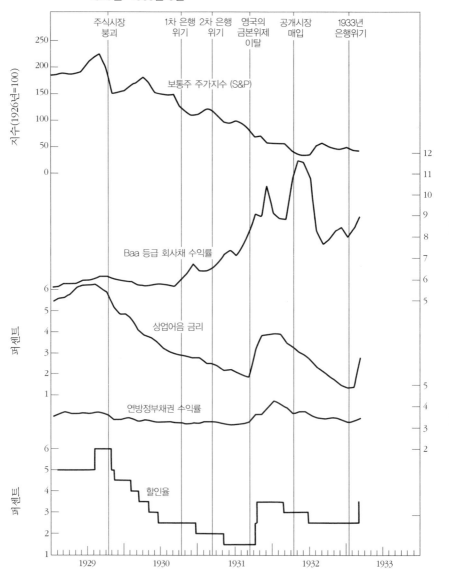

출처: S&P 보통주 주가지수는 Common-Stock *Indexes*, 1871-1937 (Cowles Commission for Research in Economics, Bloomington, Ind., Principia Press, 1938), 67쪽에 나온 대로임. 할인율은 *Banking and Monetary Statistics*, 441쪽, 다른 자료들은 *A Monetary History of the United States, 1867-1960*, Chart 35와 동일함.

일이었지만, 뒤이은 4주간 주가는 완만하게 하락했고 패닉은 없었다. 실제로 10월 4일에 지수가 228로 하락한 후 10월 10일에는 245로 반등하기도 했다. 그 후 가격 하락이 10월 23일의 패닉으로 이어졌다. 이튿날 대규모 매도 물량 출회로 1천3백만 주가 거래된 데 이어 29일에는 지수가 162로 떨어지고 약 1천6백5십만 주가 거래되었다. 이는 9월 중 일평균 거래량이 4백만 주 정도에 그친 것과 뚜렷이 대비된다.[4] 주식시장이 붕괴하자 통화 지표에 순간적이고 갑작스런 진동이 그려졌다. 이는 전적으로 요구불예금 규모가 변동했기 때문이다. 이 요구불예금의 변동은 뉴욕 소재 은행들이 다른 지역 은행들의 증권 관련 대출 급감에 대응하여 동 대출을 증가시킨 데 따른 것이다.[5] 뉴욕연방준비은행이 공개시장 매입을 통해 뉴욕 시중은행들

---

4) 연방준비제도 도입 이전과 마찬가지로 이 시기에도 J. P. 모건 사J.P. Morgan and Company는 콜 시장 대부와 증권 매입을 위한 목적으로 자금을 조성함으로써 유사시 시장질서를 회복하는 데 앞장섰다. 하지만 이와 같은 노력으로도 투매 현상을 막을 수는 없었다. 파국 이후 2주일이 지나면서 이와 같은 시도는 중단되었다.

5) 10월 23일 패닉 직전 2주간, 뉴욕에 소재한 연방준비제도 회원은행들의 증권 관련 대출 잔액은 외국인의 자금 인출에 따라 1억 2천만 달러 감소했다. 그로부터 연말까지 다시 60% 이상인 23억 달러가 감소했다. 다른 지역 은행들의 대출 역시 10억 달러 정도 감소했다. 좀 더 자세한 자료에 따르면 10월 4일부터 12월 31일까지 다른 지역 은행 등의 대출은 절반 이상인 약 45억 달러가 감소한 것으로 보인다.

뉴욕 소재 회원은행들의 증권 관련 대출 총액의 주간 변동을 보려면 *Banking and Monetary Statistics*, Board of Governors of the Federal Reserve System, 1943, 499쪽 부표 141을 참고할 것. 아울러 전체 대출기관을 대상으로 증권 관련 대출 총액의 분기별 추정치를 보려면 같은 책, 494쪽 부표 139를 참고할 것. 이 두 부표를 보면 뉴욕 소재 은행이 직접 시행한 대출을 제외하면 주요 대출기관 —— 이들의 대출 재원은 뉴욕 은행들이 제공한 것이다. —— 관련 항목이 비슷해 보이지만 실제 직접적인 비교는 불가능하다. 주간 자료상 "기타 지역 국내은행

에 신속하고 효과적으로 유동성을 공급함에 따라 그 조정 과정은 질서 있게 진행되었다(뒤의 2절 참조). 특히 증시 붕괴 자체는 대중의 현금통화 보유에 아무런 변화를 가져오지 않았으며 그 직접적인 금융적 효과는 주식시장에 국한되었다. 이로 인해 예금주들의 은행에 대한 불신이 자극되는 등의 영향은 없었던 것이다.

주식시장 붕괴는 경제침체 심화와 동시에 발생했다. 1929년 8월의 경기 정점 이후 두 달간 생산, 도매물가, 개인소득이 연율로 각각 20%, 7.5%, 5% 하락했다. 이어지는 12개월 동안 하락 폭이 커져 각각 27%, 13.5%, 17%에 이르렀다. 이 두 기간을 모두 합치면 1930년 10월까지 생산은 26%, 도매물가는 14%, 개인소득은 16% 하락했다. 통화량은 안정 국면에서 소폭 하락하는 추세로 바뀌었다. 이자율은 1929년 10월까지는 전반적으로 오름세였으나 이후 하락하기 시작했다. 뒤이어 이어지는 통화 붕괴가 없었다면 공황은 1930년 후반이나 1931년 초에 종결되었을 수 있는데, 그렇다 하더라도 여전히 역사상 가장 심각한 경기침체의 하나로 기록되었을 것이다.

부분적으로 주식시장 붕괴가 배후 어딘가에서 경제활동을 심각하게 위축시키는 힘을 드러내는 한 징후임은 의심할 나위가 없다. 하지

---

out-of-town domestic banks" 항목에는 뉴욕 이외 지역의 회원은행과 비회원은행 및 이 은행들의 고객인 대출기관까지 포괄되는데, 후자의 비중이 이 가운데 얼마나 되는지는 파악되지 않는다. 한편 전체 대출기관 대상 자료에서는 그 항목이 뉴욕 이외 지역 회원은행에 국한되어 있다. 이와 마찬가지로 주간 자료상 "기타others"는 주로 일반회사와 외국은행 지점이지만 전체 대출기관 대상 자료에서는 다른 개인, 주식중개인, 비회원은행들 역시 포함된다.

뉴욕 소재 회원은행이 한 대출 중 증권중개인이나 딜러에게 제공되지 않은 대출 역시 붕괴 바로 다음 한 주 동안 증가했다. 이와 관련하여 위의 책, 174쪽 참조. 아래 2절의 논의도 참조.

만 역시 부분적으로, 주식시장 붕괴가 공황 심화를 도운 면도 있었을 것이다. 이 사건을 계기로 기업가를 포함한 경제주체의 의사결정 환경이나 분위기가 변했다. 새 시대에 대한 휘황찬란한 희망이 사라지고 불확실성이 확산되었다. 일반적으로 이로 인해 소비자와 기업의 지출 성향이 위축되었다고 본다.[6] 좀 더 정확히 표현하자면 주어진 이자율, 물가, 소득 수준에서 재화와 용역에 대한 지출이 줄었고 이를 반영하여 화폐잔고를 늘리는 형태로 저축 성향이 강화되었다. 이는 아마도 민간의 대차대조표에도 이에 상응하는 변화를 초래했을 것이다. 주식 보유를 채권 보유로 대체하거나, 모든 종류의 증권 보유를 현금 보유로 대체하는 것이 바로 이에 해당한다.

1929년부터 1930년까지 유통속도가 13% 급락한 것이나 이자율의 방향이 전환한 것은, 비교적 전형적인 경기순환 패턴을 반영하고 있어서, 확정적이지는 않지만 위의 해석에 부합한다. 유통속도가 침체기에 감소하며 침체 정도가 클수록 감소 폭도 크다는 점은 잘 알려져 있다. 예를 들어 유통속도는 1907~1908년에 10%, 1913~1914년에 13%, 1920~1921년에 15% 감소했다. 1929년 주식시장 붕괴가 사람들의 현금 보유 욕구를 높인 것처럼 1907년의 은행위기, 1914년의 전쟁 발발, 그리고 1920년의 상품가격 폭락도 화폐수요 증가에 영향을 미쳤으리라는 점이 지적되어야 한다. 1910~1911년, 1923~1924

---

6) A. H. Hansen, *Economic Stabilization in an Unbalanced World*, Harcourt, Brace, 1932, 111~112쪽, J. A. Schumpeter, *Business Cycles*, McGraw-Hill, 1939, Vol. II, 679~680쪽, R. A. Gordon, *Business Fluctuations*, Harper, 1952, 377~379, 388쪽, J. K. Galbraith, *The Great Crash, 1929*, Boston, Houghton Mifflim, 1955, 191~192쪽 참조. 또한 Federal Reserve Board, *Annual Report for 1929*, 12쪽도 참조.

년, 1926~1927년과 같이 침체 정도가 덜하고 앞의 경우에서와 같은 특별한 사건의 영향이 없었던 다른 불황기에는 유통속도가 겨우 4~5% 감소하는 데 그쳤다. 이런 점에서 다른 시기에 비해 유통속도가 유난히도 급격히 감소한 것은 단지 어떤 다른 요인이 만들어낸 명목소득 급감을 반영하는 것이라기보다는 앞에서 언급된 바의 특별한 사건들의 영향을 받았기 때문일 것이다. 그렇다면 적어도 주식시장이 붕괴하지 않았다고 가상한 경우에 비해, 분명 주식시장 붕괴 상황이 소득 감소 폭을 키웠을 것이다. 확실히 주식시장 붕괴와 경기침체 심화가 거의 동시에 나타난 점은 이와 같은 견해를 뒷받침한다.

　주식시장 붕괴가 경제주체들의 기대와 지출의사에 미치는 영향은 유통속도의 독자적 감소에 집약적으로 반영된다. 이에 따라 발생한 소득 감소 압력은, 그 크기 자체는 차치하더라도, 통화량 변동 추이로 인해 강화되었다. 1930년 10월까지의 통화량 감소는 그 다음 2년간 발생한 통화 붕괴와 비교하면 그다지 크지 않아 보인다. 하지만 기간을 더 늘려 관찰해보면 그 감소가 실은 상당한 규모였다. 주식시장 붕괴라는 직격탄 때문에 발생한 급격한 변동을 제외하고, 1929년 8월의 경기순환 정점부터 1930년 10월까지를 관찰하면 통화량은 2.6% 감소했다. 이 정도의 감소는 예전의 경기침체기들과 비교할 때 네 번의 예외적인 경우를 제외하면 가장 큰 폭이다. 이 네 번의 예외란 1873~1879년, 1893~1894년,[7] 1907~1908년, 1920~1921년이

---

7) 이 연간에 대한 자료는 오직 6월에 대한 추정치밖에 없다. 따라서 감소 폭은 1893년 1월~1894년 6월 기간에 대해 계산하지 않고 대신 1892년 6월~1894년 6월 기간에 대해 계산하였다.
　　우리의 추정치가 존재하는 가장 오랜 시점인 1867년 1월~1868년 1월 기간 중 통화량이 5.4% 감소한 것을 감안하면 아마도 1865년 4월~1867년 12월 기간 역

다. 통화량이 아닌 다른 지표들을 기준으로 할 때도, 네 번의 예외들은 역시 모두 특별히 심각한 침체 국면이었다. 한편 이후의 침체 국면들과 비교해보면 1930년 10월까지의 통화량 감소 폭은 이후 어떤 기간보다도 컸다. 다만 1937~1938년과는 그 차이가 크지 않았다. 이 1937~1938년은 공황의 심도 측면에서 앞에서 말한 심각한 침체 국면들과 비교할 만한 유일한 기간이다.

이 기간의 통화량 감소는 다른 측면에서 보면 통화금융 환경에 뚜렷한 어려움이 없어 보이는 가운데 발생했다는 점에서 특별히 주목할 만하다. 예금자의 은행 불신 징후가 나타나지 않았고 은행들이 그러한 불신을 두려워하는 징후도 없었다. 〈도표 2〉를 보면, 대중의 보유 현금(8% 감소)이 예금(2% 감소)보다 큰 비율로 줄었다. 예전에는 은행위기가 발생하면 한결같이 이와는 정반대의 현상을 보였다. 같은 맥락에서 은행들이 유동성을 확보하기 위해 노력한 흔적도 발견되지 않는다. 1929년 이전 기간에 대해서는 자료가 없지만 초과지급준비금 자체가 미미한 수준에 머물러 있었다. 다음 절에서 더 자세히 보게 되듯이, 1930년 10월까지의 통화량 감소는 전적으로 연방준비은행 신용 감소가 금 스톡 증가 및 민간이 현금을 예금으로 약간 전환한 것의 효과를 압도했기 때문에 나타난 현상이었다.


1차 은행위기의 발발, 1930년 10월

1930년 10월 들어 불황의 성격은 극적으로 변해갔다. 〈도표 5〉에

시 또 하나의 예외적인 경우가 될 법하다.

**도표 5.** 지불 중단 상태의 상업은행 예금의 월별 수치, 1929년~1933년 3월

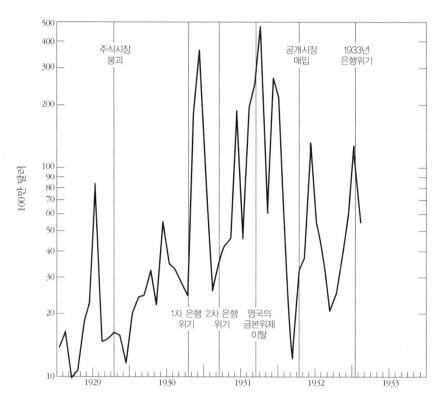

출처: *Federal Reserve Bulletin*, Sept. 1937, 909쪽에 실린 원자료의 1921~1933년 기간에 대해 월평균법으로 계절조정해 얻은 수치임.

서 지불 중단 상태의 은행에 예치된 예금이 현저히 증가한 것을 알수 있다. 1930년 10월 전까지는 지불 중단 은행의 예금 규모가 1929년보다는 높았으나 1920년대 평균 수치에서 크게 벗어난 수준은 아니었다. 그러나 1930년 11월 한 달간의 지불 중단 예금액은 월별 자료가 시작되는 1921년 이후 최고치의 두 배를 넘어섰다. 특히 미주리, 인디애나, 일리노이, 아이오와, 아칸소, 노스캐롤라이나 등지에서 잇달아 은행이 도산하면서 요구불 및 저축성 예금을 인출해 현금으로 전환하려는 움직임이 확산되었다. 현금만큼은 아니나 우체국 저축예금 역시 은행예금의 대체수단으로 떠올랐다.[8] 예금주들 사이에서 공포가 전염되는 현상이 확산되었다. 그 진원지는 주로 1920년대 은행 도산의 충격이 컸던 농촌 지역이었다. 하지만 그와 같은 전염에는 어떤 지리적 한계 같은 것이 없기 마련이다. 1930년 11월에 은행 256개가 도산했고 그 예금 합계는 1억 8천만 달러였다. 이어 12월 들어 은행 352개가 도산했고 예금 합계는 3억 7천만 달러였다(모든 수치는 계절조정 이전). 가장 극적인 사건은 12월 11일 예금 규모가 2억 달러에 이르는 합중국은행the Bank of United States의 파산이었다.[9] 이 사건은 특별히 중요하다. 미국 역사상 그때까지 발생했던 모

---

8) 1929~1933년 우체국예금 증가는 대중의 은행불신 확산 정도를 측정하는 하나의 지표 역할을 할 수 있다. 우체국 저축예금 규모는 1914년 11월에 5천7백만 달러였고, 1929년 8월까지 1억 달러가 증가했다. 이후 1930년 10월에 1억 9천만 달러에 도달한 후 1933년 3월에는 11억 달러로 크게 증가했다.

9) *Annual Report of Superintendent of Banks*, State of New York, Part I, Dec. 31, 1930, 46쪽.

채무확정closing 시점보다 2개월 반 정도 앞서 뉴욕 주 은행감독관인 조지프 A. 브로드릭Joseph A. Broderick은 합중국은행을 구제하기 위해 다양한 인수계획을 주선했다. 이 중 어떤 안은 거의 완성 단계에 이른 것이었다. 조지 L. 해리슨

뉴욕연방준비은행 총재가 최종적인 재조직안을 마련했고 이 안은 거의 확실히 성공할 것처럼 보였다. 채무확정 시점보다 이틀 전에 연방준비은행이 인수 업무를 수행할 이사 후보자를 제안하는 문서를 발표했기 때문이다. 만약 청산소은행들이 마지막 순간에 이 재조직안을 거부하지 않았다면 이 안대로 합중국은행 문제가 처리되었을 것이다. 그럴 경우 청산소은행들은 재조직된 금융기관에 3천만 달러를 신주인수대금으로 납입해야 했다. 해리슨의 계획에 따르면 합중국은행은 제조업자신탁Manufacturers Trust, 퍼블릭내셔널Public National, 국제신탁 International Trust 등에 합병될 것이었다. 이 은행 그룹의 주주와 이사진은 합중국은행의 주주, 이사진과 같은 혈통, 동일한 사회적 금융적 배경을 가진 출신들로 구성되어 있었다. 그리고 이사회 의장이자 뉴욕 은행의 연방준비대리관 Federal Reserve Agent인 J. 하버 케이스J. Harber Case가 사장을 맡을 예정이었다. 청산소은행들은 뉴욕 은행에서 개최된 어느 모임에서 합중국은행을 구제하지 않기로 결정했다. 그 방침은 브로드릭과 뉴욕 주 부지사인 허버트 H. 리만 Herbert H. Lehman의 호소에도 불구하고 변하지 않았다. 브로드릭은 은행가 회의에 참여하게 해달라고 거듭 요청했다. 하지만 대기실에서 수시간을 기다린 끝에야 J. P. 모건 사의 토마스 W. 라몬트Thomas W. Lamont, 뉴욕연방준비은행 이사인 오웬 D. 영 등의 중재를 거쳐 회의장에 들어갈 수 있었다. 다음은 브로드릭이 이 회의에서 진술한 것으로 밝혀진 내용이다.

[합중국은행에] 수많은 차입자가 있다. 은행은 소규모 상인, 특히 유태인 상인에게 돈을 대주고 있다. 이 은행이 청산되면 아마 이 상인들의 파산으로 확산되리라고 나는 말했다. 나는 이 은행의 폐쇄가 10개 이상의 이 지역 다른 은행들의 폐쇄로 이어질 것이고 저축은행들에도 영향을 미칠 것이라고 경고했다. 아니 그 영향은 이 지역 외부로 확대될지도 모른다고 나는 그들에게 이야기했다.

나는 그들이 겨우 2~3주 전만 해도 이 지역에서 가장 큰 두 민영은행private bankers을 구제하면서 필요한 자금을 기꺼이 제공했음을 상기시켰다. 나는 그들이 바로 7~8년 전만 해도 뉴욕에서 가장 큰 신탁회사 가운데 하나를 돕기 위해 필요한 자금을 제공한 적이 있고, 그 자금은 현재 합중국은행을 구제하기 위해 필요한 자금의 몇 배에 달하는 훨씬 큰 규모였다는 점을 지적하기도 했다.

나는 그들이 그 안을 거부한 결정이 최종적인 것인가 물었다. 그들은 나에게 그렇다고 답했다. 나는 그들에게 뉴욕 은행사에서 가장 큰 실수를 저지르고 있다고 경고했다.

브로드릭의 경고는 퍼스트내셔널 은행장이자 청산소협회Clearing House As-

든 상업은행 도산 사례 중 예금 규모를 기준으로 할 때 단일은행으로
서는 가장 큰 규모의 도산이었다. 게다가 이 은행은 실제로는 보통의
상업은행이었는데도 "합중국은행"이라는 명칭 때문에 미국 내만이
아니라 해외에서도 공영은행으로 오인되고 있었다. 그래서 그 도산
이 신뢰에 미친 손상은 훨씬 컸다. 아마도 덜 눈에 띄는 이름이었더

---

sociation 회장인 잭슨 레이놀즈Jackson Reynolds에게 큰 인상을 심어주지 못했
다. 그는 오히려 브로드릭에게 합중국은행 파산결정의 영향은 단지 "지역에 국한
될 것"이라고 일러주었다.

결국 브로드릭은 자산보전을 위해 은행 폐쇄 명령을 내리기에 이르렀다. 하지
만 그것은 실제로는 재조직안이 거부되었기 때문이 아니라, 이 은행의 여러 지점
들을 대상으로 뱅크런(예금인출쇄도)이 12월 9일에 시작되어 점점 더 심각한 양
상으로 발전하고 있기 때문이었다. 은행가들과 회의를 마친 후 이사들과의 모임
에서 그는 다음과 같이 진술했다. "나는 이 은행이 기업으로서 계속 지불능력이
있다고 본다. 그리고 …… 나는 청산소은행들이 합중국은행의 부동산 보유를 의
심하는 태도를 보면서 당황했다. '내 생각에는 다른 은행들이 이 사업 분야 자체
에 대해 아는 게 없어서 그러는 것 같다.'고 나는 그들에게 말했다." 그때까지 그
는 합중국은행을 폐쇄할 합당한 이유가 없다고 진술했다.

브로드릭은 은행가 회의에서 다음과 같은 사안을 즉시 승인해달라고 요청했
다. '인수안에 이름이 올라간 두 은행이 청산소 멤버십에 가입신청을 했는데 현
재 이 신청이 승인되지 않고 있으니 이를 즉시 승인해달라'는 요청이었다. 그리
고 이에 대해 동의를 얻었다. 이로 인해 이 은행들은 이튿날 그가 합중국은행의
폐쇄를 선언했을 때 청산소의 모든 재원을 이용할 수 있게 되었다. 그 결과 합중
국은행처럼 뱅크런 상황에 처해 있던 이 두 은행은 최악의 상황을 모면할 수 있
었다.

합중국은행을 구제하기 위한 브로드릭의 노력은, 그가 뉴욕 카운티 대법원에
서 은행 폐쇄 지체에 따른 의무 불이행 혐의로 기소된 후 열린 두 차례에 걸친 심
리 중 두 번째 심리에서 상세히 묘사되었다. 1차 소송은 1932년 2월에 미결정심
리로 종결되었다. 브로드릭은 5월 28일에 무죄선고를 받았다. 인용문에 대해서
는 *Commercial and Financial Chronicle*, May 21, 1932, 3744~3745쪽 참조.
또한 해리슨의 증언과 관련해서는 *Commercial and Financial Chronicle*, June
4, 1932, 4087쪽 참조.

라면 그 파장이 더 작았을 것이다. 뿐만 아니라 이 은행이 연방준비제도의 회원은행이었다는 점도 주목할 만하다. 유사한 상황에서 과거 연방준비제도가 도입되기 전에는 여러 금융기관들의 협조를 통한 구제금융이 이루어져왔었다. 그러나 합중국은행 건에서는 뉴욕연방준비은행이 주선한 구제금융 방안이 청산소은행들the Clearing House banks에 의해 거부되었던 것이다. 이 사건은 연방준비제도의 위신에 심각한 타격을 가했다(다음의 3절 참조).

불황의 성격 변화는 〈도표 2〉에서도 분명히 드러난다. 대중의 현금 보유가 감소추세에서 증가세로 돌아설 때 예전의 은행위기 때처럼 예금과 현금이 반대 방향으로 움직였다. 이에 따라 은행예금이 감소하고 유통현금이 증가하기 시작했다. 상황이 이렇게 변하자, 이제 개별 은행들은 과거 은행위기 때마다 그랬듯이 각자의 유동성 포지션을 강화하는 방향으로 대처했다. 예금인출이 지급준비금을 고갈시켰는데도, 계절조정된 지급준비금 자체는 약간 증가했다. 그래서 예금/지급준비금 비율은 1930년 10월~1931년 1월에 급격히 하락했다.

만약 연방준비제도가 도입되지 않았더라면 1907년에 그랬듯이 1930년의 마지막 몇 개월간에도 예금 지급 제한 조치가 취해졌을 가능성이 컸으리라는 것이 우리의 견해다. 이와 같은 견해를 이미 167~168쪽(『미국화폐사』 제4장의 1907년 은행위기에 대한 부분 — 옮긴이)에서 개진한 바 있다. 예금 지급 제한 조치를 취하면 모두가 유동성 확보에 혈안이 되면서 발생하게 되는 악순환을 근절할 것이고, 그러면 이어지는 1931년, 1932년, 1933년의 은행위기를 거의 확실히 사전에 차단할 수 있었을 것이다. 1893년과 1907년에 시행된 지급 제한 조치는 유동성 고갈에 따른 은행 지불 정지 상황을 즉시 종결시

컸다. 실제로 그렇게 했더라면 합중국은행 자체는 영업을 재개할 수 있었을 것이다. 1908년에 니커보커신탁회사Knickerbocker Trust Company도 그렇게 했다. 어쨌든 합중국은행은, 최종적으로는 1930년 12월 11일 파산 시점에 조정이 이루어진 부채의 83.5%를 상환했다.[10] 이를 위해 파산 이후 2년간 극도로 열악해진 금융시장 환경하에서 보유 자산의 상당 부분을 매각해야 했다.

사실은 연방준비제도의 존재 자체가 예금 지급 제한 조치에 대한 공조를 직간접적으로 불가능하게 했다. 먼저 직접적으로는, 연방준비은행이 할인을 통해 유동성을 공급하는 일종의 탈출 장치를 제공함에 따라 예전 같으면 으레 은행들 간 협조를 이끌었던 대형은행들이 이에 대한 관심을 줄인 것이다. 아울러 간접적으로는, 연방준비제도가 도입되었으니 이제 예전 같은 은행들 간 협조 움직임이 더 이상 필요하지 않다는 생각이 만연한 것이다. 그리하여 은행시스템을 지지하기 위한 민간의 협조 움직임은 극히 제한되었다.[11] 그 결과, 이 사건은 은행위기의 클라이맥스 국면이 아니라, 오히려 이제 겨우 일련의 유동성위기의 서막을 여는 계기가 되고 말았다. 이 일련의 유동성위기야말로 이후 공황기간을 특징짓는 것으로 1933년 3월 은행 휴무 때까지 지속된다.

---

10) *Annual Report of Superintendent of Banks*, State of New York, Part I, 1931-45, 각 보고서의 Schedule E. 예금주를 포함하여 채권자들의 전체 회수 금액 가운데 80%는 채무확정 시점으로부터 2년 이내에 회수되었다.

11) 어떤 그룹에서는 건실한 은행이 부실은행을 인수하는 방식, 혹은 여러 부실은행을 한꺼번에 처리해야 할 경우 신규 출자를 통해 새 금융기관을 설립하고 이 기관이 부실은행의 부채를 인수함으로써 기존 부실은행 주주들이 손실을 부담하는 방식으로 금융 재건이 시도되기도 했다(F. Cyril James, *The Growth of Chicago Banks*, New York, Harper, 1938, Vol. II, 994~995쪽).

이 최초의 위기는 오래가지 않았다. 1931년 초에 은행 도산은 급감하고 은행들의 유동성 확보 노력도 멈췄다. 1931년 1월부터 3월까지 예금/지급준비금 비율은 현저하게 상승했다. 1931년 3월은 우리가 현재 논의하는 기간의 마지막 달이자 2차 은행위기가 시작되는 달이기도 하다. 1월과 2월에 일반 대중이 현금을 더 확보하려는 노력은 약화되었다. 요구불예금과 정기예금은 1월에 감소한 다음 2월에 소폭 상승했고 3월 들어 거의 변화가 없었다.

이자율은 은행위기의 영향을 분명히 보여준다. 1차 은행위기 직전인 1930년 9월까지 장단기 이자율 모두 하락세였다. Baa 등급 회사채 금리도 그랬다. 1차 위기가 발발하면서 신용등급이 낮은 회사채와 국채 사이의 스프레드가 크게 확대되었다. 회사채 금리는 급격히 상승한 반면 국채 금리는 지속적으로 하락했다. 이유는 분명하다. 유동성을 확보하기 위해 은행과 기타 금융기관은 우선 자기네가 보유한, 낮은 신용등급 채권을 매각하는 경향이 있었다. 유동성을 확보하려는 바로 그 이유로 제2의 지급준비금 기능을 하는 국채의 매력은 커졌다. 따라서 저등급 채권 금리가 상승하면서 그 가격은 하락했고 국채수익률은 떨어졌다. 나중에 더 자세히 살펴겠지만, 이렇게 회사채 가격이 하락한 것 자체가 연이은 은행위기를 야기했다. 이로 인해 은행들이 회사채 보유를 꺼리면서 가격 하락 폭이 더욱 커졌다. 은행이 보유한 채권 포트폴리오의 시장가치가 하락하자, 순자산 감소를 초래하여 은행 도산 위험을 확대하기도 했다.[12] 1차 은행위기는 해가

---

12) 공개시장정책회의 집행위원회에 제출된 1930년 12월 19일자 비망록에 따르면 은행의 유동성 확보를 위한 유가증권 투매가 채권시장에 상당한 압력 요인으로 작용했다. 채권 가격이 하락하자 많은 은행의 투자 포트폴리오 가치가 하락했다. 경우에 따라 상당한 자본 손실이 초래되기도 했다. 채권시장은 경색되어 신규 발

바뀌고 채권시장이 빠르게 회복되면서 종결되었다. 채권시장이 다시 악화되면서 2차 은행위기가 시작되었다.

최초의 유동성위기는 시작 당시 〈도표 3〉의 광범한 경제지표들에는 뚜렷한 흔적을 남기지 않았다. 하지만 해가 바뀐 후 이 지표들에 개선 조짐이 나타났다. 분명 이것은 부분적으로 동일한 시기에 통화 측면에서 다소간 이루어진 개선의 원인인 동시에 그 결과다. 산업생산은 1월부터 4월까지 증가했다. 계절조정된 공장 고용이 1929년 8월 이후 꾸준히 줄었는데 1931년 초에 감소 속도는 둔화했다. 1929년 8월 이후 1931년 2월까지 기간 중에서 단 한 달을 제외하면 어떤 달에도 1개월 동안의 감소 규모가 1931년 2월부터 5월까지의 3개월 누적감소 규모보다 작지 않았다. 다른 실물 지표들 역시 비슷하다. 개인소득은 2월부터 4월까지 6%나 급상승했다. 이것은 정부의 1차 대전 참전군인들에 대한 참전수당 선지급의 영향을 반영하기 때문에 오인될 소지가 있다.[13] 대체로, 이후 시기의 변화를 감안하지 않고

---

행이 거의 완전히 중단되었다(George L. Harrison, Papers on the Federal Reserve System, Columbia University Library. Harrison, Open Market, Vol. I, Dec. 19, 1930. 이 자료에 대한 상세한 설명은 제5장 각주 41과 관련 본문 참조).

13) 1931년 2월 27일 입법에 따라 1차 대전 참전군인을 대상으로 복역증명서 기재사항을 기준으로 계산된 참전수당 액면금액의 50%까지를 일종의 대출로서 선지급할 수 있었다. 법률 제정 후 첫 4개월 동안 지급된 총액이 7억 9천6백만 달러에 달했다.

(1924년 입법으로 정해진 참전수당은 근무지에 따라 일일 기준 1~1.25달러, 총액 기준 한도가 500~625달러였다. 이 중 지급총액이 50달러 이하인 경우에는 종전 후 즉시 지급되었으나 그 이상인 경우에는 지급액을 늘리고 이자율을 높이는 조건으로 1945년까지 지급을 유예하고 대신 20년 만기의 일종의 채권으로서 복역증명서가 지급되었다. 이 복역증명서를 담보로 퇴역군인들은 액면금액의 22.5%를 대출받을 수 있었는데, 1931년 2월의 입법은 이 대출 비율을 50%로 인

1931년의 첫 4~5개월간의 지표 추이만 보면, 이 기간 중에 마치 경기 저점을 통과해 회복이 시작되는 것처럼 보인다.

아마도 이 시기에 통화량이 크게 증가해 지표상의 미약한 회복세를 강화하는 역할을 했다면 미약한 회복 조짐은 어쩌면 지속성을 가진 것으로 바뀌었을 수도 있다. 하지만 그런 일은 일어나지 않았다. 대중이나 은행의 신뢰 회복은 예금/유통현금 비율과 예금/지급준비금 비율의 상승을 통해 통화팽창으로 이어졌다. 이와 같은 통화팽창 효과는 연방준비은행 신용 감소(이에 대해서는 5절에서 다시 논의함)로 상당 부분 잠식되었다. 이에 따라 통화량은 1931년 3월 들어 1월에 비해 1%도 채 증가하지 못했고 1930년 12월보다도 낮은 수준에 그쳤다. 3월에 2차 은행위기가 발발하면서 통화량은 다시 감소하기 시작했다. 이번의 감소 속도는 예전보다 빨랐다. 1~2개월 후부터 경제활동 지표들 전반에 걸친 하강세가 완연했고 회복에 대한 기대는 점점 더 멀어졌다.

---

상한 것이었다. 이로 인해 선지급 규모가 확대되면서 재정수지가 악화되었다. 대공황으로 퇴역참전군인들의 생계가 어려워진 점도 선지급 규모 확대에 일정 부분 기여했다. 퇴역군인들의 수당지급시기를 앞당겨달라는 요구가 빗발한 가운데 재정수지 악화를 이유로 후버 행정부는 참전수당 선지급에 반대하였다. 이와 같은 갈등이 증폭되면서 2만여 명의 참전군인과 그 가족들이 워싱턴으로 모여드는 소요사태가 빚어졌으며 1932년 7월 맥아더 육군참모총장과 아이젠하워 대령이 이끄는 진압군이 투입되었다. 이 사건을 '보너스 아미 사건'이라고 부른다 — 옮긴이).

## 2차 은행위기의 발발, 1931년 3월

〈도표 5〉에서 보듯, 지불 중단 예금액은 3월 들어 상승하기 시작하여 6월에 정점에 도달했다. 3월 이후 민간은 다시 예금을 현금으로 전환하기 시작했다. 4월 이후부터는 은행 역시 매각가능자산 처분을 통한 지불준비여력 확충에 나섰다. 이는 민간의 인출 수요와 은행 자신의 유동성 수요 충족을 위한 것이었다. 초과지급준비금은 자료가 시작되는 1929년 이래 1931년 1월 들어 처음으로 1억 달러에 도달했다. 이후 대중의 신뢰가 회복되면서 감소했다가 재상승하여 6~7월에는 1억 2천5백만~1억 3천만 달러로 증가했다.[14] 자라 보고 놀란 가슴 솥뚜껑 보고도 놀란다고, 예금주들과 은행가들 모두 또다시 은행이 도산하거나 부실화하자 1930년 마지막 몇 달 때보다 훨씬 더 민감하게 반응했다.

해외에서 발생한 사건들 또한 어려움을 확대시켰다. 이것은 일종의 피드백 효과라고 할 수 있다. 왜냐하면 해외의 사건들은 상당 부분 미국의 경제적, 금융적 어려움으로 인해 재화용역 및 해외 증권에 대한 수요가 위축된 데 따른 것이기 때문이다. 오스트리아의 최대 민영은행인 크레디트안슈탈트Kreditanstalt가 1931년 5월 몰락하자 그 반향은 유럽 전역으로 확산되었다. 7월 14일과 15일에 독일을 포함한 몇몇 나라의 은행 폐쇄, 독일 내 영국 단기자산의 동결 등이 뒤따랐다. 1년간 각국 정부 간 채무 지불 중단 조치, 상업은행 간 단기해외채무 상환을 유예하도록 한 "현상유지협정standstill agreement" 등을 모두 후버 대통령이 제안하여 7월에 합의하였다.[15] 이 조치들은

---

14) *Banking and Monetary Statistics*, 371쪽.

관련 당사국들에게는 임시방편에 그치는 것이었다. 독일의 강력한 외환 통제나 영국의 프랑스와 미국으로부터의 차입 역시 그러했다.

이상의 사건들은 미국의 통화 상황에 복합적으로 작용했다. 한편으로 이 사건들은 미국으로의 자본 도피와 금 유입을 부추겼다. 다른 한편으로 미국 은행들의 해외 은행에 대한 대규모 단기채권이 동결되기에 이르렀다. 더욱이 금융위기의 여파는 국경을 초월했다. 세계적으로 유명한 금융기관의 파산, 광범위하게 전개된 은행 폐쇄 등으로 각국 예금주의 불안은 고조되었고 전 세계 주요국 어디든지 은행가들은 지불여력과 유동성을 확충하는 데 혈안이 되었다.

예금주가 예금을 현금으로 전환하고 은행이 부채 대비 지불준비 규모를 확대하면 자연스럽게 통화량은 감소한다. 이와 같은 통화량 위축은 같은 시기에 발생한 해외로부터의 금 유입으로 어느 정도는 상쇄될 수 있었다. 하지만 금 유입의 효과는 제한적이었다. 연방준비은행이 제공하는 신용 공급이 6월부터 8월까지 시장 부담 완화를 위해 소규모 공개시장 매입방식으로 이루어졌다(아래 5절 참조). 그렇지만 통상의 계절적 변동 이상의 움직임이 없었다. 요컨대, 2월부터 8월 중순까지 상업은행시스템이 전례 없는 규모로 청산되는 상황이 벌어지는데도, 연방준비은행 신용 공급의 잔액에는 변화가 없었다.

그 결과 2차 은행위기는 1차 위기보다 통화량에 더욱 심각한 영향을 미쳤다. 1931년 2월부터 8월까지 6개월 동안, 상업은행 예금은 27억 달러, 즉 거의 7%나 줄었다. 이는 1929년 8월 경기정점부터 1931년 2월까지 18개월 동안의 예금 감소 폭보다도 더 크다. 1931년 2월

---

15) Herbert Hoover, *Memoirs, The Great Depression 1929-1941*, Macmillan, 1952, 61~80쪽.

부터 9월까지 7개월간 상업은행 예금은 9% 감소했다. 이 감소 폭은 1920~1921년 불황의 전 기간 동안 발생한 최대 예금 감소 폭보다 1%나 더 크다. 민간에서 유통되는 현금 규모가 금 증가분과 지급준 비금 감소분을 흡수하면서 증가했다. 그래서 통화량은 예금보다는 작은 비율로 감소했다. 그런데도 통화량은 1931년 2월부터 8월까지 약 5.5% 줄었다. 이는 연율로는 11%에 해당한다.

　은행위기가 이자율에 미친 영향은 저등급 회사채 수익률이 다시 급등한 것에서 뚜렷하다. 이런 현상은 은행이 보유 포트폴리오 가치 실현을 시도하자 채권 가격이 전례 없이 낮은 수준으로 떨어지면서 나타났다. 또한 그때까지 실물 위축으로 많은 기업의 수익창출력이 손상되어 부도 가능성이 급상승한 측면도 있다. 반면 장기정부채권 수익률은 계속 하락해 1931년 중반에 극히 낮은 수준에 도달했다. 이 와 같은 고등급 채권수익률과 저등급 채권수익률 변화를 반영하여 스프레드는 확대되었다. 이미 언급했듯이 그 한 가지 이유는 유동성 에 대한 갈망 자체가 정부증권 가격 상승을 유발한 때문이다. 또 다 른 이유를 들자면, 정부증권은 연방준비은행 여신의 담보물로 사용 될 수 있었는데 할인율이 하락하자 이 채권이 지닌 제2의 지급준비 금으로서의 매력이 커졌기 때문이다. 기업어음 수익률 역시 할인율 과 안정적인 관계를 유지하면서 하락했다.


## 영국의 금본위제 이탈, 1931년 9월

　대외적 어려움은 프랑스와 네덜란드의 스털링 투매 이후 영국이 금본위제를 포기[16]한 9월 21일에 절정에 다다랐다. 미국 역시 금본위제에서 이탈할 것이라는 예상하에서 특히 프랑스, 벨기에, 스위스, 스웨덴, 네덜란드 등의 중앙은행과 민간투자자가 9월 16일~10월 28일에 대량의 달러자산을 뉴욕자금시장에서 금으로 태환했다. 미국 단기자금시장 금리가 낮았기 때문에 해외 중앙은행들이 예전에 뉴욕 연방준비은행을 통해 인수했던 달러 표시 어음을 매도하는 상황이 한동안 이어졌다. 매각 대금은 자기네 달러화 은행계좌에 예치했다. 9월 16일부터 어음 매도는 공황 수준으로 폭증했다. 해외 중앙은행들이 태환을 위한 금 확보를 목적으로 예금을 인출했다. 이들 가운데 많은 부분은 6주 이내에 유출되었다. 9월 16~30일에 금 스톡은 2억 7천5백만 달러 감소했고, 그때부터 10월 말까지 또다시 4억 5천만 달러 감소했다. 이와 같은 금 유출 크기는 대략 앞선 2년간의 순유입을 상쇄하는 수준이었다. 이로 인해 금 스톡은 1929년 평균 수준으로 되돌아갔다.

금의 대외 유출external drain이 시작되기에 앞서, 그리고 시작됨

---

16) 이듬해까지 25개국이 영국을 따랐다. 영국의 금융적, 경제적인 영향력이 지배적이었던 스털링 지역의 약 12개 통화가 스털링을 따라 움직였다.

스털링이 금본위제 이탈 직후 약세였으므로 처음 몇 달 동안은 정통적 금융 표준에 따른 국내적 완화가 이루어지지 않았다. 영국의 재정균형 회복과 대외채무 상환이 뒤따랐고 기준금리는 금본위제 이탈 시점에 6%로 상승했다가 1932년 2월이 되어서야 5%로 하락했다. 그 이후부터는 스털링을 방어하는 것이 더 이상 필요하지 않은 것으로 여겨졌고 대신 스털링 가치 상승을 억제하기 위한 조치가 등장했다. 이는 스털링 가치가 낮은 수준으로 유지됨에 따른 수출 증가 효과가 사라지는 것에 대한 두려움 때문이었다. 수입은 2월에 통과된 새로운 보호관세 덕분에 제한적으로 이루어졌다. 이 보호관세정책과 함께 통화완화정책이 시행되었는데 이는 원래 전시에 발행된 채권을 저리로 차환할 목적이었다. 은행신용의 팽창은 1932년 2분기에 시작되었다. NBER의 공식적인 기준순환일에 따르면 영국의 경기저점은 1932년 8월이었다.

과 동시에 대내적으로는 예금인출에 따른 은행시스템의 지급준비 감소internal drain가 심화되었다. 8월 들어 인출이 정지된 은행 예금 규모는 과거 1930년 12월 한 차례를 제외하면 가장 큰 수준으로 증가했다. 9월에는 더 큰 수준으로 증가세가 이어졌다. 이 두 달 동안만 해도 도산 은행의 예금 규모가 4억 1천4백만 달러에 달했다. 이는 당시까지 감소세를 이어온 상업은행 예금 총액의 1%에 해당했다. 9월의 금 유출 역시 은행의 지급준비능력에 압박 요인으로 작용했다. 은행의 안전성에 대한 당연한 우려로 대내적으로 예금주들의 현금 인출이 커지고 금본위제 이탈을 우려한 외국인의 대외적인 금 유출도 증가했다. 더욱이 대내적, 대외적 유출 양자가 동시에 결합되어 나타난 시점은 현금 수요가 계절적으로 정점에 달하는 가을이기도 했다. 만약 연방준비제도가 도입되기 전이었다면 예금인출 제한 조치가 실시되었을 바로 그 상황이었다. 만약 연방준비제도 도입 전의 은행시스템 하에서 이런 일련의 사건들이 그대로 발생했고 그보다 앞서 1930년 12월에 예금인출 제한 조치가 실시되지 않았다면, 거의 확실히 1931년 9월에는 인출 제한 조치가 발효되었을 것이다. 따라서 이후 이어지는 일련의 은행위기를 사전에 방지할 수 있었을 가능성이 컸다.[17]

---

17) 1907년 위기는 중요한 교훈을 남겼다. 뉴욕 소재 백화점 "로드 앤 테일러Lord and Taylor"의 회장이자 뉴욕연방준비은행 이사였던 새뮤얼 레이번Samuel Rayburn은 1931년 12월 이사회 회의에서 "만약 은행위기가 더 심화되면 1907년에 그랬던 것처럼 은행이 지불을 중단하면서 기본적인 영업을 지속할 수 있을 것"이라는 의견을 냈다. 그는 연방준비은행들이 지불을 중단할 수 없다는 것은 1907년에는 존재하지 않았던 새로운 어려움일 것이라고 믿었다. 하지만 1933년 3월, 이 어려움은 문제가 아님이 판명되었다. 연방준비은행들이 다른 은행들과 함께 지불 중단에 동참했기 때문이다. 한 은행 간부 지적에 따르면 "1907년과 오

대외적 유출에 대한 연방준비제도의 대응은 이전의 대내적 유출에 대한 대응과 달리 즉각적이고 강력했다. 뉴욕연방준비은행은 재할인율을 10월 9일에 2.5%로 인상하고, 10월 16일에 3.5%로 다시 인상했다. 이 정도로 단기간 내 급격한 재할인율 인상 사례는 연방준비제도의 역사 전체를 통틀어 전무후무했다. 이후 2주가 경과하면서 금 유출은 중단되었다. 금 스톡 규모는 10월 말에 저점에 도달한 이후 12월 말에 다시 금 유출이 재개되기 전까지 상승세를 이어갔다. 하지만 이와 같은 재할인율 인상 조치로 인해 대내적으로는 금융적 어려움이 격화되었다. 은행 도산과 뱅크런이 급증했다. 10월 한 달간 총액 4억 7천1백만 달러 규모 예금이 예치된 522개 상업은행이 문을 닫았다. 이후 3개월간 추가로 5억 6천4백만 달러 예금이 예치된 875개 은행이 도산했다. 모두 합쳐 1931년 8월~1932년 1월의 6개월간, 1,860개 은행이 영업을 중단했는데 이들의 예금 규모는 14억 4천9백만 달러였다.[18] 그럭저럭 불안정하게나마 영업을 이어간 은행의 예

---

늘날 간에는 큰 차이가 있다. 1907년 은행 문제는 근본적인 지불능력 문제라기보다는 예금인출 사태가 났을 때 지속적인 유동성 공급이 안 된 것이었다. 반면, 오늘날 은행 문제는 꼭 그래야만 한다면 유동성을 지속적으로 공급할 수 있긴 하지만, 그러는 과정에서 부실화 위험이 있다는 것이다."(Harrison, Notes, Vol. II, Dec. 7, 1931).

위 은행 간부의 지적은 개별 은행의 문제와 전체 은행시스템의 문제를 혼동하고 있다. 실은 전혀 말도 안 된다. 근본적인 지불능력 저하에 따른 부실화 위험은 어디서 오는가? 연방준비제도가 추가로 충분한 규모만큼 본원통화를 공급하지 않는 상황이라면, 전체 은행시스템의 총 예금 규모가 줄어드는 것을 수반하지 않고서는 인출 수요에 맞춰 현금을 꾸준히 지급할 수 없을 때 부실화 위험이 발생하는 것이다. 본원통화를 획득하기 위해 자산을 매각 처분하려는 과정에서 자산 가격이 하락하고 전혀 부실화되지 않았을 은행에 부실화가 진행되었다. 초기에 예금 지급을 중단하면 이 과정을 단축시키는 효과가 난다. 그럼으로써 일시적인 유동성 문제가 지불능력의 문제로 비화되는 것을 막을 수 있다.

금 규모는 훨씬 더 많이 감소했다. 이 6개월간 전체 예금액은 지불정지상태 은행 예금합계의 거의 다섯 배나 줄었는데 이 같은 감소 규모는 이 기간이 시작하는 시점에 영업 중이던 은행 예금 총액의 17%에 해당한다.

유통현금 증가는 예금 감소가 통화량에 미치는 영향을 어느 정도 상쇄한다. 하지만 상쇄 크기 자체는 크지 않았다. 1931년 8월~1932년 1월에 통화량은 12% 감소했다. 이는 연율로 따져 31%에 이른다. 통화량의 연도별 자료가 확보된 전체 93년 기간으로 보나, 아니면 월별 자료가 확보된 53년 기간으로 보나, 이렇게 통화량 감소의 속도가 빠른 적이 없었다.[19]

금 유출과 뒤따른 할인율 인상이 대내적인 금융위기를 격화시킨 것은 필연적이었던가? 만약 금의 대외 유출에 따른 본원통화 감소,

---

18) 가장 크고 잘 알려진 몇몇 뉴욕 소재 은행들의 상태가 불안하다는 루머가 유럽에 확산되기도 했다(Harrison, Conversations, Vol. I. Oct. 2, 1931). 하지만 해리슨 자신은 1931년 10월에 뉴욕 은행들의 재무 상황이 과거 어느 시기보다도 더 좋고 유동성이 풍부하다고 여기고 있었다. 해리슨이 마이어 연방준비제도이사회 의장에게 보낸 1931년 12월 8일자 비망록 리스트에 23개의 뉴욕 청산소은행은 포함되어 있지 않았다. 이 리스트에는 제2연방준비지구the second Federal Reserve District 소재 회원은행들의 자기자본손실이 기록되어 있었다(Harrison, Miscellaneous, Vol. I, Dec. 8, 1931). 손실 크기는 가장 우량한 그룹에서 56%였고 가장 열위한 그룹에서 그 두 배 이상이었다. 뉴욕 소재 은행들이 연방준비은행에게서 차입하는 것을 기피했던 이유 중 하나는 유럽 사람들이 그 자체를 취약함의 징후로 해석할지도 모른다는 두려움 때문이었다.

19) 이것은 전국적인 은행 휴무 기간을 포함한 다섯 차례의 5개월, 즉 1932년 10월~1933년 3월의 5개월 기간부터 시작하여 1933년 2~7월까지를 제외하고 그렇다는 것이다. 자료상 이 기간의 감소는 1931년 8월~1932년 1월 중 연평균 감소율과 비슷했다. 제8장 1절에서 보겠지만 나라 전체 은행 휴무로 인해 통화 통계에는 불연속성이 존재한다. 자료상의 감소 폭은 통계적 오류가 반영되어 있을 수 있다.

그리고 예금인출에 따른 은행 지급준비 감소를 상쇄하기 위한 공개시장 매입이 충분한 규모로 이루어졌더라면 양상이 달랐을 것이다. 그러나 불행하게도 공개시장 매입은 이루어지지 않았다. 연방준비제도의 정부증권 보유 규모는 실제로 9월 중순경~10월 말, 6주간 1천 5백만 달러 감소했고 이후 12월 중순경까지 큰 변동이 없었다. 연방준비제도는 할인율과 함께 어음매입금리 역시 인상했다. 동시에 이 결정적인 6주 동안 약 5억 달러에 이르는 어음을 추가 매입했다. 하지만 그 정도 규모로는 국내 예금인출은커녕 심지어 금 유출을 상쇄하기에도 충분치 못했다. 그 결과 은행의 지급준비능력은 두 방향으로 동시에 소진되었다. 대외적으로 금 수출, 그리고 대내적으로 현금 수요 확대가 바로 그것이다. 개별 은행 입장에서 이러한 어려움을 벗어나는 방법은 단 두 가지밖에 없었다. 첫째, 연방준비제도로부터 차입하는 것이었다. 두 번째는 자신이 직접 보유자산을 시장에서 매각 처분하는 것이었다. 이 둘 중 어느 것도 만족스러운 해결책은 아니었다. 하지만 은행들은 이 둘 모두를 추진할 수밖에 없었다.

할인율 상승에도 불구하고 어음할인의 규모는 오히려 1929년 이래 최대 수준으로 증가했다. 당시 상황과 그 영향은 1932년 2월 공개시장정책회의Open Market Policy Conference를 위해 준비된 비망록에 잘 묘사되어 있다. 당시 상황은 1931년 10월과 상당히 유사하다.

어음할인 책임이 가장 무겁게 집중된 곳은 주요 금융중심지 이외 지역 소재 은행들이었다. 하지만 사실 이 은행 그룹의 할인 규모는 연방준비제도의 긴축정책이 최고조에 달했던 1929년보다 상당히 컸다. 연방준비제도 회원은행들의 현재 수준의 차입 규모는 항상 디플레이션 유발적인 것으로 판명되었다. 아마도 전쟁기간이나 그 예외였을까. 오늘날처럼 심리적으로 민감한 때는, 어음할인 부담이 현재와 같이 큰 이상, 디플레이션을 멈추는 일이 일어날 수 없어 보인다.[20]

1920년대에는 연방준비제도가 은행들의 차입 기피 성향을 유도하기도 했다. 그런데 예금주의 불안감이 특정 은행이 아니라 은행시스템 전반으로 확산되고, 다음 번 도산 은행을 판단하고자 대차대조표를 훨씬 더 면밀히 따지는 시점에 은행의 차입 기피 성향은 훨씬 커진다. 위 인용문이 언급한 "심리적으로 민감한 때"가 바로 이때다.

〈도표 4〉는 이 시기 매각을 통한 자산가치 실현 시도들의 여파를 생생히 드러낸다. 정부의 장기채권이나 상업어음commercial paper의 수익률이 저등급 회사채 수익률과 함께 급격히 상승한 것은 이때가 처음이다. 이러한 수익률 상승은 불황으로 인해 기업의 수익성이 악화된 데 따른 것이 아니다. 유동성위험을 반영하는 것이다. 그리고 은행들이 연방준비제도로부터 차입을 증가시킬 의도와 능력이 없음을 뜻한다. 당시에, 그리고 그 이후조차도, 정부채권 가격 하락의 원인을 연방정부의 재정적자(1931년 회계연도에 5억 달러, 1932년 회계연도에 25억 달러)에, 그리고 "책임질 일이 없는" 입법조치의 공포에 탓을 돌리는 논의가 있었다. 하지만 이런 요인들이, 은행들로 하여금 유동성 확보를 위해 자산을 급매하도록 만든 심각한 압박 요인만큼이나 중요한 영향을 미쳤다고 보기는 어렵다. 물론 상업어음 수익률이 상승한 것은 그 시점이나 규모로 볼 때 할인율 동향을 주로 반영한 것이라고 볼 수 있다.

다시 한 번 공개시장정책회의의 예비 비망록을 보자. 1932년 1월

---

[20] Harrison, Open Market, Vol. II, memorandum, dated Feb. 23, 1932.

의 것이다.

몇 달 내에 미 정부채권 가격이 10%, 우량회사 회사채 가격은 20%
하락했다. 그리고 저등급 회사채는 그보다 훨씬 큰 폭으로 하락했다.
이로 인해 불가피하게 여러 은행의 어려움이 더욱 커졌다. 이제 개별
기관의 유동성 포지션 강화를 위한 개별적인 노력이 오히려 은행산
업 전체의 유동성 포지션을 심각하게 약화시켰음이 명백해졌다.[21]

은행 부담 완화를 위한 몇 가지 대책이 시도되거나 제안되었다.
예컨대 뉴욕연방준비은행이 지원하여, 은행자산 평가기준의 유연성
을 확대하고, 철도채권 가격에 가해지는 압박 요인을 줄이며, 문 닫
은 은행의 예금을 신속히 청산한다는 등이었다.[22] 그러나 이런 대책

---

21) 위의 문서, memorandum, dated Jan. 8, 1932.
22) (1) 뉴욕연방준비은행은 은행자산의 가치평가를 위한 통일된 방법을 개발하려
는 시도를 후원했다. 여기에는 평가손실(혹은 대손)의 크기를 추정할 때 평가자
가 좀 더 유연한 절차를 따르는 내용이 포함되어 있었다. 감사관 결정에 따르면
국법은행들은 가장 높은 네 개의 신용등급을 받은 채권에 대해서는 평가손실을
전혀 인정하지 않는다. 나머지 다른 모든 채권에 대해서는 회계상 평가손실을
실제 발생한 액수의 최대 25%까지만 인정하게 되었다. 물론 부도채권은 예외로
서 이 경우에는 전액 대손처리를 하도록 규정했다. 하지만 이와 같은 규정은 제
한적으로 적용되었다. 모든 자산 손실을 포함하여 모든 투자의 평가손실을
100% 반영했을 때 자본이 전액 잠식되는 은행은 예외였다. 즉 실제로는 유연한
평가손실 인정 규정이 가장 필요한 은행들은 전혀 도움을 받지 못했다(Harrison,
Notes, Vol. II, Aug. 6, 13, and Dec. 7, 1931). (2) 뉴욕연방준비은행은 또한 뉴
욕 주 소재 저축은행, 보험회사, 신탁기금에 대해 적격운용대상 자산 범위에 대
한 규제를 개정하려고 노력했다. 철도채권을 적격운용대상에서 제외하면 규제
적용을 받는 기관들의 투매로 인해 그 가격이 더욱 하락할 수밖에 없었기 때문
이다. 실제로 그 결과, 상업은행이 보유한 철도채권 가치가 크게 하락했다(위의

은 완전히 수행되더라도 실제로는 거의 효과가 없을 임시방편이었다. 더 폭넓은 영향이 기대되는 제안이 연방준비제도 외부에서 나왔다. 후버 대통령이 재촉하여 1931년 10월 전국신용공사National Credit Corporation가 민영회사로 설립된 것이다. 이에 대한 은행업계의 협조는 매우 소극적이었다. 공사 설립 목적은 각 연방준비은행의 관할 지역별로 결성된 조합에 참여하는 개별 은행의 대부를 늘리기 위한 것이었다. 평상시에는 담보로 받아들일 수 없을 자산도 담보로 인정하고, 조합에 참여하는 다른 은행의 연대보증으로 대부를 제공했다. 하지만 공사의 신용 공여는 극히 제한적으로만 이루어졌다. 후버에 따르면, "처음 몇 주간의 진취성과 용기가 사라진 이후 ……공사는 점차 극히 보수적으로 변했고, 다음에는 공포에 사로잡혔다가, 결국 없어졌다. 공사는 어떻게든 온 힘을 쓰지 않았다. 참여 기관과 관련 업계는 손을 놓고 정부의 적극적인 행동만 요구했다."[23] 이

---

문서, Aug. 1, 1931). (3) 동시에 뉴욕연방준비은행은 철도채권안정기금 조성에도 적극적이었다. 이는 철도사업 수익/비용의 사전 조정을 조건부로 채권가치 회복을 도모하려는 것이었다(위의 문서, Oct. 5, and Dec. 7, 1931. 또한 Harrison, Conversations, Vol. I, Dec. 5, 1931). (4) 마지막으로 뉴욕연방준비은행은 도산 은행의 예금주가 예금채권을 조기에 회수할 수 있도록 여러 회원은행의 협조를 구했다. 정상영업 중인 은행은 도산 은행의 자산을 매입하고 이 자산을 기초로 즉각적인 자금 공여를 수행하라는 요구를 받았다. 이를 통해 예금액의 일정 비율, 즉 미리 정해진 비율만큼의 예금액이 즉각 예금주에게 지급될 수 있었다 (Harrison, Office, Vol. II, Sept. 11, 1931).

23) Hoover, *Memoirs*, 97쪽. 이와 관련하여 다음 자료들을 참조. 1931년 10월 4일 일요일에 멜론 재무장관의 아파트에서 개최된 19인의 뉴욕 은행가 회합에서 발표된 공사 설립 요구 내용의 성명서, 후버가 해리슨에게 보낸 1931년 10월 5일자 편지, 해리슨의 10월 7일자 답신(이 모두는 Harrison, Miscellaneous, Vol. I에 있음). 해리슨은 철도채권안정기금이야말로 은행보유철도채권의 가격 상승을 도모할 수 있다는 점에서 공사 설립에 추가하여 은행들을 도울 필수불가결한 수

러한 해결시도는 한시적인 올드리치-브릴랜드 법Aldrich-Vreeland Act
을 그대로 모방한 것이었다. 올드리치-브릴랜드 법은 1914년에 한
차례 활용되어 상당히 잘 작동된 적이 있었다. 한편 후버의 제안에
따라 1932년 1월에 재건금융공사가 설립되었다. 재건금융공사는 발
행한 채권이 부도 처리될 위험에 처해 있던[24] 철도회사뿐만 아니라
은행과 기타 금융기관에 자금을 공여하는 권한을 부여받았다. 은행
도산 사태의 전염은 재건금융공사의 설립과 거의 동시에 막을 내렸
다. 하지만 이 두 가지 진전에 상관관계는 없을 것 같다. 여하튼 1932
년의 남은 기간에 재건금융공사가 은행에 해준 대부는 도합 9억 달
러 정도였다. 도산은행의 예금 규모는 대략 1930년 중반 수준을 중심
으로 등락을 거듭하였다.

1932년 2월 27일 통과된 글래스-스티걸 법은 재무부와 백악관에
서 나온 것으로, 주된 목적은 연방준비제도가 연방준비은행권 발행
을 위해 담보로 보유할 자산 범위를 확대하는 것이었다. 이로 인해
기존의 적격 어음뿐만 아니라 정부채권도 담보 능력이 인정되었

---

단임을 역설했다. 또한 공사 설립에 대한 연방준비은행 이사들 대부분의 미온적
인 반응에 대해서는 Harrison, Notes, Vol. II, Oct. 5, 12, 15, 1931 참조.

24) 1932년 7월 21일의 긴급구호 및 건설에 관한 법Emergency Relief and Cons-
truction Act으로 인해 재건금융공사는 납입자본금 5억 달러 이외에 추가로 차입
여력을 15억 달러에서 33억 달러로 확대할 수 있었다. 이 법은 ① 실업구호를 위
해 주와 준주準州 territory를 대상으로 한 3% 금리의 3억 달러 한도 자금공여, ②
공공사업 시행을 위한 자금공여(실제로는 1932년 연말까지 구호와 공공사업 목
적의 자금공여가 거의 이루어지지 못했음), ③ 해외시장과 국내시장을 대상으로
한 농산물 판매비용의 충당, 그리고 ④ 토지은행 지역에 지역신용공사 설립을 위
한 출자 등을 재건금융공사로 하여금 수행할 수 있도록 하였다. 이와 같은 조치
로도 농가소득과 농지가격의 지속적 하락, 농장압류 증가, 세금 체납에 따른 지
속적인 강제 매각 처분 등의 현상을 막아내기에는 역부족이었다.

다.[25] 이 법에는 또한 연방준비제도로부터의 자금 차입 가능성을 확대함으로써 개별 은행들을 돕도록 고안된 조항도 들어 있었다.[26]

1932년 5월 하원은 은행예금에 연방보험을 제공하는 내용의 법안을 통과시켰다. 이 법안은 카터 글래스Carter Glass가 의장인 상원 은행통화위원회Banking and Currency Committee 산하 소위원회에서 논의되었고 결코 이 사실이 외부로 공표되지는 않았다.[27] 연방준비법Federal Reserve Act 통과 시에 글래스는 이와 유사한 조항에 반대했었다.[28] 그는 해결책이 상업은행의 영업상 관행을 개혁하는 데 있

---

25) 그 조항은 1933년 3월 3일에 효력이 만료될 예정이었으나 1933년 2월 3일에 1년 더 연장되었고 이후에도 지속적으로 효력기간이 연장되어, 1945년 6월 12일 법에 의해 영구적인 효력을 갖게 되었다.

26) 글래스-스티걸 법은 특정한 조건을 충족할 경우 회원은행이 부적격자산을 담보로 연방준비은행으로부터 추가가산금리를 지불하면서 자금 차입이 가능하도록 했다. 한편 적격자산 규모가 불충분한 경우에도, 연방준비제도이사회의 최소 5인 이상의 동의를 얻으면, 다섯 개 이상 회원은행이 발행한 채권에 대한 할인이 허용되도록 했다. 그리고 예외적으로 연방준비제도이사회의 최소 5인 이상 동의를 얻으면, 자기자본이 5백만 달러 미만인 단점은행도 부적격자산을 담보로 한 차입을 허용했다. 그러나 이러한 조건으로 실제 집행된 자금 규모는 크지 않았다. 이에 따라 1932년 7월 21일의 긴급구호 및 건설에 관한 법에서는 회원은행을 통한 할인이 가능한 적격자산을 보유하고 있지 않은 개인이나 합명회사, 주식회사 등이 연방준비은행을 통해서는 적격성 여부를 떠나 보유 채권이나 어음을 할인받을 수 있게 했다. 하지만 이런 허용 조항 역시 실제로는 극히 제한적으로만 적용되었다. 개인, 합명회사, 주식회사 등에 대한 할인 규모는 1933년 3월에 최대치인 140만 달러에 그쳤다. 이와 같은 할인 허용 조항은 1936년 7월 31일에 효력이 만료되었다.

27) 1932년 5월 28일에 열린 상원 은행통화위원회에서 하원 법안 11362에 대한 논의가 이루어졌다(*Congressional Record*, 72d Cong., 1st sess., 11515쪽).

28) 글래스는 1913년 하원 은행통화위원회의 위원장을 역임한 바 있다. 그 해 상원에서 통과된 법안에는 예금에 대한 보장이 포함되어 있었다. 하지만 하원에서 통과된 법안에는 그런 내용이 포함되어 있지 않았다. 하원의 협의 과정에서 평의

다고 믿었고 그런 목적에 부합하는 몇 가지 법안을 제출했다.[29] 하지만 이 중 어떤 것도 행정부나 연방준비제도의 지원을 받지 못했으며 어떤 법안도 결국 통과되지 못했다.[30]

1932년 7월 들어 연방주택대부은행법The Federal Home Loan Bank Act이 가결되었다. 이것은 주택자금 대출기관(예를 들어 저축대부조합, 저축은행, 보험회사)의 자산동결이 초래할 수 있는 문제에 대처하려는 또 다른 시도였다고 할 수 있다. 이 법에 근거하여 설립되는 연방주택대부은행은 주택자금 대출기관이 보유한 주택담보증권의 안정을 보장하기로 되어 있었다.

〈도표 3〉의 다양한 경제활동지표를 보면 영국의 금본위제 이탈 직후의 금융상황 변화가 경제 전반에 미친 영향은 거의 없어 보인다. 그보다는 1931년 3월의 2차 은행위기 발발 이후 1932년 중반까지 지표들은 연속 하락세였다. 군이 다소간의 변화를 찾아보자면 약간 감소 속도가 빨라진 듯하다. 하지만 속도가 조금 빨라진 것보다는 빠른 속도로 지속되는 하락세 자체가 훨씬 더 중요해보인다. 이 시기 연율 기준으로 개인소득은 31%, 도매물가는 14%, 생산은 32% 감소하고 있었다.

통화 부문 이외 영역에서 공황의 심각성으로 인해 정부와 민간 차

---

원들이 이 조항을 삭제했던 것이다(Paul M. Warburg, *The Federal Reserve System*, New York, Macmillan, 1930, Vol. I, 128쪽).

29) 1930년 6월 17일의 71차 연방의회 2차 회기, S.4723 중 전국은행연합회 관련 부분(*Congressional Record*, 10973쪽). 1932년 1월 21일과 3월 17일의 72차 연방의회 1차 회기, S.3215와 S.4115 중에서 연방준비은행 관련 부분(위의 책, 2403, 6329쪽). 또한 1932년 4월 18일, S.4412, 연방준비은행과 전국은행연합회 관련 부분.

30) 뒤에 나올 각주 134를 참조.

원의 다양한 구호 노력이 전개되었다. 1931년 가을에 민간구제기구 지원을 위해 전국적 움직임이 조직된다. 이 움직임은 70인위원회(70 인위원회는 1904년 필라델피아에서 결성된 비영리민간기구. 시민윤리의식 함양을 위한 공동체적 노력과 정치적 중립을 표방하며 선거감시 등의 활동을 한 것으로 알려져 있음 — 옮긴이)가 주도했고 후버가 새로운 조직체에 임명권을 행사하면서 이름이 "대통령 실업구제협회"로 붙여졌다. 여러 주州의 실업자들은 자발적으로 자조自助와 물물교환 조직을 만들었고, 공식적인 화폐를 임시로 대체할 교환수단scrip을 자체적으로 개발, 사용하기도 했다. 후버는 공공사업에 연방지출을 확대했으나 이로 인한 적자재정을 부담스러워 했다. 1931년 9월 그의 지명에 따라 시민사회와 산업계, 노동계를 대표하는 위원들로 구성된 12인위원회는 공공자금으로 그와 같은 건설사업을 수행하는 것에 반대했다. 하지만 의회에서는 점차 정부지출 확대와 통화팽창의 필요성에 대한 공감대가 확산되고 있었다. 실업계, 금융계에서는 대부분 이를 인플레이션 유발적이며 불환지폐주의greenbackism적이라며 비난했다. 실업계, 금융계, 기타 많은 다른 사람들은 연방정부의 재정적자가 이 시기 경제적 어려움의 중요한 원인 중 하나라고 인식했던 것이다. 균형재정에 대한 압박은 최종적으로 1932년 6월 상당한 폭의 조세인상법 제정으로 귀결되었다. 이러한 정서가 얼마나 영향력이 컸는지는 1932년 대통령 선거운동에서 두 후보자가 모두 이른바 금융적 정통성financial orthodoxy에 대한 믿음에 기초하여 연방재정 균형을 회복하겠다고 공약한 것을 보면 잘 알 수 있다. 물론 당시의 그런 정서는 오늘날의 관점에서 보면 신뢰하기 어렵다.

## 대규모 공개시장 매입의 개시, 1932년 4월

1932년 4월 연방준비제도는 의회의 강력한 압력(다음의 5절 참조)하에서 대규모 공개시장 매입에 착수했다. 이로 인해 1932년 8월 초까지 연방준비제도의 유가증권 잔고는 대략 10억 달러 증가했다. 매입의 95%는 6월 말 이전에 이루어졌다. 8월 10일 이후에는 매입액이 매도액을 넘어서지 못했다. 이후 유가증권 잔고는 연말까지 거의 비슷한 수준을 유지했고, 1933년 연초 들어 통상의 계절적 변동 패턴대로 소폭 감소했다. 공개시장 매입 초기에는 매입 효과가 주로 당시 재개된 금 유출의 영향을 상쇄하는 데에 기여했다. 반면, 6월 이후부터는 소규모로나마 금 유입이 이루어지면서 정책 효과가 더욱 강력해졌다. 공개시장 매입이 중단된 이후부터 연말까지는 이를 대신하여 보다 큰 규모로 금 유입이 이어지면서 본원통화 증가세가 지속되었다.

앞에서 언급했듯이 1932년 1월과 2월 들어 은행 도산이 점차 줄고 있었다. 유동성 공급으로 은행의 지급준비능력이 추가 확충되자 이 경향은 한층 강화되었다. 2~5월에 유통현금의 일정 부분이 은행권으로 환류하는 현상이 수반되었다. 한편 1932년 중반에 국지적인 은행위기 상황이 재연되었다. 재건금융공사의 자금 공여가 있기 전, 6월에 40개가 넘는 은행이 시카고를 휩쓸며 도산하는 사건이 발생한 것이다. 이때 만약 채권매입이 이루어지지 않았다면 이는 훨씬 더 큰 위기로 발전했을 것이다. 그러나 은행 도산사태는 다시금 진정되었으며 민간 보유 유통현금 규모 역시 5~7월에 증가했다가 감소세로 반전되었다.

은행의 상황 개선과 채권 매입 프로그램이 결합된 효과는 통화량

지표의 변동 추이에 명확히 나타났다. 〈도표 2〉에서 은행예금과 통화량의 감소세가 완화된 것을 알 수 있다. 요구불예금은 7월에, 그리고 총예금과 통화량은 9월에 저점에 도달했다. 이후 완만한 상승세가 이어졌다. 이 시기 통화량에 발생한 변화는 절대적 크기를 기준으로 보면 크다고 할 수 없다. 그러나 그 이전의 급격한 감소세와 비교하면 분명 중요한 변화였음에 틀림없다.

채권 매입 프로그램의 영향은 〈도표 4〉의 이자율 동향을 보면 더 뚜렷하다. 전반적인 추이를 보면 금리는 1931년 12월이나 1932년 1월에 정점에 도달한 후 1932년 1분기에 하락했다. 하지만 2분기에 들어서자 신용등급 Baa인 회사채 수익률이 5월에 11.63%에 이르는 등, 1919년 이래 월평균으로서는 가장 높은 수준으로 치달았다. 장기 정부채권의 수익률 역시 약간 상승했다. 상업어음 금리는 2분기에도 하락세를 이어갔는데 이는 2월 26일 뉴욕의 할인율 인하 때문이었다. 매입 개시 후 모든 이자율이 급락했다. 6월 24일 뉴욕의 할인율 인하는 다시 한 번 상업어음 금리에 영향을 줬다. 8월에 들어 상업어음 금리는 할인율보다 낮은 수준으로 떨어진 후 그 수준에 머물렀다. 이는 연방준비제도가 도입된 이래 유례없는 것이었다.

상업어음 금리와 할인율 간 관계의 역전은 이 시기 할인이 수행하는 역할이 크게 변했음을 시사(이는 증권의 할인을 통한 자금조달보다 시장을 통한 자금조달이 저렴하기 때문에 할인을 통한 유동성 조절이 무의미해짐을 의미함 — 옮긴이)한다. 이에 대해서는 제9장에서 더 자세히 살펴볼 것이다. 1933년 은행위기와 관련하여 할인율이 일시적으로 급등하기도 했으나, 할인은 제2차 세계대전 한참 후까지도 다시는 예전처럼 중요하지 않았다. 이제 은행은 안전을 위해 초과지급준비금을 보유해야 했다. 나중에는 차입에 의존하지 않고 가격 하락이 통제된 정부증권을 보유했다. 물론 이런 변화 자체는 금리가 더 큰 폭으로 하락하는 것을 막는 중요한 요인이기도 했다. 예를 들어 1932년을 통틀어 장기정부채권의 수익률은 1930년 5월~1931년 9월의 어느 때보다도 눈에 띄게 높은 수준을 유지했다.

통화량 감소가 멈추고 매입 프로그램이 개시된 후 얼마 되지 않아 전반적인 경제지표도 뚜렷한 변화를 보였다. 이는 〈도표 3〉을 보면 알 수 있다. 도매물가는 7월에, 생산은 8월에 상승하기 시작했다. 개인소득은 계속 줄었지만 감소 속도는 훨씬 둔화되었다. 공장고용과 철도 수송량을 비롯해 실물 부문의 여러 다른 지표 모두 이와 유사하다. 전반적으로, 많은 지표가 1931년 초처럼 경기가 바닥을 치고 회복될 때 나타나는 모양새였다. 사실 어떤 연구자들은 1932년의 이때를 경기순환의 저점 통과시기로 본다. 번스Burns와 미첼Mitchell은 경기 저점을 1933년 3월로 잡긴 하지만 1932년의 이 시기를 이른바 "이중 저점"[31]의 한 예로 본다.

물론 이 시기의 경제 상황 개선이 통화금융 측면에서의 개선을 반영한 것인지는 알 수 없다. 하지만 확실히 그 반대는 아니었다. 앞뒤 시차관계를 볼 때 통화 측면의 개선이 선행한 사실을 차치하더라도, 이 시기 대규모 공개시장 매입 프로그램은 깊은 검토를 거쳐 연방준비제도가 계획적으로 실시한 것으로서 통화 상황 개선을 설명할 중요한 요인이었다.

앞뒤 시차관계, 과거의 경험, 그리고 이 시기 상황 전개를 전반적

---

31) A. F. Burns and W. C. Mitchell, *Measuring Business Cycles*, New York, NBER, 1946, 82~83쪽. 같은 저자, *Production during the American Business Cycle of 1927-1933*, New York, NBER, Bulletin 61, Nov. 1936, 2, 4쪽.

으로 검토한 결과, 이 시기 경제 상황의 개선이 통화 측면의 개선 때문일 가능성이 높아 보인다. 그게 아니라면 경제 상황 개선이 통화 측면에서의 개선에 곧이어 순차적으로 일어난 것은 전적으로 우연이었단 말인가. 우리는 (『미국화폐사』의 앞부분에서 — 옮긴이) 과거에 통화증가율의 가속이 늘 경기순환의 저점에 선행했음을 보았다. 지금설명하는 이 사례에서는 통화증가율의 가속이란 통화량이 급속한 감소에서 완만한 감소로, 그리고 완만한 증가로 이행하는 현상을 말한다. 3년에 걸친 침체 끝에 침체를 야기했던 동력이 점차 약화되면서경기를 회복시킬 많은 요인들이 분명 존재했을 것이다. 그런 요인들이 통화금융이 계속 불확실한 와중보다는 경기회복에 유리한 통화금융 장치가 마련된 무대에서 더욱 잘 결실을 맺을 수 있으리라는 것은당연한 이치다.


## 1933년의 은행위기

공교롭게도 회복은 단지 일시적이었다. 뒤이어 병세는 재발했다. 재발과정에서도 은행위기가 다시 가장 눈에 띄었다. 1932년 마지막 4분기에 일련의 은행 도산이 주로 중서부 지방과 태평양 연안을 중심으로 재개되더니 1월 들어 더욱 넓은 지역으로 급속히 퍼졌다. 예금/유통현금 비율이 하락했다. 통화량은 증가세가 일단락되고 1933년 1월 이후 가파르게 떨어졌다. 은행 휴무가 주에서 주로 확산되면서 현금 수요가 계속 증가했다. 예전의 패닉 때처럼 현금 대체 수단이 도입되어 통화량 감소 폭을 어느 정도 줄였다.[32] 통화 측면의 난관은 금리 추이 역전과 경기 재악화를 수반했다. 실물지표 상승세가 멈추고 다시 하락세로 반전했으며 가격과 그 밖의 산업활동지표 모두 그러했다.

이번에는 재건금융공사로부터 자금을 지원받을 수 있다는 사실이 은행 도산의 확산을 막지 못했다. 이것은 부분적으로는 1932년 7월에 통과된 한 법 조항 때문이었다. 이 조항에 따라 재건금융공사에서 대출받은 은행 이름은 1개월 경과 후 공표하게 되었다. 실제 공표가 8월에 시작되었다. 이 목록에 이름이 오르면 그 은행은 재무적으로 취약하다는 신호로 해석되었다. 이는 맞는 얘기이기도 했고 해당 은행은 빈번히 예금인출쇄도를 겪었다. 따라서 은행들은 재건금융공사에서의 자금 차입 자체를 두려워했다. 1933년 1월에 그 폐단은 더욱 커졌다. 하원 결정에 따라 재건금융공사가 1932년 8월 이전에 시행된 모든 대출 기록까지도 공개했기 때문이다.[33] 네바다 주에서 개별

---

32) 은행 휴무 기간에 이르기까지 미국 전역에서 약 10억 달러 규모의 대체 교환수단이 유통된 것으로 추정된다(H. P. Willis and J. M. Chapman, *The Banking Situation*, New York, Columbia University Press, 1934, 15쪽). 또한 *A Monetary History of the United States, 1867-1960*, 제8장 1절을 볼 것.

33) 후버가 자신의 회고록에서 주장한 바에 의하면 그는 문제의 그 법안(1932년 7월 21일의 긴급구호 및 건설에 관한 법)에 서명하기 전에 재건금융공사의 자금을 지원받은 금융기관 목록이 기밀 사항이며 외부에 공표되지 않는다는 확답을 받았다. 그리고 만약 그런 확답이 없었더라면 그는 "아마도 이 법을 거부할 수밖에 없었을 것"이다(Hoover, *Memoirs*, 110~111쪽).

이 법에는 단지 재건금융공사가 바로 전 달에 승인된 모든 대출을 미합중국 대통령과 의회에게 매월 보고한다는 것만 명기되어 있다. 그런데 당시 하원의장 존 N. 가너John N. Garner가 8월에 담당자에게 이 보고서를 외부에 공개하게 했다. 당시 민주당은 재건금융공사 대출금 공개는 자금 배분 때 발생할 수 있는 정실주의favoritism 방지를 위한 안전장치라고 주장했다. 또한 1932년 7월까지 재건금융공사 회장을 역임한 유진 마이어Eugene Meyer와 이사회 구성원이기도 한 재무부 장관 밀즈Mills가 재건금융공사의 업무동향을 민주당 측 이사들에게 잘

은행에 대한 뱅크런이 주 전체로 번져갈 위험에 처하자, 드디어 1932년 10월 31일 네바다 주 차원에서 은행 휴무가 선언되었다. 은행 휴무 선언의 취지는 채권자에 대한 지급의무를 유보함으로써 은행을 구제하려는 것이었다. 1933년 1월 20일, 유사한 상황에서 아이오와 주 역시 네바다 주와 같은 선택을 했다. 루이지애나 주는 2월 3일에 뉴올리언스 시의 은행들을 구제하기 위해 은행 휴무를 선언했다. 2월 14일 미시간 주가 그 뒤를 이었다. 의회는 2월 들어 국법은행들이 인출을 제한하거나 유예할 경우 적용되는 벌금을 면제했는데 이는 각 국법은행이 소재한 주의 은행 휴무 조항을 따른 것이었다. 3월 3일까지 전국적으로 약 절반의 주들이 은행 휴무를 선언했다.[34] 각 주별로 휴무를 선언하는 것은 해당 주에서의 인출 수요를 중단시켰지만 다른 지역에서 그 압력을 증폭시켰다. 일시적으로 위험에서 벗어난 은행들이 유동성을 보충하기 위해 다른 주에 소재해 있는 코레스은행correspondents에서 자금을 인출했기 때문이다. 게다가 지난 번 예금인출 제한 때처럼 은행권을 대체하는 임시 화폐가 필수적으로 되었고 국내 교환시스템이 붕괴되었다. 민간의 현금통화 보유액은

---

알리지 않아 이에 대한 일종의 감정적 거부감도 존재했다(Jesse Jones, *Fifty Billion Dollars*, Macmillan, 1951, 72, 82~83, 517~520쪽). 하원의 결정 내용에 대해서는 *Congressional Record*, Jan. 6, 1933, 1362쪽 참조.

34) 입법이나 행정 명령에 따라 은행이 휴무할 주요 근거의 유형은 다음과 같다. (1) 지정된 기간 동안 주정부의 관할하에 있는 지역 은행에서 예금주 요구로 자금 지급이 금지되는 유형, (2) 개별 은행 발의로, 혹은 주 정부 은행 관련 부서의 동의를 받아, 개별 은행이 일정 금액이나 일정 비율 이상의 예금인출 제한을 결정하고 이를 예금주에게 통지하는 권한을 부여받는 유형, (3) 주 권역 내 소재한 모든 은행을 대상으로 예금주가 자기 예금에서 인출가능한 최대 비율을 정하는 유형.

1932년 말~1933년 2월의 2개월간 7억 6천만 달러, 혹은 약 16% 증가했다.

대내적 예금인출의 주된 부담은 뉴욕 시 소재 은행들이 졌다. 2월 1일~3월 1일에 지방은행들은 뉴욕 은행들에 예치했던 7억 6천만 달러의 자금을 인출했다. 2월 한 달 동안 뉴욕 은행들의 정부증권 보유액은 2억 6천만 달러 감소했다. 이로 인해 단기자금시장이 경색되기도 했다. 채권 매각에 이은 자금확보수단은 연방준비은행으로부터의 차입이었다. 하지만 상황은 뉴욕 은행들 사이에서 신경과민을 유발했고 차입 기피 성향을 강화했다. 3월 초에 이들은 여전히 은행 간 거래 잔액으로 9억 달러를 보유하고 있었다.

상업은행과 연방준비제도 모두 불안한 마당에 대외 금 유출 재개의 공포까지 가세했다. 차기 행정부가 평가절하에 나설 것이라는 루머가 돌았다. 나중에는 결국 사실로 드러났지만 여하튼 이 소문은 민영은행을 포함한 달러 보유자의 투기적인 외환 축적과 외부 지급을 위해 별도 배정earmarking된 금 규모 증가로 이어졌다. 또한 이제는 사람들이 예금에서 인출한 돈으로 연방준비은행권과 외화가 아니라 금화와 금 증서를 사들이는 일이 부분적으로나마 최초로 나타났다. 이 때문에 뉴욕 시 은행들에서 고조되는 패닉 상황은 3월 초 며칠간 저축은행으로부터의 막대한 예금인출, 그리고 지방은행들의 현금 수요 확대에 의해 더욱 악화되었다.

이러한 사건에 대해 연방준비제도는 1931년 9월에 했던 것과 거의 같은 방식으로 대응했다. 1933년 2월 대외 금 유출에 대응하여 할인율을 인상하였지만, 대내적인 예금인출이나 대외 금 유출을 충분한 공개시장 매입으로 상쇄하려는 시도는 없었다. 정부증권 보유액은 1933년 2월에 증가하긴 했지만, 그것은 1월에 거의 1억 달러나 줄어든 후였다. 그 양은 은행 휴무가 선언되는 시점에는 1932년 12월 말과 비교할 때 겨우 3천만 달러 정도 늘어난 정도였다. 이번에도 연방준비제도는 할인율과 함께 채권매입금리를 인상했고, 어음 매입 규모도 늘었으나 증가액은 예금인출과 함께 발생한 은행 지급준비금 감소분에 훨씬 미치지 못했다. 1931년 9월과 10월 때처럼 은행들은 또다시 고금리 할인과 유가증권 투매에 나설 수밖에 없었다. 그러자 거의 모든 증권의 이자율이 가파르게 치솟았다(〈도표 4〉를 볼 것).

이번에는 이전에 벌어진 모든 일로 인해 1931년 9월보다 상황이 훨씬 더 심각했다. 게다가 패닉도 훨씬 더 멀리 퍼져나갔다. 3월 초 며칠간 국내외로 엄청난 금이 유출되어 뉴욕연방준비은행 준비율이 법정 한도를 밑돌았다. 3월 3일 해리슨 총재는 연방준비제도이사회의 마이어 의장에게 "연방준비법의 법률적 인가가 없는 상태에서 현재 준비금 부족 문제를 겪는 은행 경영의 책임을 지고 싶지는 않다."는 의사를 피력했다. 연방준비제도이사회는 마지못해 지급준비율의 적용을 30일간 유예했다.[35]

연방준비제도 자체도 뉴욕을 뒤덮은 패닉에 휩싸여 있었다. 지급 준비율 적용 유예가 부적절한 해결책이라 생각한 해리슨은 은행 휴무 방안 쪽을 갈망했다. 3월 3일 아침에 그는 재무부 장관 밀즈와 연방준비제도이사회 의장 마이어에게 전국적인 은행 휴무 선언을 권고했다. 뉴욕과 워싱턴이 논의를 많이 하고서도, 그날 저녁에는 전국적인 휴무 선언은 불가하다는 결정이 났다. 그러자 해리슨은 뉴욕 청산소은행들과 주州 은행감독관이 리만 주 지사에게 주 차원에서의 은행 휴무를 선언해달라고 요청하는 쪽에 가담했다.[36] 리만은 요청을

---

35) Harrison, Notes, Vol. III, Mar. 3, 1933.

받아들였다. 이 조치는 3월 4일자로 발효되었다. 유사한 조치가 일리노이 주, 매사추세츠 주, 뉴저지 주, 그리고 펜실베이니아 주에서 취해졌다. 3월 4일, 연방준비은행들도 모든 주요 거래소와 함께 문을 닫은 채 있었다. 중앙은행시스템이란 일차적으로 상업은행의 지급 제한을 불가능하게 만들기 위해 설립된 것이다. 그런데 이제 미합중

---

36) 해리슨은 지급준비율 적용 유예는 가장 바람직하지 못한 대안이라고 생각했다. 왜냐하면 금과 현금의 퇴장hoard 수요가 만연한 가운데 연방준비은행이 지급 의무를 계속 이행해야 했기 때문이다. 다른 대안으로는 정화正貨, 즉 금 지급을 중단하는 것이었다. 해리슨은 이것도 반대했다. 왜냐하면 금 지급 중단은 "히스테리와 패닉 심리에 따른 예금인출 확대를 초래할" 것이기 때문이었다. 그는 최선의 방책이 전국적인 휴무 선언이라고 판단했다. 이로 인해 "심리적 불안을 누그러뜨리고, 상황 개선을 위한 입법에 필요한 시간을 벌 수 있을 것"이었다.
　　해리슨의 권고에 대한 응답으로 밀즈 장관과 마이어 의장은 대신 뉴욕 주 차원에서의 은행 휴무를 제안했다. 해리슨은 뉴욕연방준비은행의 주도로 리만 주 지사에게 그와 같이 요청하는 것을 거부했는데 주 차원에서의 휴무란 것이 기껏해야 혼란을 가중시킬 뿐이라고 믿었기 때문이다. 왜냐하면 이 경우 뉴욕연방준비은행의 외국인에 대한 금 지급이 여전히 계속될 것이었고, 뉴욕이 휴무 상태일 때 전국 다른 지역의 은행시스템이 마비될 것이었기 때문이다. 뉴욕연방준비은행의 이사들은, 연방준비제도이사회가 대통령으로 하여금 3월 4일 토요일과 3월 6일 월요일에 전국적인 휴무를 선언하도록 설득할 것을 요청하는 결의안을 채택했다. 해리슨은 전화로 후버 대통령과 상의했으나 대통령은 명확한 언질을 주지 않았다. 그날 저녁 늦게, 현 대통령과 차기 대통령 당선자 모두 잠자리에 들어 전국적인 휴무 선언 가능성이 사라졌다는 보고가 워싱턴으로부터 접수되었다.
　　해리슨은 즉시 뉴욕의 리만 주 지사 자택에서 열리는 회의에 참석하기 위해 은행을 나섰다. 그 회의에서 주 차원에서의 휴무 시행이 최종 결정되었다. 리만은 바람직하다면 기꺼이 휴무 선언을 하겠지만, 청산소은행들이 이를 받아들이지 말라고 요구한다고 그날 일찍 해리슨에게 알렸다. 그날 늦게서야 청산소은행들은 만약 리만이 휴무를 선언하면 이에 협력하겠다고는 약속했지만, 직접 휴무를 요청하지는 않았다. 그들은 휴무를 원하는 것처럼 보이면 자신들의 위신이 손상되지 않을까 두려워했다. "그럴 바에야 영업을 지속하면서 채찍을 맞겠다."는 것이었다(위의 문서).

국 역사상 그 어느 때보다도 더 광범위하고, 완전하고, 경제적인 부작용이 큰 상업은행의 지급 제한 상황에 그 중앙은행시스템 자체가 합류했다. 당시 이 사건에 대한 후버의 다음과 같은 논평에 대해 많은 이들이 공감할 것이다. "나는 [연방준비제도이사회가] 한 국가가 곤경에 처했을 때 기대기에는 정말로 연약한 갈대였다는 결론에 도달했다."[37]

마침내 루즈벨트 대통령이 3월 6일 자정을 넘어 전국적인 은행 휴무를 선언했다. 모든 은행이 3월 9일까지 영업을 중단했고 금의 태환과 해외 반출이 금지되었다. 3월 9일 의회는 특별회기에서 대통령의 휴무 선언 권한을 추인하는 긴급은행법을 제정했으며, 무면허 은행 처리 방법을 규정하고, 비상시 현금 수요 충족을 위한 연방준비은행권 발행의 권한을 위임했다. 곧이어 대통령은 은행 휴무 기간을 연장했다. 은행이 어느 지역에 있는가에 따라 휴무 기간이 3월 13일, 14일, 15일까지도 종료되지 않았다. 은행은 연방정부나 주정부 금융당국의 허가를 얻은 경우에만 영업을 재개할 수 있었다(제8장 1절에서 더 자세히 논의).

제4장 3절에서 지적했듯, 은행 휴무는 1814년, 1818년, 1837년, 1839년, 1857년, 1873년, 1893년, 1907년에 시행된 지급 제한 조치들과 유사하지만, 그보다 훨씬 더 극약처방인 측면이 있었다. 우리가 아는 바로는, 예전의 지급 제한에 있어서는 최소 6영업일은 말할 것도 없고 단 하루라도 수많은 은행들이 완전히 영업을 중단한 적은 없었다.[38] 과거의 지급 제한 사례에서 은행들은 예금의 무제한적 인출

---

37) Hoover, *Memoirs*, 212쪽.
38) 클라크 와버튼은 다음과 같이 기록한다. "1830년대 중반까지 대부분의 주에서

만 중지하고, 결제를 위한 이체, 혹은 대부 등 일상적인 업무는 지속했었다. 사실 지급 제한 조치로 말미암아 그들은 다른 일상 업무를 정상적으로 수행할 수 있었을 뿐 아니라, 예금주의 인출 수요를 충족시키기 위한 당장의 현금 확보 압력(통화량 급감을 통한 것을 제외하고라도, 결국 전체 은행시스템을 자멸시킬 수밖에 없는 압력)이 완화됨에 따라 어떤 경우에는 오히려 대부를 확대할 수 있었다. 정말로 지급 제한 이후 은행들은 정화 지불 재개에 대비하여 일반적으로 예금/준비금 비율을 낮추는 경향을 보였다. 하지만 예금/준비금 비율 하락과 이에 따른 통화량 감소 압력은 완만하고 단계적으로 나타나, 정화 유입에 따른 본원통화 증가로 대부분, 혹은 완전히 상쇄할 수 있었다.[39] 그

---

정화 지급 의무를 위반하면 엄중한 페널티를 부여하는 조항이 포함된 일반은행법이 이미 채택되었거나 아니면 입안 과정에 있었다. 혹은 이 조항을 은행 영업인가의 갱신 혹은 신규 발행 때 반영하기도 했다. 이 규정하에서 정화 지급 정지는 영업인가 상실, 혹은 적어도 정화 지급이 재개될 때까지 영업이 중단되는 것을 의미했다. 사례에 따라 정화 지급 정지가 주 의회의 특별입법으로 허용되기도 했다. 이런 경우 정화 지급 중지는 즉각적인 은행위기로부터의 구제를 의미했지만 동시에 은행 통화공급이 위축되는 상황으로 이어졌다(Clark Warburton, "Variations in Economic Growth and Banking Developments in the United States from 1835 to 1885," *Journal of Economic History*, Sept. 1958, 292쪽). 우리가 아는 한, 입법부나 은행감독기관이 일반적인 태환 정지를 시행한 이유로 영업인가 박탈을 선언한 사례는 없었다. 그보다는, 정화 지급 중단에 대한 현행법의 벌금을 탕감하거나 부과 시점을 미루기 위한 입법이 있었다.

39) Bray Hammond, *Banks and Politics in America*, Princeton University Press, 1957, 713쪽을 볼 것. 해몬드Hammond는 1857년의 지급 제한이 미국에서 발생하고 캐나다에서는 발생하지 않은 사례를 언급하면서 다음과 같이 진술한다. "통상적으로 미국에서 정화 지급 중단의 즉각적 효과는 사태 진정이었다. 채무 지급의무가 경감된 은행들은 자기네 채무자에 대한 가혹한 회수 노력을 멈출 수 있었다. 조만간 정화 지급이 재개될 것이므로 청산 과정liquidation은 지속되겠지만, 그 정도는 덜해질 것이다."

결과, 통화량 감소는 그것이 발생했다 해도 상대적으로 소폭이었고, 1929~1933년 때처럼 몇 년간이 아니라, 통상 약 1년 정도 지속되었을 뿐이었다. 앞에서도 지적했듯이, 지급 제한 조치란, 시스템 전체적으로 절대 충족될 수 없는 유동성 수요라는 한 가지 이유 때문에 은행 도산이 누적되는 것을 방지하기 위한 일종의 치료수단이었다. 그리고 그런 점에서 이 조치는 성공했다. 1839년에 개시되어 1842년까지 지속된 지급 제한 사례를 예외로 하면,[40] 과거의 어떤 경우에도 지급 제한 시행 후 대규모의 은행 도산 연발은 없었다. 은행은 "불건전"했기 때문에 도산했지, 일시적인 유동성 부족 때문에 도산한 것은 아니었다.

---

40) 1839~1842년의 심각한 은행 도산이, 주로 서부와 남부 지역에 국한된 태환 제한 조치와 관련된 점은 의미심장하다. 뉴욕과 뉴잉글랜드 은행들은 태환업무를 계속했다.

　1837년의 지급 중단 조치를 예외로 보는 것에 우리는 회의적이다. Willard L. Thorp, *Business Annals*(New York, NBER, 1926, 122쪽)에는 "600건 이상의 은행 도산"이 발생한 것으로 나오기는 한다. 물론 은행 도산은 5월에 지급 중단 조치가 실시되기 전에 발생했을 수 있다. 그보다도 이 수치 자체가 의심스럽다. 1834~1863년의 은행 수에 대해 유일하게 활용 가능한 자료는, 1832년의 결의로 의회에 매년 제출된 은행 상황 보고서에 포함된 것들뿐이다(그 수치는 *Annual Report* of Comptroller of the Currency, 1876, Appendix, 94쪽에 재수록됨). 이 자료에 따르면 은행의 개수는 1836년에 713개에서 1837년 788개, 1838년 829개, 1839년 840개로 증가했다. 이 시계열은 꾸준히 증가한 것으로 보인다. 반면 소프Thorp가 언급한 600건 이상의 도산이 실제로 발생했다면 필시 시계열의 감소가 나타났어야 한다. 은행의 개수 자체는 의심할 바 없이 실제보다 과소추정된 것이고 비법인 민간은행 전부를 제외한 수치일 수 있다. 반면 도산은 이 비법인 민간은행들에 집중되었을 수 있다. 그렇다 하더라도, 여러 종류의 수많은 은행이 실제 도산했다면, 1837년에 전체 은행의 일부이긴 하지만 기록된 범주의 은행만 따지더라도 도산 건수보다 신설 건수가 훨씬 더 많았다는 것은 납득하기 어렵다.

물론 지급 제한 조치 자체가 패닉 문제의 만족스러운 해결책은 아니었다. 지금까지의 설명에서 지급 제한 조치를 긍정적으로 보는 것은 단지 1930~1933년의 훨씬 덜 만족스러운 해결책과 비교해서이다. 사실은 제1차 세계대전 이전에 지급 제한 조치를 실제 경험한 사람들에게 그 조치는 결코 만족스러운 해결책이 아니었다. 이것이 통화 및 은행 개혁의 요구가 그토록 강했던 이유다. 과거에 지급 제한 조치가 취해지면 현금에 프리미엄이 붙어 실제로 두 가지 별개의 지불수단이 생겼다. 한 지역의 은행이 타 지역의 다른 은행으로 송금할 때도 별도의 수수료가 책정되었다. 왜냐하면 특정 지역 내에서 유통되는 화폐 대체물이 다른 지역에서는 지불수단 기능을 하지 않았고 이에 따라 은행들은 일반적으로 받아들여지는 준비자금을 내놓으려고 하지 않았기 때문이다. O. M. W. 스프레이그O. M. W. Sprague는 이러한 지급 제한 조치의 결과로 발생한 "국내 교환의 붕괴"가 나라 전체 교역을 심각하게 교란시킨다고 보았다.[41]

지급 중단suspension of payments이란 용어는 비록 이 말이 예전 사건들에까지 널리 적용되긴 하나 실은 잘못된 표현이다. 예전에는 예금에서 현금을 인출하는 지불형태만 중단되었고 이는 은행의 나머지 다른 형태의 지불을 지속하기 위한 것이었기 때문이다. 지급 중단이라는 표현은 오로지 1933년 사건에 대해서만 맞는 말이다. 이번에는 은행시스템이 수행하는 모든 형태의 지불, 모든 통상의 행위가 중단되었기 때문이다. 이때는 은행의 어떤 종류의 예금도 예금주가 이용할 수 없게 되었다. 지급 중단 조치는 유동성 압박이 전례 없는 은

---

[41] O. M. W. Sprague, *History of Crises under the National Banking System*, National Monetary Commission, 1910, 75, 206, 291쪽.

행 도산의 물결로 이어지기 전이 아니라 그 후에 시행되었다. 그리고 이 조치는 은행 도산을 방지하기는커녕 오히려 추가적인 은행 도산을 유발했다. 휴무 선언 시점에 영업을 지속하던 5천 개 이상의 은행이 휴무 종료 후 영업을 재개하지 못했다. 이 중 2천 개 이상은 이후에도 끝내 문을 열 수 없었다(제8장 1절 참조). "치료"가 질병보다도 해로운 지경이었다.

애초에 연방준비제도의 주 목적이 지급 제한과 같은 조치를 방지하기 위한 것이었는데 역설적이게도 과거의 지급 제한 조치와 연방준비제도하의 은행 휴무를 대조해보면, 입법의 결과가 이처럼 원래 의도에서 크게 벗어난 극단적인 사례는 정말로 찾기 힘들 것이다.

은행위기가 있었다는 사실 자체는 분명하다. 그러나 그것이 발발한 직접적 원인은 분명치 않다. 왜 잠시 회복되다가 다시 병이 도졌을까? 왜 은행시스템이 몇 달간 진정되는가 싶더니 또다시 압박을 받았을까? 이에 대한 답은 결코 분명치 않다.

한 가지 중요한 요인은 상업은행들의 자본상황이 급격히 나빠졌다는 것이다. 은행의 자본상황이 나빠지자 소규모 예금인출에도 은행은 극도로 취약해졌다. 널리 알려진 바와 같이 장부상의 자기자본 금액은 실제보다 과대평가되어 있었는데, 이는 자산의 장부가액이 시장가치보다 높았기 때문이다.[42] 연방준비제도가 공개시장 매입을 했더라면 자산의 시장가치를 높임으로써 자본상황을 개선시킬 수 있었을 것이다. 하지만 매입은 1932년 8월에 이미 종료되었다. 다른 대

---

[42] 1931년 말의 국법은행 보유 채권에 대한 통화 감사관의 가치평가가 변화한 내용에 관해 앞의 각주 22를 참조. 각 주의 은행 관련 당국은 이 감사관의 평가방식을 따랐다.

안으로서, 재건금융공사 자금이 출자 형태로 제공되었더라면 은행의 자본상황이 개선되었을 것이다.[43] 하지만 그런 일도 없었다. 그것은 1933년 3월 9일 긴급은행법에 의해 재건금융공사가 상업은행의 우선주와 후순위채권에 투자할 수 있게 된 후에야 가능해졌다.

선거운동도 또 다른 요인으로 꼽을 수 있을 것이다. 공화당은 금융시스템에 어떤 위험이 닥쳤는지 그리고 그들이 그것을 어떻게 성공적으로 극복했는지 역설했고 반면 민주당은 공화당 집권 연장 시 앞으로 더한 위험이 닥쳐올 것이라고 예측했다. 여하간에 은행시스템을 둘러싼 불안감이 고조되었는데 이는 꼭 선거운동 때문만이 아니라, 앞에서 언급했듯이 1933년 1월에 재건금융공사가 1932년 8월 이전에 대부를 받은 은행들의 리스트를 공개한 때문이기도 했다. 아울러 같은 달에 은행들에 관련된, 문제시되는 관행의 개혁을 제안한 글래스 법안이 상원에서 심의되고 있었는데, 이 역시 은행 관련 불안감을 키웠다.

행정부가 새로 바뀌어 어떤 경제정책, 특히 통화정책이 나올지 예상하기 어려웠는데 이것 역시 상황 악화에 기여했다.[44] 선거운동 기

---

43) 재건금융공사의 대부는 얼마간 도움이 되는 것이었다. 하지만 공사가 담보 목적으로 부실은행 자산 중 알짜를 모두 가져갔기 때문에, 예금주의 추가적 인출 수요를 충족하기 위한 자산은 더 이상 남아 있지 않은 경우가 많았다. 공사로부터 지원받은 은행 가운데 많은 수가 1933년 3월에 자본 부족으로 파산했다. 오웬 D. 영은 뉴욕연방준비은행 이사들에게 다음과 같이 진술한 바 있다. "현재 적용되는 방식하에서는, 공사의 대부금이 주로 은행 파산 전에 일부 예금주에 대한 지급 용도로 사용된다. 이 경우 다른 예금주는 궁지에 몰리는데 이는 이를테면 공사가 해당 은행으로부터 담보 목적으로 자산을 쏙 뽑아먹었기 때문이다. 만약 이것이 우리가 달성하려던 바라면, 차라리 대부하지 않는 편이 나았을 것이다."(Harrison, Notes, Vol. II, July 7, 1932).
44) 선거 결과는 1932년 11월에 확정되었다. 하지만 새 대통령은 1933년 3월에야

간에 루즈벨트는 모순적인 진술들을 했는데, 이는 특히 글래스 상원 의원 같은 이들이 보기에는 당시의 금 평가를 지키면서 금본위제를 유지할 것처럼 해석되는 발언이었다.[45] 선거 후, 새 정부가 평가절하를 계획한다는 소문이 퍼졌다. 조지 워렌George Warren에게 설득된 루즈벨트가 물가수준을 끌어올리기 위해 달러의 금 평가 가치를 변동시키리라는 것이었다. 이 소문은 특히 1933년 초에 크게 확산되었고, 루즈벨트가 소문내용의 부인을 거부했기 때문에 더욱 신빙성을

---

취임했다. 이 공백기간은 일시적인 회복 국면이 처음으로 중단되고 하강 국면으로 돌입하는 시기와 거의 정확히 일치한다. 후버는 회고록에서, 만일 루즈벨트가 달러를 평가절하하거나 재정 불균형을 야기할 의도가 없다고 부인했다면, 그리고 후버가 루즈벨트에게 수차례 요청한 대로 루즈벨트가 악화 일로의 은행 문제 해결을 위한 정책 공조에 협조했더라면, 마지막 은행위기는 막을 수 있었을 것이라고 주장한다(Hoover, *Memoirs*, 206~216쪽, J. M. Burns, *Roosevelt: The Lion and the Fox*, New York, Harcourt, Brace, 1956, 147쪽).

루즈벨트의 견해에 따르면 대중이 은행에서 현금을 인출하는 것은 루즈벨트 자신을 못 미더워해서가 아니라 은행에 대한 신뢰가 없기 때문이었다. 따라서 필요한 것은 은행시스템 개혁과 재조직이지 그의 낙관적인 진술이 아니었다(A. M. Schlesinger, Jr., *The Age of Roosevelt*, Vol. 1, *The Crisis of the Old Order, 1919-1933*, Boston, Houghton Mifflin, 1957, 476~477쪽).

물론 후버가 자기 책임하에서 취할 수 있는 대책들이 있었다. 하지만 후버는 새 행정부의 동의 없는 새로운 정책 도입은 꺼렸다. 임기만료 시점이므로 그로서는 충분히 그럴 만했다. 새 대통령 취임 며칠 전, 재무부와 연방준비제도이사회는 후버로 하여금 전국적인 은행 휴무 선언을 하도록 종용했다. 그러나 후버는 루즈벨트가 동의한다는 조건하에서 은행 휴무 선언 대신 외환과 금 인출을 통제하는 행정명령을 제안했다. 루즈벨트는 이번에도 후버와의 공조를 거부했다.

45) Frank B. Freidel, *Franklin Delano Roosevelt*, Vol. 3, *The Triumph*, Boston, Little, Brown, 1956, 351쪽. Rixey Smith, Norman Beasley, *Carter Glass*, New York, Longmans, Green, 1939, 321~323쪽. 루즈벨트가 1933년 5월 12일의 농업조정법에 대한 토머스 수정안에 근거하여 달러의 금 평가를 절하할 수 있게 되자, 선거운동 기간 중에 루즈벨트 대신 중요한 연설을 하기도 했던 글래스는 상원에서 그를 격렬히 공격했다(Smith, Beasley, 위의 책, 349~356쪽).

얻었다. 소문과, 이 소문에 대한 의혹이 불식되지 못하자, 대내적으로 인출된 예금 일부가 금화와 금 증서 구입 쪽으로 몰리기 시작했다. 대공황 들어 나타난 최초의 현상이었다. 이 때문에 투기적 외환 축적과 이로 인한 대외 금 유출이 더욱 극심해졌다.

금과 관련된 소문은 미래 금융정책과 경제정책이 전반적으로 어떻게 변할지 확실치 않아 떠돈 것이고 정치공백기라서 그 의혹이 더 커졌을 뿐이었다. 평상시라면, 그런 소문과 불확실성이 과연 그렇게도 극적이고 광범위한 금융위기를 설명하는 주 요인이 될 수 있을지 의심스럽다. 하지만 이때는 평상시가 아니었다. 3년 넘게 지속된 심각한 불황과, 2년 이상 꼬리에 꼬리를 물고 은행 파산이 이어지며, 은행시스템이 극도로 취약하게 된 이후 도래한, 모든 것이 불확실한 시기였다. 연방준비제도 자체도 전반적인 패닉 분위기에 동참했다. 패닉은 일단 시작되자 스스로를 키워갔다Once the panic started, it fed on itself.

## 2절
# 통화량 변동을 설명하는 요인들

1929~1933년의 4년간 통화량 변동을 설명하는 요인은 우리가 (『미국화폐사』의 앞선 장들에서 — 옮긴이) 살펴본 다른 기간의 설명 요인과는 현저히 다르다. 일반적으로 본원통화의 패턴이 통화량 변동의 방향성을 결정한 반면, 두 예금 관련 비율들은 주로 본원통화 변동과 비교한 통화량 변동의 상대적 속도에 영향을 미쳤다. 〈도표 6〉을 보면 이러한 관계는 1930년 10월 1차 은행위기가 발발하기 전까지만 성립한다. 이후로는 두 예금 관련 비율들의 움직임이 통화량 변동을 이끌어간다. 본원통화는 통화량과 반대 방향으로 움직였고, 단기적인 움직임은 많았으나 통화량 변동에 흔적조차 남기지 못했다.

1929년 8월~1933년 3월을 전체적으로 볼 때, 본원통화의 변동만 고려한다면 통화량은 17.5% 증가해야 했다. 반면 예금/유통현금 비율의 변동만으로도 통화량은 37% 감소해야 했고, 예금/준비금 비율 변동으로 통화량이 20% 감소, 이 두 비율들의 상호작용으로 10% 증가해야 했다. 결국 이 세 가지 요소가 본원통화 변동에 따른 통화량의 17.5% 증가를 35% 감소로 바꾸어놓은 셈이다.[46] 좀 더 면밀한 검

**도표 6.** 통화량과 그 근접 결정요인의 월별 수치, 1929년~1933년 3월

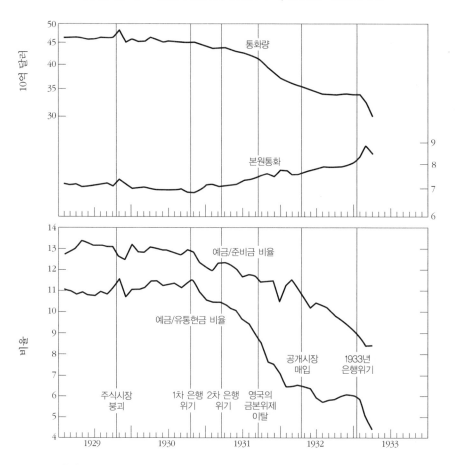

출처: *A Monetary History of the United States, 1867-1960*, Table A-1 (8열), Table B-
3.

토를 위해 앞 절에서 도입한 기간 구분에 따라 도표상에 나뉘어 있는 세부 기간 별로 이와 같은 변화 양상을 살펴볼 것이다.


## 1929년 10월의 주식시장 붕괴


주식시장이 붕괴하기 전까지는, 통화량을 결정하는 세 가지 요인이 모두 일정했다. 그래서 통화량 자체가 대략 일정 수준을 유지했

---

46) 통화량의 저점은 1933년 4월이다. 비록 1929년 8월~1933년 4월의 감소율이 35.7%로 1929년 8월~1933년 3월의 감소율 35.2%보다 아주 조금 큰 데 그치지만, 각각의 결정요인이 통화량에 미친 순수한 영향을 고려하면, 이 두 기간의 차이는 더 커진다. 즉 각각의 요인 하나만 변동하고 다른 요인은 변동하지 않는다고 가정할 때, 기간을 1933년 4월까지로 잡는 경우와 3월까지로 잡는 경우에 그 영향에 큰 차이가 나타난다. (기간을 1933년 4월까지로 잡는다면 — 옮긴이) 본문 순서대로 각각의 영향의 크기는 +13%, -35%, -19%, +9%가 된다(본문의 +17.5%, -37%, -20%, +10%와 비교할 것 — 옮긴이). 은행 휴무 이후 1933년 3월부터 4월까지 현금의 환류로 본원통화가 크게 줄어든 반면 예금/유통현금 비율은 상승한 것이 그 이유다.

공황 기간을 1933년 3월 말까지와 1933년 4월 말까지로 하여 결정요인들의 기여도를 수치로 분석한 결과는 다음과 같다.

개별 결정요인의 순수한 영향만을 고려한 통화량 변동

| 근접 결정요인 Proximate Determinant | 연평균 증감률 | | | |
|---|---|---|---|---|
| | % | | 전체 변동 중 기여도 | |
| | 1929.8~1933.3 | 1929.8~1933.4 | 1929.8~1933.3 | 1929.8~1933.4 |
| 본원통화 | 4.6 | 3.2 | -0.37 | -0.28 |
| 예금/준비금 비율 | 6.2 | -5.9 | 0.52 | 0.49 |
| 예금/유통현금 비율 | -13.0 | -11.8 | 1.07 | 0.98 |
| 상호작용 | 2.6 | 2.3 | -0.22 | -0.19 |
| 합계 | -12.1 | -12.0 | 1.00 | 1.00 |

다. 본원통화의 크기가 일정했던 것은 본원통화를 구성하는 각각의 범주가 거의 일정했기 때문이다. 앞에서 통화당국이 보유하는 자산을 본원통화의 구성 범주에 따라 대응시켜 각각 금 스톡, 연방준비은행 청구권Federal reserve private claims, 기타 실물자산과 법정화폐 등으로 구분한 바 있다(〈도표 7B〉 참조). 하지만 연방준비은행 청구권의 크기가 일정했다는 것에는 나름 흥미로운 내막이 숨겨져 있다. 이는 연방준비은행 신용 잔액을 구성요소 별로 나눈 〈도표 8〉을 보면 드러난다. 총액은 대략 일정했는데 이는 어음할인 감소가 어음 매입 증가로 상쇄되었기 때문이다. 이 두 가지 구성요소가 상이한 방향으로 변동한 것의 원인은 1929년 8월 뉴욕연방준비은행이 할인율을 5%에서 6%로 인상함과 동시에 은행인수어음bankers' acceptances에 적용되는 매입금리를 5.25%에서 5.125%로 인하한 데 있었다. 앞장(제6장 — 옮긴이)의 4절에서 이와 같이 명백히 모순된 움직임의 원인을 분석한 바 있다. 그에 따른 귀결로서 은행들은 이제 직접 차입보다는 인수한 어음을 연방준비은행에 재매도하는 과정을 통해 연방준비제도로부터 자금을 확보하는 편이 더 유리하게 되었다.

주식시장이 붕괴했을 때 증권보유자 측에서는 투매 시도가, 그리고 뉴욕 이외 지역의 은행을 포함한 자금제공자 측에서는 관련 대출 규모를 줄이려는 시도가 광범위하게 나타났다. 이런 경우에 항상 그렇듯이, 시장참여자 전체의 입장과 개별 참여자의 입장은 다르게 마련이다. 장기증권이란 것은 결국 단기간 내에 현금화되기는 어렵고 다른 적절한 보유 희망자가 나타나야만 양도가 이루어진다. 모두가 앞 다투어 현금을 확보하려 했기 때문에 매입할 의사와 매도 의사가 맞아떨어지는 수준까지 가격이 떨어졌을 뿐이다.

증권에 대한 담보대출, 특히 콜 시장 대부는 좀 더 복잡한 성격을

**도표 7A. 부채.** 본원통화의 구성: 재무부와 연방준비은행의 부채, 1929년~1933년 3월

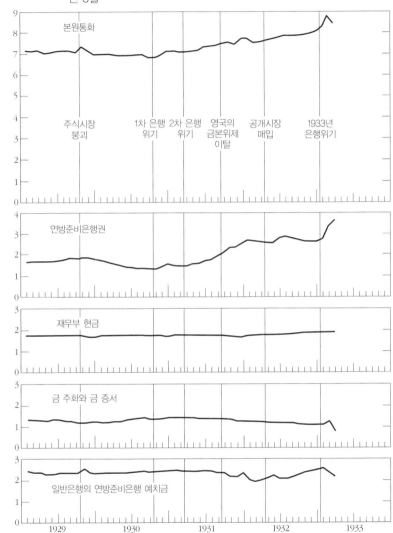

주: 연방준비은행권, 재무부 현금, 금 주화 및 금 증서는 재무부와 연방준비은행 외부.

출처: *A Monetary History of the United States, 1867-1960*, Chart 19와 동일함.

**도표 7B. 자산.** 본원통화의 구성: 재무부와 연방준비은행의 자산, 1929년~1933년 3월

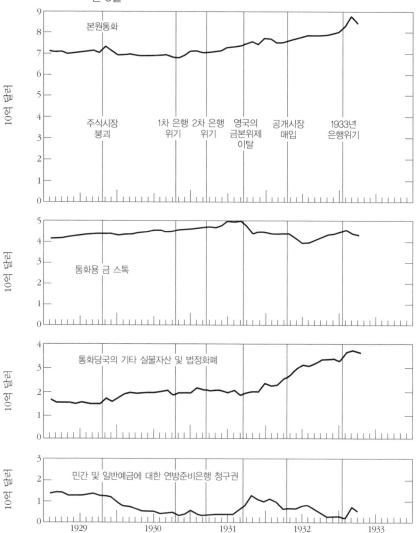

주식시장 붕괴

1차 은행 위기

2차 은행 위기

영국의 금본위제 이탈

공개시장 매입

1933년 은행위기

본원통화

통화용 금 스톡

통화당국의 기타 실물자산 및 법정화폐

민간 및 일반예금에 대한 연방준비은행 청구권

**도표 8.** 유형별 연방준비은행 신용 잔액의 월별 수치, 1929년~1933년 3월

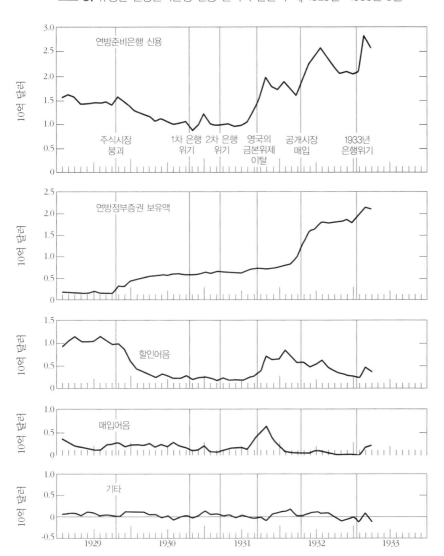

출처: *A Monetary History of the United States, 1867-1960*, Chart 22와 동일함. 단 계
절조정을 위해 쉬스킨-아이젠프레스Shiskin–Eisenpress 방법을 적용함(*A Mone-
tary History of the United States, 1867-1960*, Chart 21의 자료 출처에 참고 문헌
포함).

갖고 있다. 이 거래는 크게 볼 때 한 채권자에게서 다른 채권자에게로의 채무 양도를 포함하는 것이기도 한데 이 대부로 인해 채무의 총액이 변하는 것은 아니다. 더욱이 경제 전체의 채무 총액은 빠른 속도로 변동할 수 있다. 부도가 발생하는 경우는 제쳐놓고라도, 이 같은 총액 변동은 다른 자산의 양도를 통해서도 가능한데, 채무자가 채권자에게 자신의 현금잔고를 줄이면서 현금을 양도하는 것이 가장 직접적인 방식이다. 이보다 더 많이 쓰이는 방식이 간접적인 방식이다. 즉, 채무자가 담보로 활용한 자산을 다른 누군가에게 매도하고 그 누군가는 현금을 풀어 자산을 사는 것이다. 또 다른 방식은 사실상 상호 간의 채권채무를 상계 처리하는 것이다. 가장 확실하지만 분명 언급할 가치가 별로 없는 예는 서로가 채권자이자 채무자인 경우 이를 직접 상계하는 것이다. 덜 분명해 보이지만 더 중요한 예는 좀 더 긴 연쇄를 동반하는 것인데, 이를테면 어떤 기업이 주식시장에서 콜 대부를 하면서 동시에 은행으로부터 차입하는 경우를 생각해보자. 만약 은행이 이 기업으로부터 콜 대부를 양수하는 방식으로 대출을 회수한다면 두 가지 종류의 채무 잔액의 총액은 감소한다. 총액은 또한 신규 채무의 창출에 의해서도 변동할 수 있다. 예를 들어 시장에서 콜 대부를 한 기업이 자신의 청구권을 은행이 발행한 수표 혹은 더 현실적으로는 은행예금과 맞바꾸려 하는 경우가 그렇다. 그 경우 두 가지 종류의 채무 잔액의 총액은 증가한다.

말하고자 하는 핵심은 다음과 같다. 담보대출 청산liquidation 요구가 들어올 때 그 해결 방식은 다음 세 가지 가운데 하나로 이루어진다. (1) 대출을 인수하려는 누군가를 찾는 것, 이것은 증권처럼 가격 변화를 통해, 즉 이자율을 높임으로써 가능해진다. (2) 채무자가 차입금 상환을 위해 매각하는 자산을 기꺼이 매입하려는 누군가를 찾는 것. 이것은 해당 자산 가격의 인하를 통해 가능해진다. (3) 다소간의 연쇄를 거친 채권채무의 상계 혹은 신규 채무 창출. 이 경우에도 다양한 자산 간 상대가격이 변동한다. 이 세 가지 가운데 어떤 방식으로든 담보대출 청산을 쉽게 하기 위한 목적의 자금 공급 확대 조치는 이자율과 담보자산 가격에 대한 압박을 완화할 수 있다.

주식시장이 붕괴한 바로 그 시점에도 뉴욕 시 은행들이 기꺼이 대출을 떠안아 상황은 크게 진정되었다. 붕괴 후 첫 주 동안 이 은행들은 증권매매업자와 딜러에 대한 대출을 10억 달러 늘렸고 다른 종류의 대출도 3억 달러 증가시켰다.[47] 크게 보아 이것은 신용창조다. 즉 과거에 뉴욕 시 소재 은행들에 개설된 계좌를 통해 자금을 차입했던 "기타 거래자"로서의 기존 채권자들이, 일단 이 은행들에 예치된 예금 형태로 채무를 상환하고, 이어서 이 은행들이 기존 채권자들 대신에 새로운 채권자가 됨으로써 채무자들의 즉각적인 상환 부담을 덜어주었던 것이다. 주식시장 붕괴의 통화 효과가 우리의 통화량 자료에서 요구불예금이 급증하는 것으로 나타난 것, 그리고 그와 같은 증가가 뉴욕 시에서 나타난 것은 바로 이 때문이었다. 사실 우리의 추정치는 뉴욕 시 은행들의 대응 정도를 과소평가하고 있다. 어떤 대출 건의 경우 원래 다른 지방에 소재한 은행들이 채권자였고 이 건으로 인해 뉴욕 시에 소재한 주간보고 회원은행weekly reporting member banks들의 은행 간 예금이 5억 1천만 달러 증가했다. 하지만 우리의 통화량 추정치에 이와 같은 은행 간 예금은 빠져 있다.

예금 증가를 가능하게 하려면 뉴욕 시 은행들은 예금/준비금 비율을 올리거나 지급준비금을 더 확보해야 했다. 이 중 전자의 방식은

---

47) 자료 출처에 대해서는 앞의 각주 5를 볼 것.

불가능했는데 이는 초과지급준비금이 없었기 때문이다. 사실 예금의 본원통화 준비금에 대한 비율은 다른 지역보다 뉴욕에서 낮았는데 이는 연방준비제도 조직상 중앙지불준비도시central reserve city에 소재한 은행들에 부과된 법정 지급준비율 수준이 더 높았기 때문이다. 이에 따라 1929년 10월에 다른 지역에 비해 뉴욕의 예금이 증가하면서 나라 전체의 평균 예금/준비금 비율은 하락했다. 그러므로 뉴욕 시 은행들은 추가적인 지급준비금을 확보해야 했고, 실제로 그렇게 했다. 이를 보여주는 것이 본원통화의 팽창이다. 주식시장이 붕괴한 바로 그 주에 이 은행들은 부분적으로는 뉴욕연방준비은행으로부터의 차입을 통해 추가적인 지급준비금을 확보할 수 있었다. 해리슨의 표현에 따르면 당시 뉴욕연방준비은행은 "할인창구를 활짝 열어 회원은행들이 자유롭게 자금을 빌릴 수 있음을 알게 했다. 은행들이 다른 채권자들로부터 양수한 대부 때문에 예금을 대폭 늘려야 했고, 이를 위해 필요한 지급준비금 규모가 커지자 이를 확보할 수 있도록 하려는 것이었다."[48] 또 다른 한편으로 뉴욕연방준비은행이 약 1억 6천만 달러의 정부증권을 매입한 것도 준비금 확충에 기여했다. 이 매입은 연방준비제도의 공개시장투자위원회Open Market Investment Committee가 허용한 연방준비제도 계좌를 통한 매입 규모를 크게 초과했다. 매입 여부와 그 규모는 뉴욕연방준비은행이 독자적으로 결정한 것으로서 공개시장투자위원회나 연방준비제도이사회와의 협의를 거치지 않았다. 매입 계좌 역시 연방준비제도 계좌가 아닌 뉴욕연

---

48) Harrison, Miscellaneous, Vol. I, letter, dated Nov. 27, 1929, Harrison to all governors. 1929년 10월 30일에 종료되는 주간에 모든 연방준비은행에서 할인이 2억 달러 증가했다. 이 가운데 1억 3천만 달러는 뉴욕 시 소재 주간보고 회원 은행들이 뉴욕연방준비은행에서 차입한 금액의 증가분이었다.

방준비은행 자체 계좌였다. 비록 사후 승인을 거치기는 했지만 이 사건은 뉴욕연방준비은행과 연방준비제도이사회 간에 있은 또 다른 갈등의 계기가 되었고, 이후 공황 기간 내내 연방준비제도의 정책 결정에 중요한 영향을 미쳤다(5절에서 더 자세히 논의).

뉴욕연방준비은행의 대응은 시기적절했고 효과적이었다. 주식시장 붕괴에도 불구하고 과거 금융시장 위기와 달리 단기자금시장 금리가 급등하는 일은 없었다. 그리고 만약 담보대출이 큰 규모의 부도로 손실을 입었다면 발생했을지도 모를 대중의 은행 신뢰 문제에 어떤 간접적인 영향도 없었다. 해리슨은 자신의 견해를 다음과 같이 표현했다. "우리가 정부증권을 자유로이 매입함으로써 대규모의 추가적인 어음할인 방식으로 지급준비여력을 보강하지 않았더라면, 증권거래소는 10월의 마지막 최악의 며칠간 휴장 압력을 가한 이들에게 무릎을 꿇었을지도 모른다."[49] 해리슨이 과장했을 수도 있다. 어쨌든 그는 뉴욕연방준비은행의 대응조치를 정당화하는 입장에서 그렇게 말했을 것이다. 하지만 누가 알겠는가?

붕괴가 있은 다음 달 반전이 뒤따랐다. 주식시장 관련 대출의 축소와 양도 문제를 좀 더 지속성 있게 다루는 대책이 등장하면서 뉴욕시 소재 은행들에 집중된 대출이 줄었고 이 과정에서 예금도 감소했다. 이로 인해 10월에 상승한 예금/유통현금 비율은 다시 하락했다. 또 같은 이유로 예금/준비금 비율의 하락 폭이 10월에 비해 줄었다. 한편 본원통화 역시 줄었는데 이는 어음할인 규모와 금 스톡이 감소한 데 따른 것이었다. 금 스톡 감소는 일반적으로 뉴욕 단기자금시장에서 외국인 자금이 유출되었기 때문으로 여겨졌다.[50] 이런 변동들

---

49) 위의 문서, letter, dated Nov. 27, 1929, Harrison to all governors.

로 결국 통화량은 주식시장 붕괴 전에 비해 위축되었다. 1929년 11월 말에 통화량은 9월 말에 비해 13억 달러, 즉 3% 밑도는 수준이었다. 하지만 이후 감소 폭의 상당 부분을 만회하여 12월 말에는 9월 말보다 약 5억 달러, 즉 1% 밑도는 수준까지 회복되었다. 이 같은 변화는 주로 요구불예금 부문에 집중되었다. 1929년 12월~1930년 10월에 통화량은 약간 하향 추세였으나 거의 일정 수준을 유지하며 이 수준 근처에서 등락을 반복했다. 1930년 10월에 통화량은 1929년 11월과 거의 같았고 1929년 12월 말보다는 약 2% 낮은 수준이었다.

1929년 8월~1930년 10월에 통화량은 2.6% 감소했다. 본원통화만 놓고 보면 5% 감소했다. 그러나 예금/유통현금 비율이 약 7% 상승했는데, 이는 본원통화 감소분의 절반 정도와, 소폭이긴 하지만 예금/준비금 비율 감소 전체를 충분히 상쇄할 만한 것이었다. 1930년 10월 예금/유통현금 비율은 우리 자료가 다루는 93년 기간 중, 주식시장 붕괴가 있던 달에 순간적으로 나타난 정점 한 차례를 제외하면, 가장 높은 수준까지 치솟았다(〈도표 6〉과 (『미국화폐사』에 있는 ― 옮긴이) 〈차트 64〉와 〈표 B-3〉 참조). 앞에서도 지적했듯이 당시는 대중이 은행예금의 안전성 문제를 크게 걱정하는 상황은 분명 아니었다. 그러나 높은 예금/유통현금 비율로 인해 그 같은 안전성 문제가 불거질

---

50) 외국인 자금이 환류하자 투기 난무로 압박받던 외환시장이 일시적으로 회복되었다. 외국인 자금이 미국 증권시장으로 유입되면서 외국 화폐는 달러에 비해 가치가 떨어졌다. 1929년 주가가 정점에 도달하기 전에 외국 화폐의 가치는 미국의 금 수입점gold import point까지 하락했다. 주식시장 붕괴 후 자금 이동은 외화의 가치를 금 수출점gold export point까지 상승시켰다. 예를 들어 파운드는 1929년 9월에 4.845857달러로 낮았지만, 12월에는 4.882010달러로 높았다 (이 수치들은 정오 기준 뉴욕으로의 전신환 매입률로서 출처는 *Commercial and Financial Chronicle*, Sept. 21, 1929, 1969쪽, Dec. 27, 1929, 4017쪽).

경우 시스템은 특히 취약해질 수 있었다. 실제로 이후 몇 년간의 사건 전개가 이 점을 너무나 비극적으로 증명했다.

금 스톡이 2억 1천만 달러 증가하고 통화당국의 법정화폐가 4억 7천만 달러 증가했는데도 본원통화가 감소하는 일이 발생했다. 후자의 증가는 주로 연방준비제도의 정부증권 보유가 늘어서 생긴 일이다. 연방준비제도가 무이자의 법정화폐를 이자부 정부채권으로 대체했던 것이다. 그런데 연방준비은행 신용이 10억 2천만 달러 감소한 효과가 이 같은 통화팽창 요인들을 압도해버렸다. 이 10억 2천만 달러 가운데 어음 매입 감소가 1억 달러, 어음할인 감소가 9억 2천만 달러에 달했다(〈도표 7B〉 참조). 그렇다면 궁극적으로 통화량 감소의 책임은 연방준비제도 할인 감소의 효과를 다른 신용 공급의 증가로 메우지 못한 데서 찾아야 할 것이다.

할인율은, 뉴욕연방준비은행이 1930년 6월에 6%에서 2.5%로 인하하는 등(〈도표 4〉 참조)으로 급격히 하락했으나, 할인 규모는 오히려 줄었다. 할인율은 앞서 NBER 공식 기준순환의 정점으로부터 3개월 후에 해당하는 1929년 11월에 처음 하락한 이후 계속 하락했다. 하락은 과거 기준으로 볼 때 가파르게 급속도로 이루어진 측면이 있었다. 할인율은 대출 수요가 빠르게 감소하고, 안전하다고 여겨지는 자산에 대한 수요가 증가하는 기간 동안 하락했다. 이들은 모두 시장금리(이어지는 뒷 문장에 명시되어 있듯이 여기에서는 시장금리가 무위험 단기채권의 수익률을 의미함 — 옮긴이)의 급격한 하락을 야기하는 요인들이었다. 비록 할인율의 절대 수준은 하락했지만 상대적으로 보면 아마도 시장금리, 즉 부도위험이 없는 단기증권의 수익률에 비해서는 상승했던 것으로 보인다. 이에 따라 할인은 덜 매력적인 것이 되었다. 이것은 단지 돌이켜 생각해보니 그런 판단이 든다는 뜻이 아니라는 점을 지적해둘 만하다. 뉴욕연방준비은행은 과거보다 더 급격한 할인율 인하에 찬성했다. 해리슨은 "만약 1929년 10월에 연방준비제도가 없었더라면 단기자금시장 금리는 아마도 실제보다 더 빨리 인하되었을 것"이라고 1931년 5월에 진술했다. 1930년 9월, 연방준비제도이사회의 아돌프 밀러는 총재들이 모두 모인 자리에서 "실제로는 자금이 싸다거나 풍부하다고 보기 어렵다."고 밝힌 바 있다. 그리고 1930년 중반경, 연방준비제도에 대해 두 권의 탁월한 책을 쓴 해롤드 L. 리드Harold L. Reed는 그 두 번째 책에서, 할인율 인하가 너무 빨랐다기보다는 오히려 "너무 점진적이었고 오랫동안 지연되었다고 보는 편이 훨씬 타당"하다고 진술했다.[51]

예금/준비금 비율이 거의 일정했다는 것은 은행들이 초과지급준비금을 축적하려는 경향이 없었음을 뜻한다. 어떤 사람들은 특히 1934년 이후 초과지급준비금이 대규모로 축적된 점을 비롯한 후대의 경험에 근거하여, 당시에 연방준비은행이 신용팽창 등의 방법으로 본원통화를 증가시켰다 해도 실제로는 증가한 본원통화가 은행의 지급준비금 증가로 이어질 뿐 통화량 증가로는 이어지지 못했을 것이라고 주장했다. 즉 본원통화의 증가 효과가 예금/준비금 비율의 하락에 의해 상쇄될 것이라는 것이다. 이와 같은 주장이 심지어는 1934년

---

51) 뉴욕연방준비은행의 입장에 대해서는 아래 5절을 참조. 해리슨 진술의 인용 출처는 Harrison, Notes, Vol. I, May 21, 1931, 밀러 진술의 인용 출처는 Charles S. Hamlin, Hamlin Papers, Manuscript Division, Library of Congress, Diary, Vol. 18, Sept. 25, 1930, 86쪽, 리드 진술의 인용 출처는 *Federal Reserve Policy, 1921-1930*, New York, MacGraw-Hill, 1930, 191쪽. 밀러의 견해는 그 해 초에는 이와 달랐을 가능성이 있다. 5월에 햄린은 "밀러는 뉴욕연방준비은행이 풍부한 저리자금이 상황을 개선시킬 것이라는 생각에 사로잡혀 있다고 말했다."고 언급했다(Hamlin, Diary, Vol. 17, May 9, 1930, 151쪽).

이후의 기간에 대해서조차 결코 설득력을 갖지 못한다는 것을 우리는 나중에 증명할 것이다. 분명히 이러한 주장은 1929년 8월~1930년 10월에는 타당하지 않다. 이 기간에 추가적인 준비금은 거의 확실히 즉각 사용되었을 것이다. 따라서 연방준비은행이 신용을 감소시킨 것이야말로 산술적으로뿐만 아니라, 그 경제적 실질에서도 이 시기 통화량이 감소한 직접적 원인이다.


### 1차 은행위기의 발발, 1930년 10월

은행위기의 발발은 통화량의 주요 세 가지 결정요인 모두에 뚜렷한 흔적을 남겼지만, 그중에서도 예금 관련 비율들에서 특히 그러했다(《도표 6》). 예금/유통현금 비율은 1930년 10월에 정점인 11.5에서 급락해, 단지 몇 차례의 일시적인 예외를 제외하면, 1933년 3월의 저점 4.4에 도달할 때까지 지속적으로 하락했다. 예금/준비금 비율 역시 1930년 12.9로부터 시작하여 1933년 3월 8.4까지 감소했다. 예금/준비금 비율의 역사상 최고치는 1929년 4월의 13.4였다. 이로 인해 예금/유통현금 비율은 20세기 벽두의 세기 전환 시점 수준으로, 그리고 예금/준비금 비율은 1912년 수준으로 되돌아갔다. 이로써, 연방준비제도하에서 달성될 것으로 알려졌던 예금 사용의 확산과 지급준비금 절약의 효과 같은 것은 자취도 없이 사라져버린 셈이었다.

은행위기의 귀결로서 1930년 10월~1931년 1월에 통화량이 3% 이상 감소했는데 이는 직전 14개월간의 변동 폭보다도 큰 것이었다. 이 시기 통화량 감소는 분명 두 가지 예금 관련 비율이 감소한 것의 결과다. 왜냐하면 같은 기간에 본원통화는 오히려 5% 증가했기 때문이다. 〈도표 7B〉와 〈도표 8〉에서 드러나듯이, 계절조정된 본원통화가 3억 4천만 달러 증가한 것은 부분적으로 8천4백만 달러의 금 유입과[52](금 유입은 연방준비제도 도입 이전의 금융위기에서 항상 중요한 의지처가 되곤 했다.) 1억 1천7백만 달러의 연방준비은행 신용 증가 덕분이었다. 연방준비은행 신용 증가의 일부분은 정부증권 4천1백만 달러 증가였는데 이 정부증권 증가의 대차계정으로서 법정화폐 증가가 수반되었다. 어음할인이 늘긴 했으나 이는 어음 매입 감소를 상쇄하는 정도에 그쳤다. 합중국은행이 도산한 2주 후, 어음할인 규모가 일시적으로 약 2억 달러 정도 급등하기도 했으나 〈도표 8〉의 계절조정된 월말 수치상으로는 확인되지 않는다.

연방준비은행 신용의 증가는 물론 즉각적인 은행위기 영향을 상쇄하는 데 일부 도움이 되었다. 하지만 증가 규모 자체는 미미했다. 과거에도 연말에 비슷한 정도의 증가가 수차례 있었는데, 1930년 12월의 정점에서조차 계절조정된 연방준비은행 신용의 규모는 고작 1929년 여름의 84% 수준이었다. 1929년 여름에는 연방준비제도가 투기를 막기 위해 긴축정책을 쓰고 있었다. 은행위기를 막고자 연방준비제도가 취한 또 다른 대응 조치는 1930년 12월 하순에 대중을 안심시키기 위해 뉴욕연방준비은행 할인율을 2%로 인하한 것이었다.[53]

---

52) 금 유입은 부분적으로는 1930년 6월에 통과된 홀리-스무트 관세법의 영향으로 인한 것이었다. 이 법으로 인해 관세가 미국 역사상 최고 수준으로 상승했기 때문이다. 또한 대외 대부의 감소, 해외 투자로부터의 이자와 배당 수령, 그리고 전쟁채무 지불이 큰 규모로 지속된 것 역시 금 유입에 기여했다. 아울러 금 유입은 미국의 디플레이션으로 순수출이 증가한 결과이기도 했다. 아래 4절 참조.
53) 해리슨 총재의 기록에 따르면 그는 "은행 상황 진정에 도움이 되도록 대중을 안심시키는 발언을 해달라는 요청을 여러 곳에서 받았다. 하지만 사실 그런 발언은 할 수 없었다. 왜냐하면 충분히 도움이 될 강력한 내용의 발언을 하고 나서 작은

연방준비은행 신용의 증가는 일시적이었다. 1930년 12월 이후 할인은 감소했고, 매입어음 역시 만기가 도래할 경우 신규 어음으로의 대체 없이 잔액을 줄여가는 것이 허용되었다. 반면 정부증권 보유의 증가는 턱없이 작아 어음할인과 어음 매입 감소분의 일부를 메우는 정도에 그쳤다. 본원통화는 1931년 1월에 증가했는데 이는 단지 금 유입이 지속되면서 연방준비은행 신용 감소를 상쇄하고 남았기 때문이었다. 이후 2월 들어 본원통화는 금 유입 지속에도 불구하고 감소했다가 3월에 연방준비은행 신용과 금 스톡이 모두 소폭 증가하자 역시 소폭 증가했다. 1930년 12월~1931년 3월에 연방준비은행 신용의 감소는 규모 면에서 금 유입을 압도했다. 실제로는 연방준비제도는 금 유입을 불태화하고 있었을 뿐만 아니라 금 유입에 따른 자연적인 통화팽창 효과를 압도할 정도로 강력하게 통화를 긴축하고 있었던 것이다.

1931년 2월 들어 본원통화가 감소했는데도 통화량은 소폭 증가했다. 이는 은행 도산의 물결이 가라앉고 은행에 대한 신뢰가 어느 정도 회복되면서 두 가지 예금 관련 비율들이 상승했기 때문이다. 앞에서도 이미 언급했듯이, 이 시기 예금 비율들의 상승세가 통화긴축으로 상쇄되지 않고, 오히려 적극적인 본원통화 팽창으로 더욱 강화되었더라면, 회복을 위한 기반이 강화되고 확대될 수 있었을 것이다.

---

규모로라도 은행 도산이 발생하면 반박당할 위험을 감수해야 하기 때문이었다. 할인율 인하는, 다른 이유도 있겠지만 무엇보다도, 대중에게 자금을 자유롭게 쓸 수 있다고 말하는 한 가지의 기능을 했다." (Harrison, Open Market, Vol. II, Jan. 21, 1931).

## 2차 은행위기의 발발, 1931년 3월

2차 은행위기의 발발은 〈도표 6〉에서 보면 예금 비율들의 하락이 재개된 것이나, 대공황 개시 후 당시까지를 기준으로 할 때 통화량이 가장 빠른 속도로 감소한 것에서 분명히 드러난다. 9월에 영국이 금본위제를 이탈한 것의 영향을 배제하기 위해 3~8월의 5개월간을 보면 통화량은 5.25% 감소했는데 이는 직전 19개월의 공황 개시 후 기간 전체의 감소율과 거의 같았다. 이는 연율로 따지자면 13%에 이르는 경이적인 감소 속도였다. 하지만 곧이어 더욱 가속화될 참이었다.

1차 은행위기 이후 그랬듯이 통화량 감소는 전적으로 예금 비율들이 감소한 결과였다. 본원통화는 이번에는 3~8월에 4% 증가함으로써 예금 비율 감소에 따른 통화량 축소 효과의 절반 정도를 상쇄할 수 있었다. 하지만 2차 은행위기와 그보다 6개월 정도를 선행했던 1차 은행위기 사이에는 두 가지 차이점이 있다.

(1) 이번에는 본원통화의 증가가 거의 전적으로 금 유입의 지속에 따른 것이었는데, 과거 1차 위기 시에는 연방준비은행 신용이 적어도 일시적으로나마 증가함으로써 위기 초기 때 영향을 흡수하는 데 일정 부분 도움이 되었다. 반면 연방준비은행 신용은 1931년 7월과 8월에 약간 증가한 것을 제외하면 거의 완벽히 일정한 수준을 유지했다. 상업은행 시스템이 전례 없이 붕괴하는 데도 "최종대부자"의 장부를 보면 어음할인이 평상시의 계절적 움직임과는 정반대로 2월 말~4월 말에 감소했고 4월~8월 말에 증가함으로써 2~8월의 증가분 전체가 평상시의 계절적 증가에도 미치지 못했다. 한편 장부상 어음 매입은 불규칙적으로 증가, 감소를 반복했다. 8월 말 총액이 2월 말 총액보다 7천5백만 달러 컸지만 여전히 연초 수준을 밑돌았다. 그리

고 정부증권 보유는 1억 3천만 달러 증가했지만 모두 6월 하순이 되어서야 시작된 증가였다. 이 증가분 중 5천만 달러는 국내 금융위기에 대한 대응 차원에서 발생한 것이 아니라 순수하게 기술적인 변동분으로서 다른 신용 공급 감소분을 상쇄하는 데 그쳤다. 남은 8천만 달러는 금융 완화에 기여한, 조심스럽지만 의도적인 움직임이다.[54]

(2) 2차 위기의 지속기간이 더 길었다. 1930년 후반 1차 위기 발발 후에는 2~3개월 뒤에 개선의 기미가 나타났다. 이번에는 〈도표 6〉에서 드러나듯이, 대중의 은행에 대한 태도를 보여주는 가장 민감한 지표인 예금/유통현금 비율이 지속적으로 하락했을 뿐 아니라 하락 속도가 더 빨라지고 있었다. 영국이 금본위제로부터 이탈하면서 위기가 격화되는 시점에 이르기까지도 위기가 끝나간다는 징후는 전혀 포착되지 않았다.

7월과 8월에 있었던 소규모의 공개시장 매입 이외에 통화량과 관련하여 연방준비제도가 실시한 유일한 국내 대응책은 6월에 은행 도산이 가파르게 증가하기에 앞서 5월에 뉴욕연방준비은행이 할인율을 1.5%로 추가 인하한 것뿐이었다. 앞에서도 살펴보았듯이, 할인율 인하가 자금 차입의 증가로 이어지지는 못했다. 한편 다른 방면에서

---

54) Federal Reserve Board, *Annual Report* for 1931, 7~8쪽. 위 수치는 모두 수요일 기준이다. 정부증권 매입 1억 3천만 달러 가운데 8천만 달러는 연방준비제도 계정을 통한 매입, 5천만 달러는 뉴욕연방준비은행 자체 계정을 통한 매입이었다(Harrison, Open Market, Vol. II, minutes of June 22 and Aug. 11, 1931, Open Market Policy Conference meetings. Harrison, Miscellaneous, Vol. I, letter, dated July 9, 1931, Harrison to Seay. Harrison, Notes, Vol. I, July 16, 1931, and Vol. II, Aug. 4, 1931). 뉴욕연방준비은행의 매입은 외국인 자금이 은행인수어음시장에서 이탈, 연방준비은행으로 이동한 것의 영향을 상쇄하기 위한 것이었다.

연방준비제도는 해외의 금융적 파국을 피하기 위한 국제적 노력의 일환으로 외국은행들에 대한 대부에 참여했다. 이는 국내 통화량에 잠재적으로 중요한 영향을 줄 만했다.[55]


## 영국의 금본위제 이탈, 1931년 9월


영국이 금본위제에서 이탈한 몇 달 동안 〈도표 6〉의 통화량의 근접 결정요인들은 지난 5개월 동안의 패턴을 이어갔다. 그러나 오히려 패턴이 더욱 강화되었다고 해야 할 것이다. 통화량은 더 빠른 속도로 위축되었다. 1931년 8월~1932년 1월의 5개월간 통화량은 12% 감소했는데, 직전 5개월간의 감소 크기 5%와 비교할 만하다. 이를

---

55) 1931년 2분기와 3분기에 뉴욕연방준비은행은 다른 지역 연방준비은행들과 함께 오스트리아국립은행, 헝가리국립은행, 독일제국은행Reichsbank, 영란은행 등으로부터 금으로의 상환을 보증받는 조건으로 최상급 상업어음을 매입했다. 신용 공여 약정 규모는 각 연방준비은행마다 별도로 설정된 최대 한도를 모두 합할 경우 약 1억 5천6백만 달러에 달했고 이후 수차례 갱신되었다. 연방준비은행들의 외화 단기채권 잔액은 3월 말에 1백만 달러에서 8월에 1억 4천5백만 달러까지 증가했다(Federal Reserve Board, *Annual Report* for 1931, 12~13쪽).

해외 신용과 관련해서는 또한 다음을 참조. Harrison, Miscellaneous, Vol. I, letter, dated July 9, 1931, Harrison to McDougal. Harrison, Open Market, Vol. II, minutes of meeting, Aug. 11, 1931. Harrison, Notes, Vol. I, June 1, 15, 22, July 13, 16, 1931, Vol. II, July 28, 30, Aug. 4, Sept. 24, 28, 1931. 다음은 뉴욕연방준비은행의 이사 중 한 명인 찰스 E. 미첼Charles E. Mitchell에 대한 인용이다. "이 모든 경우에, 그는 연방준비은행이 수행하고 있는 (해외 부문 — 옮긴이) 영업의 건전성을 걱정했는데, 연방준비은행은 국내적으로는 가능한 한 적은 (영업 — 옮긴이) 기회만을 활용하고 있었다." 그리고 "이 해외 신용에 관해 그를 괴롭힌 것은 그것에 내포된 위험성이었는데, 이에 반해 연방준비은행은 국내적으로는 아무런 위험도 부담하지 않았다."(Harrison, Notes, Vol. I, June 22, 1931).

연율로 환산하면 31%다. 직전 기간의 연율은 13%였다. 본원통화는 이번에도 증가했고 증가율은 약 4.5%였다. 본원통화의 증가는 이때도 예금 비율 하락의 영향을 부분적으로 상쇄했지만, 이제는 그 상쇄 자체가 별로 의미가 없었다. 예금 비율, 특히 예금/유통현금 비율 하락의 영향이 그만큼 컸기 때문이다. 예금/준비금 비율의 경우는 조금 달랐다. 은행들은 예금주의 요구를 충족시키는 데만도 워낙 시달리고 있었기 때문에 은행이 아무리 노력해도 예금/준비금 비율을 떨어뜨리기 위해 할 수 있는 일이 거의 없었던 것이다. 모든 일에는 때가 있는 법, 예금/준비금 비율은 아직은 크게 하락할 때가 아니었다. 예금/준비금 비율은, 예금/유통현금 비율 하락이 진정된 다음에 가장 가파르게 하락했고 예금/유통현금 비율이 가장 가파르게 떨어질 동안에는 가장 완만하게 하락했던 것이다. 나중에 (『미국화폐사』의 — 옮긴이) 다른 장章들에서도 살펴보겠지만, 은행으로서는 필요한 조정의 많은 부분이 불황이 끝나고 회복이 시작된 다음에야 이루어질 수 있었다. 이와 같이 대공황 기간 중 1931~1932년에 나타난 두 예금 비율 변동 사이의 타이밍 관계는 과거 은행위기 때마다 관찰된 추세를 다시 보였다.

1931년 8월~1932년 1월의 5개월과 그 직전 5개월의 주요 차이는, 규모상의 차이를 논외로 한다면, 본원통화 증가의 원천이 달랐던 데 있다. 이와 같은 차이점은 〈도표 6〉에는 나타나지 않고 〈도표 7B〉와 〈도표 8〉에 나타난다. 1931년 8월까지 본원통화는 주로 금 유입으로 인해 증가했다. 앞의 1절에서 지적한 바와 같이 영국이 금본위제에서 이탈한 후 특히 1931년 9월과 10월에 급격한 금 유출이 발생했다. 대공황 개시 후 당시까지 지속된 금 유입을 전액 상쇄할 정도로 큰 규모의 금 유출이었다. 이 시기 본원통화의 증가는 연방준비은행 신용 증가 때문이었다. 연방준비은행 신용의 증가는 첫째로 어음할인 급증 때문이었는데, 1931년 10월에 할인율이 전례 없이 가파르게 인상되었는데도 더 이상 다른 수단이 없게 된 은행들이 연방준비제도로부터 자금을 조달할 수밖에 없게 되자 할인이 폭증한 것이다. 어음매입 역시 9월과 10월에 크게 증가했다. 하지만 이후 만기도래 어음을 신규 매입어음으로 대체하지 않는 것이 허용되자, 1932년 1월까지 1931년 8월 말 수준 밑으로 하락했다. 종합적으로, 1931년 8월 ~1932년 1월에 본원통화의 3억 3천만 달러 증가를 그 구성 항목 별로 살펴보면 어음할인 5억 6천만 달러 증가, 정부증권 8천만 달러 증가, 통화당국이 보유한 기타 자산 2억 7천만 달러 증가, 그리고 금 스톡 5억 8천만 달러 감소로 설명할 수 있다.

본원통화가 3억 3천만 달러 증가한 이 5개월 동안 유통현금은 7억 2천만 달러 증가했다. 부족액 3억 9천만 달러만큼 은행 지급준비금이 감소했다. 은행들은 예금 규모를 유지하면서 준비금을 인출할 능력도 의사도 없었다.[56] 이 3억 9천만 달러라는 금액은 1931년 8월 지급준비금 총액의 12%에 이르는 것이었는데, 유통현금으로 풀려 나오기 위해서는 예금이 몇 배수로 감소multiple contraction of deposits해야 했다. 그 배수는 대략 14였고, 이에 따라 예금은 57억 2천7백만 달러 감소했다. 이는 1931년 8월 전체 예금의 15%에 해당했다. 유통현금 1달러 증가를 위해서는 무려 14달러의 예금 감소가 필요했다. 바로 이것이야말로 은행에 대한 신뢰 상실이 그렇게도 누적적이고 또 그렇게도 재앙을 초래하는 것이 되도록 했던 것이다. (초과지급준비금이 충분하다면 예금 감소 없이 유통현금이 증가할 수 있다. 초과지급준비

---

56) 1932년 1월 말의 초과지급준비금은 4천만 달러 정도였다.

금이 충분치 않다면 유통현금이 증가하기 위해 예금이 감소해야 하는데 부분지불준비제도 하에서는 유통현금 1달러 증가를 위해 1달러를 초과하는 통화승수를 곱한 만큼의 예금 감소가 필요하다. 그렇지 않으면 예금/준비금 비율이 상승하게 된다 — 옮긴이) 이것이 바로 그 유명한 은행시스템의 다중적인 신용팽창과정이 역방향의 악순환으로 빠져드는 현상이다. 그것은 또한 언뜻 보기에 중요치 않은 조치들이 어떻게 중요한 영향을 미치게 되는지를 설명하는 것이기도 하다. 만약 은행 지급준비금 감소를 수반하지 않으면서 현금 인출 수요를 충족하기 위해 추가적으로 이를테면 4억 달러의 본원통화를 공급했더라면, 이로 인해 무려 60억 달러에 달하는 예금 감소를 방지할 수 있었던 것이다.

　1907년 위기에 대한 논의에서 우리는 예금 비율들이 증가하면 은행시스템이 어떻게 현금 인출 시도에 대해 더욱 취약하게 되는지 밝혔다. 1931년 상황은 훨씬 더 극단적이었다. 1907년의 어느 때에도 사람들이 유통현금 1달러당 6달러 이상의 예금을 보유한 적이 없었다. 1931년 3월에 2차 은행위기가 시작했을 때 유통현금 1달러당 보유 예금이 10달러 이상이었다가, 1932년 1월까지 7달러 밑으로 떨어졌다. 1907년에 은행들은 지급준비금으로 보유하고 있는 본원통화 1달러당 9달러 미만의 예금채무를 부담했다. 1931년 3월에는 이것이 12달러 이상으로 증가했다. 1920년대에는 대체로 예금을 늘릴수록 미국 금융구조가 크게 진보하고 잘 다져진 징후로 여기는 풍토였다. 그리고 당시 많은 사람이 높은 예금/준비금 비율을 준비금 활용의 경제성을 높인다는 차원에서 새로운 연방준비제도가 지닌 효율성의 표시로 여겼다. 그러나 이 두 가지 생각 모두 은행에 대한 신뢰 상실이 확산되자 통화시스템을 더욱더 취약하게 하는 요인으로 작용했다.

이와 같은 최종 결말에 대처할 목적으로 고안된 방어책들은 실제로는 과거에 등장했던 다른 해결책들보다 훨씬 덜 효과적인 것으로 드러났다.

1932년 2월과 3월에 은행 도산이 진정되자 예금/유통현금 비율은 일시적으로나마 하락세를 멈췄다. 하지만 본원통화는 이 두 달간 금 유출이 점차 줄었는데도 1억 6천만 달러 감소했다. 주로 연방준비은행 신용 감소로 말미암은 것이었다. 이 기간 중 어음할인은 2억 8천만 달러 줄었고 어음 매입은 5천만 달러 감소세를 이어갔다. 한편 정부증권 보유는 약 1억 8천만 달러 늘었다. 극심했던 인출 수요가 일시적으로 휴지 상태가 되자 은행들의 어음할인 필요성이 줄었고 이에 따라 2월에 뉴욕연방준비은행이 할인율을 3%로 인하했는데도 할인 규모가 감소했다. 은행들은 또한 이 같은 휴지 기간을 활용하여 지급준비여력을 늘리려는 노력을 했다. 그 결과 예금/준비금 비율은 1932년 1~3월에 소폭 하락했다. 종합적으로 통화량은 감소 속도가 약간 완만해지긴 했으나 감소세를 꾸준히 이어갔다. 통화량은 이 두 달간 다시 2% 감소했는데 이는 연율로는 13%에 해당했다. 이 정도의 감소 속도는 직전 기간의 연율 31% 감소와의 비교만을 제외하면 결코 완만한 것으로는 볼 수 없는 수준이다.

### 대규모 공개시장 매입의 개시, 1932년 4월

1932년 4월 연방준비제도는 대규모 정부증권 매입을 시작하며 4월 한 달간 3억 5천만 달러를 매입(계절조정된 월말 수치에 대해서는 〈도표 8〉 참조)했다. 그러나 통화량에 대한 영향은 즉각적으로는 나타나지 않았다. 이어지는 4개월간 통화량은 추가로 4.5% 감소했는데 이는 연율로는 14%에 이르렀다. 이후 감소세는 급격히 진정되어 7~9월 두 달간 0.5%(연율로는 3%) 감소에 그쳤고 9월부터 1933년 1월까지 완만하게 증가했다. 1933년 1월에 통화량은 1932년 9월보다 0.5% 높은 수준이었는데 이는 연율 기준으로는 평균증가율 약 1.75%에 해당한다.

채권 매입이 개시 시점에 더 큰 영향을 미치지 못했던 것은 금 유출이 재개되면서 그 효과의 일정 부분이 상쇄되었고 여기에 예금 비율들의 꾸준한 감소가 그 효과의 남은 부분마저 압도했기 때문이다. 1932년 4~7월에 연방준비제도의 정부증권 보유가 약 10억 달러 증가하는 동안 금 스톡은 그 절반인 약 5억 달러가 감소했는데, 그 대부분은 프랑스로 유출되었다. 이와 함께 6월 들어 은행 도산에 따른 혼란이 재연되면서 예금/유통현금 비율이 추가적으로 상당히 크게 하락했다. 은행들의 유동성 상황 개선 노력이 지속되면서 예금/준비금 비율 역시 추가로 하락했다.

6월 중반경에 금 유출이 종료된 후에는 금 유입이 이루어졌다. 1932년 남은 기간 동안 금 스톡은 다시 6억 달러 증가해 1933년 1월의 금 스톡은 1년 전 수준을 초과했다. 연방준비제도의 채권 매입은 1932년 8월에 종료되었다. 할인과 어음 매입은 7월부터 감소했다. 이에 따라 연방준비은행 신용 총액은 7월이 정점이었고 이후로 1933년 1월까지 5억 달러 감소했다. 그런데도 본원통화는 1932년 4월~1933년 1월에 거의 일정한 비율로 꾸준히 증가했다. 본원통화 증가는 금 유출이 유입으로 바뀐 것과 1억 4천만 달러의 국법은행권 보유액 증가 때문이었다. 국법은행권 증가는 1932년 7월의 주택대부은행법 개정에 따른 것이다. 이 개정은 국법은행권에 대한 담보물의 적

격요건을 완화하여 정부채권의 담보물로서의 인정범위를 넓혔다.[57]
예금/유통현금 비율이 1932년 7월에 저점을 통과한 후부터는 본원통화 증가와 예금/유통현금 비율 증가가 예금/준비금 비율의 지속적 하락의 영향을 압도했고 이에 따라 앞에서 설명한 통화량 변동 패턴을 만들었다.

예금/준비금 비율 추이에 드러난 은행 상황 개선이 어떤 형태였는지 주목할 만하다. 이것이 향후 몇 년간 중요해질 사태를 미리 알려주기 때문이다. 은행들은 법이 요구하는 수준을 넘는 상당 규모의 준비금을 축적하기 시작했다. 연방준비제도가 이른바 "초과지급준비금"을 통화 완화의 징후로 간주했기 때문에, 은행들의 준비금 축적은 정부증권 보유 총액을 8월 초 수준으로 유지하는 정책이 채택되는 데 일조했다. 많은 이들이 초과지급준비금을 은행의 자금수요 부족의 징후로 해석한다. 이에 따르면 통화당국이 "신용"을 언제든지 쓸 수 있도록 공급할 수는 있지만 실제로 은행들이 이를 사용할지를 보장할 수는 없다. 이 같은 입장을 간결하게 잘 전달하는 것이 다음의 문구다. "통화정책은 마치 실과도 같아서 잡아당길 수는 있지만 밀어낼 수는 없다."(통화긴축이 불황을 유도할 수는 있지만 통화팽창으로 호황이 오는 것은 아니라는 뜻 — 옮긴이). 하지만 우리 생각에 이 해석은 틀렸다. 준비금 초과란 단지 법이 엄격하게 정한 요구 수준을 넘어선

---

57) 이 개정은 이자율이 3.375% 이하인 모든 정부채권을 향후 3년간 적격 담보로 인정했다. 여기에는 같은 기간 이내에 앞으로 발행될 정부채권도 포함되었다. 국법은행들이 유통상의 특전circulation privilege을 누리던 세 종류의 이자율 2% 정부채권을 담보로 사용하며 은행권 발행과 관련된 권리를 좀 더 적극적으로 행사함에 따라, 1929년 8월~1932년 7월에 국법은행권 유통 규모는 약 6천만 달러만큼 소폭 증가했다.

것일 뿐, 그 이상의 의미는 아니었다. 잊지 못할 2년간의 경험을 통해 은행들은 법정지급준비금이나 혹은 응당히 작동할 줄 알았던 "최종대부자" 역할 등이 정작 어려운 시기에는 그다지 도움이 되지 않음을 알았다. 그리고 이 교훈은 즉각 다시 현실로 와 닿았다. 건전성 유지를 위해 은행들이 판단한 준비금 보유 수준이 법정 요구 수준을 크게 초과했다는 것은 놀랄 일도 못 된다.[58] 앞에서도 지적했듯이, 은행들의 대응방식은 과거의 위기 때와 같았다. 위기의 정도가 더 크니까, 대응 정도 역시 더 컸을 뿐이었다.


### 1933년의 은행위기

마지막 은행위기는 1933년 3월 초의 은행 휴무로 종결되었다. 가장 본질적인 면에서 볼 때 이 위기 역시 앞선 두 차례 은행위기의 복사판이었으나 훨씬 더 격렬했다. 통화량은 1933년 1~3월의 두 달간 12% 감소했다. 연율로 따져 무려 78% 감소였다. 우리의 추정치는 통화량 감소를 과장한다. 그 이유는 다음 장에서 자세히 논의할 것이다. 여하튼 오류가 어떤 방식으로 보완된다 해도 이 기간의 통화량 감소 폭은 분명 1931년 8월~1932년 1월의 31% 때보다 더 컸다. 본

---

58) 이와 같은 견해에 대한 근거로는 제8장 1절 참조. 1932년 12월, 마이어 의장은 다음과 같이 말했다. "만약 은행들이 초과지급준비금 수준이 장기간 일정할 것을 알았더라면, 큰 규모이면서 불확실한 초과지급준비금보다 훨씬 더 작은 규모의 초과지급준비금을 가지고서도 더 효율적이 될 수 있었을 것이다. …… 우리는 미래 정책에 대한 불확실성 때문에 최근의 커다란 초과지급준비금의 효과를 제대로 실현하지 못하고 있다."(Harrison, Notes, Vol. III, Dec. 22, 1932).

원통화는 과거의 위기 때처럼 증가했다. 주로 할인이 증가하고 어음 매입 역시 다소간 증가한 때문이었다. 〈도표 8〉을 보면 정부증권 보유가 상당히 증가했다. 이 증가는 계절조정으로 생겨났으며 본래 수치상의 증가가 아니다. 1933년 이전에는 연중 초기 몇 달간 유통현금의 환류가 일어나면서 연방준비은행이 이에 대한 대응으로 정부증권 보유를 줄이는 계절적 패턴이 발견된다. 1933년에는 물론 현금이 환류되는 것이 아니라 반대로 예금으로부터 인출되는 상황이 연출되었다. 정부증권은 그런데도 1월에 9천만 달러 감소했다가 2월에 7천만 달러 증가했다. 3월 말에도 같은 수준이 유지되었다. 계절조정 과정에서 1월의 감소와 2월의 완만한 증가가 급격한 증가로 바뀌었고 3월에는 원 수치보다 소폭 줄었다.

3월의 은행 휴무 때문에 이 시기의 통화 관련 수치를 과거의 수치들과 직접 비교할 수는 없다. 그래서 우리는 은행 휴무에 이르기까지의 하락세를 짐작하기 위한 일종의 근사치로서 1~2월의 변화만 고찰한다. 이 한 달간 통화량은 4.5% 감소했다. 연율로는 56% 감소다. 민간 보유 유통현금 규모는 6억 달러 이상, 본원통화 역시 비슷하게 5억 3천5백만 달러 증가했다. 하지만 은행의 지급준비금이 양자의 차액 정도인 6천5백만 달러 감소했고 이 과정에서 은행은 유동성 확보를 위해 혈안이 되어야 했다. 한 달 새 예금은 20억 달러 이상 줄었다. 이 규모는 이미 줄어든 전체 예금 총액의 약 7.5%였다. 이번에는 예금/준비금 비율이 14가 아니라 29였다.

이 마지막 은행위기와 과거 은행위기 간에 보이는 중요한 통화적 차이점은 대내적 유출, 즉 예금인출이 최초로 일부나마 명백히 금 유출 형태였다는 것이다. 〈도표 7A〉를 보면 금 주화와 금 증서의 양이 1930년에 완만하게 증가했다가 1933년 위기 개시 시점까지는 일정하거나 감소했다. 1933년 1월에 재무부와 연방준비은행 외부의 금 주화와 금 증서의 양은 1930년 12월의 정점보다 4억 2천만 달러, 같은 1월 기준 전 고점인 1931년 1월보다 3억 4천만 달러 줄어든 규모였다. 이 감소는 분명 어느 정도는 연방준비제도가 가능한 한 금 증서 대신 연방준비은행권을 지급함으로써 금 준비를 늘리려는 정책을 쓴 결과였다. 이는 준비율을 낮은 수준으로 유지할 목적으로 1920년대에 취한 정책들과는 정반대였다(제4장 6절 참조).[59] 비록 금 주화와 금 증서 합계액은 감소했지만 금 주화만 놓고 보면 1931년 4월에 6천5백만 달러에서 1932년 12월에 1억 8천1백만 달러로 거의 1억 2천만 달러 증가했다. 이 증가는 이보다 앞선 기간의 금 주화 선호를 반영한 것일 수 있다. 또한 그 증가에는 어느 정도는 예금과 대립되는 모든 형태의 현금 증가분도 틀림없이 있을 것이다. 실제로 이와 같은 증가가 금 선호를 반영한다 해도, 당시 금 선호는 결코 주목할 정도로 널리 퍼져 있거나 인상적이지 않았다. 1933년 2월과 3월에 상황은 완전히 달라졌다. 〈도표 7A〉를 보면 1933년 초에 금 주화와 금 증

---

59) 금 증서 유통 규모는 1931년과 1932년에 단 3개월을 제외한 전체 기간 동안 감소했다. 순 감소 크기는 4억 6천만 달러였다. 이 3개월 중에는 부분적으로 다른 형태의 현금이 부족하여 금 증서가 지불수단으로 유통되었을 수 있다. 은행 휴무 전의 1933년 2월과 3월처럼 말이다. 1931년과 1932년의 『연차보고서』에는 금 증서 회수retirement 정책에 대한 언급이 없지만, 『연방준비회보Federal Reserve Bulletin』(1931년 11월, 604쪽)에는 다음과 같은 의견이 포함되어 있다.

국가 전체의 금 포지션을 고려할 때 10억 달러에 달하는 금 증서가 유통된다는 점 또한 주목되어야 한다. 이 가운데 상당 부분은 연방준비은행이 같은 액수의 연방준비은행권과 교환하여 회수할 수 있다. 금 증서 회수는 연방준비은행의 금 보유를 늘릴 것이다. 이 증가의 40%는 연방준비은행권 추가 발생에 따른 지급준비금으로서 필요할 것이고 나머지 60%는 연방준비제도의 초과 금준비가 될 것이다.

서가 급증한다. 평가절하에 대한 두려움이 확산되면서 대중의 금 선호가 확연해졌다. 1933년 2월 23일, 해리슨은 뉴욕연방준비은행 이사들에게 다음과 같이 말했다. "외국인이 우리의 금 포지션을 손상시킬 가능성은 거의 없다. …… 실제 위협은 국내에 있다."[60]

---

60) 해리슨은 다음과 같이 발언을 이어갔다. "최근 열흘간 금 지급은 우리 뉴욕연방준비은행이나 아마도 다른 연방준비은행 어디에서건 최근의 유사한 어느 기간보다도 규모가 훨씬 컸고 격렬했다. 현금 퇴장은 은행 불신에서 비롯된 것이지만 최근의 금 선호 지향적인 움직임에는 그 이상의 의미가 담겨 있다. 이는 현금 자체에 대한 신뢰의 상실이 덧붙여짐을 의미한다. 달러의 평가절하나 인플레이션과 관련된 언급들이 이 신뢰 상실을 부추겼다."(Harrison, Notes, Vol. III).

해리슨은 은행들이 퇴장 수요를 억제할 수 있게 하고자 애썼다. 그는 금 보관을 위한 설비 제공이나, 금을 담보로 한 같은 액수의 대부 등을 은행이 거절해야 한다고 제안했다. 첫 번째와 관련하여 그는 은행이 금 획득에 아무런 장애도 부과하지 말되 보관시설은 제공하지 말 것을 제안했다. 두 번째와 관련하여 그는 은행에게 자본 형성과 관련된다는 근거로 금 매입을 위한 대부는 거부하라는 조언을 했다. 그는 "나는 특히 비즈니스를 하기 위해 신용이 필요한 많은 사람이 이를 얻지 못하는 시점에, 회원은행이 금을 매입하여 결국 자금을 퇴장시킬 고객에게 대부해주는 이유를 모르겠다. 그것은 우리가 금본위제를 이탈할 것인지에 대한 투기적인 대출 도박과 다름없다."(Harrison, Conversation, Vol. II, Feb. 9, 1933). 이와 같은 직접적인 압력은 소용이 없었다.

## 3절
# 은행 도산

전술한 설명으로 볼 때 대공황 기간 중에 일어난 일련의 사건에서 연이은 은행 도산이야말로 제1순위의 문제다. 은행 도산에 관해 추가적인 검토가 필요한 세 가지 의문사항이 있다. 왜 은행 도산이 중요했는가? 은행 도산의 원인은 무엇이었는가? 은행 도산에 대한 연방준비제도의 태도는 어떠했는가?

### 은행 도산의 역할

은행 도산에는 서로 다른 두 가지 면이 있었다. 첫째, 은행 도산은 그 소유주와 예금주 모두에게 자본손실을 야기했다. 이는 어느 기업이든 도산하면 그 소유주와 채권자가 손실을 보는 것과 같다. 둘째, 연방준비제도 정책이 일정한 조건하에서 은행 도산은 급격한 통화량 감소를 야기하는 메커니즘으로서의 기능을 했다. 이 둘 가운데 어떤 것이 상황 전개에 더 중요했는가?

미국에서는 이 둘이 매우 밀접히 연관되어 있었으므로 이를 구분하여 각각의 영향을 따로 판단하는 것이 불가능해보일 수도 있다. 하지만 심지어 미국조차도, 도표 몇 개만 보아도 두 번째가 첫 번째보다 훨씬 더 중요했다. 첫 번째 측면만 보면, 9천 개 이상의 은행이 1930~1933년의 4년간 도산하면서 주주, 예금주, 기타 채권자들이 총 25억 달러 손실을 보았다. 예금주가 총액의 절반을 약간 넘는 손실을 입었고 나머지 손실은 다른 채권자들과 주주 몫이었다.[61] 손실 크기에서 25억 달러가 물론 작지는 않지만, 우리를 포함한 여러 연구자가 은행 도산에 부여해온 관심과 중요성은 결코 그 때문이 아니다. 미국 기업 부문과 비교해보면 기업의 보통주와 우선주 가치 총액이 같은 4년간 8백5십억 달러 줄어든 것으로 추정된다. 달리 비교하여, 뉴욕 증권거래소에 상장된 주식 시가총액은 거의 155억 달러 감소한 것으로 추정된다.[62] 총 부富에 대한 비율로 따지자면 은행 도산 때문에 발생한 손실은 그리 크지 않았다. 예컨대 부동산과 같이 비교 가능한 다른 형태의 손실보다 특별히 더 주목할 만한 것은 못되었다.

하지만 두 번째 측면에서는 상황이 완전히 다르다. 1929~1933년에 통화량은 3분의 1 이상 감소했다. 상업은행 예금은 42% 이상 감

---

61) 예금주들의 손실은 13억 달러로 추산(연방예금보험공사의 미간행 추정치. 자료 출처는 표 16, 파트 1 참조(*A Monetary History of the United States, 1867-1960*, 8장, 438쪽 — 옮긴이)), 기타 채권자 손실은 어림짐작, 주주 손실은 9억 달러로 추산(*Federal Reserve Bulletin*, Sept. 1937, 897쪽). 많은 규모의 손실이 은행 휴무 종료 후에야 확정되었다. 1930~1933년에 도산한 9천 개 이상 은행 가운데 3,500개 이상은 1933년 3월 15일 이후에 도산했다.

62) *Historical Statistics of the United States, Colonial Times to 1957*, Bureau of the Census, 1960, Series F-175, 150쪽, *Business Statistics*, 1932 Supplement, 104쪽.

소했는데 절대액수로 이는 180억 달러가 넘었다. 부도은행 예금 규모만 해도 같은 4년간 약 70억 달러에 달해 은행 도산에 따른 손실액을 훨씬 상회했다. 만약 은행 도산이 특별히 주목할 만하다면 그것은 통화량 변동이 이 시기의 경제 상황 변화에 중요한 역할을 했고, 명백히 이 은행 도산이야말로 통화량 급감을 야기한 메커니즘이었기 때문이다. 은행 도산은 일차적으로 그 자체로서가 아니라 은행 도산이 간접적으로 미친 영향 때문에 중요했다. 만약 은행 도산이 급격한 통화량 감소를 유발하지 않으면서 정확히 같은 규모로 발생했더라면 주목은 받았겠지만 결코 결정적인 사건까지 되지는 않았을 것이다. 만약 은행 도산이 발생하지 않았지만 다른 방식으로 통화량이 같은 규모로 급감했다면, 공황은 적어도 같은 정도로 심각했을 것이며 어쩌면 더했을지도 모른다.

이러한 추론에 대한 설득력 있는 근거로 캐나다의 경험을 들 수 있다. 캐나다에서는 대공황 기간에 은행 도산이 발생하지 않았다. 영업인가를 11번째로 얻었고 지점 수가 적었던 한 은행이 1931년 5월에 아마도 일종의 예방적 조치로서 큰 은행에 인수된 적은 있다. 그렇지만 전국에 걸쳐 3천여 개 지점을 가진 10개 은행들은 심지어 인출쇄도를 겪는 일조차 없었다. 영국이 1931년 9월 금본위제에서 이탈할 때까지 캐나다는 미국과의 환율을 계속 고정시켰고, 그 이후 캐나다는 새로운 수준 즉, 파운드 스털링의 평가절하보다 더 작게 평가절하되는 수준으로 환율을 유지했다. 대외 균형을 유지하기 위해 국내 소득수준과 통화량이 조정되어야 했다. 이러한 필요에서 물가와 소득수준 모두 가파르게 하락했다. 비록 그랬기는 하나, 캐나다 환율의 평가절하로 인해 하락 비율 자체는 미국보다 다소간 낮았다. 통화량 역시 급감했지만 미국보다는 훨씬 낮은 비율이었다. 물론 감소 비율이 상대적으로 더 낮았다는 뜻이지 매우 큰 감소였다. 즉 단 한 번 1929~1933년 대공황 때를 제외하면 미합중국 역사상 남북전쟁 이후 어떤 불황 때보다도 거의 1.5배 이상 컸다. 따라서 절대로 사소하다고 볼 수 없다. 다음은 관련 수치들이다.[63]

| 1929~1933년 감소율(%) | 미국 | 캐나다 |
|---|---|---|
| 통화량 | 33 | 13 |
| 국민순생산(NNP) | 53 | 49 |
| 유통속도 | 29 | 41 |

소득 감소와 비교하여 상대적으로 나타낸 통화량 감소 크기가 왜 캐나다에 비해 미국에서 훨씬 더 컸을까? 아니면 바꾸어 말해, 캐나다에서 통화량은 왜 소득 감소 폭에 대응하도록 훨씬 더 크게 감소하지 않아도 되었을까? 우리는 무엇보다도 미국의 은행 도산 자체가 몰고온 파급효과가 그 차이의 원인이라고 생각한다. 은행 도산으로 인해 이제 미국에서 예금은 그 이전의 미국이나 당시 캐나다에서와 비교할 때 훨씬 덜 만족스러운 자산보유형태가 되었다. 물론 바로 그것이 은행 도산으로 인해 미국에서 예금/유통현금 비율이 그토록 폭

---

63) 통화량 수치는 매년 6월 30일을 중심으로 잡은 월간자료의 연평균에 해당한다. 단 캐나다의 현금 부분 수치는 월간자료로부터 중심 없이 구한 연평균이다. 캐나다 통화량 자료는 영업인가를 얻은 은행들에 예치된 요구불예금, 사전통지조건부 인출 가능 저축성예금notice deposit 및 지방정부의 예금을 합하고 중복된 항목을 차감한 것(*Canadian Gazette*, Dominion of Canada, Jan. 1929-Jan. 1934)에 민간 보유 유통현금(*Canadian Year Book*, 1947, Dominion Bureau of Statistics, 1023쪽)을 가산한 것이다. 캐나다의 요소비용 국민순생산의 출처는 *Canadian Statistical Review*, 1953 Supplement, Dominion Bureau of Statistics, 15쪽.

락한 원인이기도 했다. 현금은 예금과 대체관계였을지라도 완전대체
재는 아니었다. 이에 따라 총통화의 큰 부분을 예금이 차지했었다.
매력이 줄었으므로 예금과 유통현금의 합계액에 대한 수요(즉 통화수
요 ― 옮긴이)도 감소했다. 이전에는 고려된 적이 없던 은행 도산의 영
향 때문이었다. 물론 그와 같은 (은행 도산의 ― 옮긴이) 영향은 불확실
성의 확대, 주식이나 실물 가치의 하락 등 대공황에 수반된 다른 요
인 때문에 증가한 소득 대비 통화수요를 완전히 상쇄할 정도로 강력
하지는 않았다(제12장 참조). 만일 그랬더라면, 통화량 감소 비율은
소득 하락 비율보다 더 컸을 것이고 유통속도는 하락하지 않고 오히
려 상승했을 것이다. 하지만 동시에, 은행 도산이 일어나지 않았던
캐나다와 비교할 때, 그 (은행 도산의 ― 옮긴이) 영향은 유통속도 하락
이 미국에서 훨씬 더 작게 나타나게 할 만큼은 강했다. 캐나다에서
예금이 갖는 매력의 정도는 과거처럼 유지되어 예금 매력 감소로 인
한 통화수요 감소는 없었다. 반면에 통화수요를 증가시킨 다른 요인
들의 영향은 미국처럼 전면적이었다.

따라서 역설적이게도 은행 도산이 통화공급에 끼친 부정적 영향
은 바로 그 동일한 은행 도산이 통화수요에 미친 영향 때문에 일정
부분 상쇄된 셈이다. 우리가 앞에서 통화량 감소가 정도는 같지만 다
른 방식으로 발생했더라면, 아마도 실제로 발생했던 파국에 비해 소
득의 감소가 더 컸을 것이라고 말한 것은 바로 이 때문이다.


## 은행 도산의 기원

지금까지 가장 크게 주목된 이슈는 아마도 은행 도산의 원인일 것

이다. 그것은 지난날의 금융관행에서 비롯되었는가, 아니면 1930년대 초반의 상황 전개 때문에 발생했는가? 설령 첫 번째 견해가 옳았을 경우라도, 은행 도산이 통화에 미치는 간접적인 결과는 은행 도산 자체에서 분리될 수 있다. 이는 또한 1920년대의 상황 때문에 거의 불가피하게 도달하게 된 귀결이어야만 하는 것은 아니다. 우리가 바로 위에서 보았듯이 은행 도산의 가장 중요한 영향은 그것의 간접적 결과였다.

제6장에서 지적한 바와 같이 1920년대 초반에 비해 후반에, 개인, 은행, 기타 금융기관의 대부와 투자의 질이 떨어졌다는 몇몇 증거가 있다. 이는 사전적ex ante인 의미로서, 즉 1920년대 후반의 대부나 투자가 1920년대 초반과 동일한 경제여건에서 이루어졌다면 부도 손실률이 더 높았을 것이라는 뜻이다. 이 같은 질적 저하에 대한 증거는 오직 해외대부에 관한 것만 충분히 만족스럽다. 나머지 대부에 관해, 지금까지 수행된 연구들을 보면 사전적인 질적 저하와 사후적ex post인 질적 저하를 충분히 구분하지 않았으며 어떤 연구들은 그 차이점을 알아차리지조차 못했다. 사전적 질적 저하란 방금 위에서 말한 의미의 질적 저하이고, 사후적 질적 저하는 기존에 이루어진 대부와 투자가 심각한 공황이 한창 진행되는 가운데 결과를 맺어 상환되어야 했기 때문에 발생한 것을 말한다. 발생 연도 말고는 다른 모든 점에서 동일한 투자와 대부라 해도 1920년대 초반에 비해 후반 들어 그 성과가 줄었을 것이었다. 하지만 대부분 연구의 저자들은 사후적인 경험에 집중한 나머지 사전적인 질적 차이를 의심할 나위 없이 과장한다. 사실 연구 결과들 가운데 많은 부분이 사전적인 질적 저하가 전혀 일어나지 않은 쪽에 부합한다.

대부와 투자 일반에 대한 증거가 불만족스럽다면, 따로 상업은행

부문만의 대부와 투자에 국한한 증거는 더더욱 부족하고 훨씬 더 만족스럽지 못하다. 그리고 은행의 경험이 다른 채권자들의 경험과는 달랐을 수 있다고 믿을 만한 몇 가지 이유가 있다. 1920년대 후반의 몇 년 동안, 특히 1928년과 1929년에, 은행들은 한결같이 지급준비금과 관련된 부담을 안고 있었다. 앞에서 보았듯이 은행의 총수신고는 1928년 초부터 1929년 8월의 경기순환 정점 이후까지 대략 일정했다. 만약 지급준비금이 더 풍부하게 공급되었더라면 전반적으로 낙관적이고 흥청망청한 당시 분위기에서 무엇이라도 할 수 있었으련만, 은행들은 대부와 투자에 아주 신중할 수밖에 없었다.

설령 은행의 대부와 투자에서 사전적 질적 저하가 있었다 하더라도 그 진행 속도로 판단할 때 별 것 아니었을 것이다. 앞에서 보았듯이 1929년 8월의 정점부터 1930년 10월까지 처음 14개월간, 특히 주식시장 붕괴 이후 12개월간 경기침체는 극심했다. 한 가지 이유는 아마도 본원통화 감소로 인해 은행이 긴축할 수밖에 없어서였을 것이다. 이로 인해 그 14개월간 예금은 2% 감소했다. 하지만 그 14개월간 영업을 중단한 은행의 예금 규모는, 1923년 5월이나 1926년 10월의 경기순환상 정점 이후 14개월간 발생한 그런 예금 규모와 비교할 때 고작 1/5~1/3 높은 정도였다. 구체적인 수치는 1923~1924년간 2억 6천3백만 달러, 1926~1927년간 2억 8천1백만 달러, 그리고 1929~1930년간 3억 4천7백만 달러이다. 앞선 두 차례의 불황 기간에 전반적인 경제활동의 하락세나 차입자의 부담 증가는 1929~1930년보다 더 완만했다. 아울러 상업은행 예금은 1929~1930년간 때처럼 감소하기는커녕 오히려 5~6% 증가했다.

1930년 10월 이후 1차 은행위기의 특징은 은행 도산이 급증했다는 점이다. 그 원인을 1920년대에 발생한 부실 대부와 투자에서 찾을 수 있을지도 모른다. 1930년 12월 합중국은행의 도산 이후 해리슨 총재는 이사회에서 다음과 같이 말했다. "연방준비은행은 합중국은행 상황이 악화되었다는 증거는 없지만 1년 혹은 그 이상을 이 은행의 상황 개선을 위해 노력해왔다." 합중국은행의 상황이 1929년 7월에 아마도 좋지 않았을 것이라고, 이사회 의장 J. H. 케이스J. H. Case는 말했다.[64] 하지만 합중국은행이 청산되는 동안 이어지는 지급기록은, 도산 시점에 보유 자산에 어떤 영구적인 손실이 발생했다 해도, 그것이 크지 않았을 것임을 시사한다.

1차 은행위기에서 은행 도산 발단의 진실이 무엇이든, 1920년대 후반 대부와 투자의 어떠한 사전적인 질적 저하도 뒤이은 은행 도산에서 중요한 요인이 아니었다. 혹은 단순히, 비록 이전 시기와 질적으로 큰 차이가 없긴 했지만, 이 기간에 이루어진 불량한 대부와 투자의 인수도 별 큰 요인이 아니었다. 앞에서 보았듯이, 은행시스템 전체적으로 예금주의 현금 수요를 감당하기 위해서는 예금을, 그러니까 자산을 몇 배 줄여야 하는 처지였다. 그런 상황에서 어떤 뱅크런이라도 그 이유가 무엇이든 간에, 그리고 은행이 보유한 자산의 질이 어떻든 간에 어느 정도 자기 정당화가 되었다. 은행들은 보유 자산을 시장에 투매해야 했고 이로 인해 매각할 자산의 시장가치를 어쩔 수 없이 떨어뜨려야 했다. 그래서 남아 있는 은행 보유 자산마저도 그 시장가치가 하락할 수밖에 없었다. 은행 보유 자산의 시장가치 손실, 특히 채권 포트폴리오의 가치하락이야말로 가장 중요한 자본 손실의 원천이었고 은행의 지불 정지와 도산으로 이어졌다. 바로 이 점이 특정 여신이나 특정 채권의 부도보다 더 큰 문제였다.[65] 당시 뉴

64) Harrison, Notes, Vol. I, Dec. 18, 1930.

욕연방준비은행 부총재 W. R. 버제스W. R. Burgess가 1931년 2월 이 은행의 이사회에 보고한 바에 따르면 여러 은행이 직면한 가장 중요한 문제가 채권 계정에서 발생한 심각한 가치손실이었다. "채권시장이 개선되고 채권가격이 오른다면, …… 현재 채권 계정의 가치 하락 때문에 위태로워진 은행 상황은 대부분 즉각적인 위험에서 벗어나 자동적으로 개선될 것이다."[66] 채권시장이 활성화되어 있어 이 시장에서 연속적으로 가격이 결정되었기 때문에 은행 감사관이 판단하는

---

65) 1931년 10월 30일 뉴욕 주 은행감독기관의 결정에 따라 문 닫은 연방은행신탁 Federation Bank and Trust Company의 행장은 이 은행이 몇 년 동안 번성했고 "사실은 과거 몇 달 전만 해도 건재했는데, 전국적으로 채권 및 기타 증권 가격이 예측 불가능한 정도로 급속히 하락함에 따라 회사가 보유하고 있던 채권과 증권 가격이 하락하면서 자본구조가 훼손되었다."고 설명했다(*Commercial and Financial Chronicle*, Nov. 7, 1931, 3038쪽).

　　R. W. 골드스미스R. W. Goldsmith는 미국은행시스템에 대한 동시대 기록에서 다음과 같이 썼다. "채권 가격 하락은 1929년의 도시지역 부동산채권에서 시작된 뒤 1931년을 지나면서 해외채권과 토지은행채권으로 확산되었는데, 이제 최고 등급 채권들로 그 영향이 급격히 퍼져가자 전체 은행조직, 특히 대규모의 도시 소재 은행들을 위험에 빠뜨리기 시작했다. 1931년 중반~1932년 중반에 철도채권의 시장가치는 거의 36% 하락했고 공기업채권은 27%, 산업채권은 22%, 해외채권은 45%, 그리고 심지어 미국 정부증권도 10% 하락했다."(R. W. Goldschmidt [Goldsmith], *The Changing Structure of American Banking*, London, Routledge, 1933, 106쪽). 우리는 이 문헌을 소개해준 마누엘 고틀립 Manuel Gottlieb에게 감사한다.

　　브레이 해몬드는 1932년의 은행 도산에 대해 다음과 같이 썼다. "상황은 우량한 은행이 취약은행에 질질 끌려가는 양상으로 치달았다. 이는 부분적으로는 취약은행이 좀 더 우량한 은행에서 준비금을 인출했기 때문이고 또 다른 한편으로는 곤경에 처한 은행들이 어쩔 수 없이 보유 자산을 청산하면서 다른 모든 은행들의 보유 자산 가치가 손상을 입었기 때문이다."(Bray Hammond, "Historical Introduction," *Banking Studies*, Board of Governors of Federal Reserve System, 1941, 29쪽).

66) Harrison, Notes, Vol. I, Feb. 26, 1931. 앞의 각주 12도 참조할 것.

은행의 자본손실은 오히려 더 컸을 수 있다. 즉 은행이 시장이 잘 형성되어 있지 않은 채권을 보유하는 경우에 비해 만기가 도래하면 정상적 상환이 기대될 뿐만 아니라 실제로도 상환되는 채권을 보유하는 경우에 평가된 손실 규모가 더 컸을 수 있다는 것이다. 거래가 잘 이루어지지 않는 채권은 만기 전까지 아마 액면금액으로 장부에 기록될 것이고 단지 실제로 부도나 연체가 있어야만 감사관의 평가금액이 줄어들 것이다. 따라서 역설적이게도 특별히 유동성이 양호해 은행이 제2의 지급준비금처럼 여긴 자산들이 오히려 은행 건전성에 가장 심각한 위협을 제공한 셈이다.

우리가 추적해온 이 같은 과정의 가장 극단적인 예를 영국이 금본위제를 이탈한 이후의 경험에서 찾을 수 있다. 이 시기 정부채권 가격이 10%, 우량 회사채 가격이 20% 하락(이는 앞에서 인용한, 1932년 1월 11일 공개시장정책회의를 위한 예비 비망록에 기록됨)한 것은 1920년대 신용이 질적으로 저하했다거나, 그 용어의 어떤 의미상으로든 "부실한" 은행 경영 때문이 아니었다. 그와 같은 가격 하락은 은행이 예금주에게 현금을 지급하기 위해 그 몇 배에 달하는 크기로 자산을 줄여야 했으므로 어쩔 수 없이 채권을 투매하면서 발생한 불가피한 영향 때문이었다.

만약 신용도 저하나 부실 은행 경영이 방아쇠 역할을 했다고 하면, 이에 따른 예금주의 현금 수요를 예금의 통화승수 배만큼의 감소를 수반하지 않으면서 충족시킬 수 있을 만큼 본원통화를 추가적으로 확보하지 못한 은행시스템의 무능력이 바로 직접적인 피해를 일으킨 탄환 역할을 했다고 할 수 있다. 그와 같은 무능력이야말로 은행 도산의 정도와 중요성, 그리고 (은행 도산의 — 옮긴이) 통화량에 대한 간접적인 영향 모두에 책임이 있는 것이었다. 추가적인 본원통화

공급이 없는 가운데, 최초에 몇몇 부실은행들이 도산하자 그로 인해 인출쇄도를 경험한 은행들은 법정지급준비금 이외에 추가로 정부증권만을 보유하고 있는 것으로는 전혀 도움이 되지 않았다. 그와 같은 자산구성으로도 예금주들의 신뢰에 영향을 미쳐 인출쇄도를 중지시키지 못했다면 은행들은 필요한 본원통화를 획득하기 위해 여전히 보유 정부증권을 투매해야 했고 많은 수가 도산했을 것이다.[67] 그러지 않고, 만약 예금과 자산을 몇 배로 축소시키는 사태를 유발하지 않으면서 예금주의 현금 수요를 충족시킬 수 있게 어떤 근거로라도 본원통화를 추가로 공급하여 활용되게 했더라면 은행이 보유한 자산구성은 거의 문제되지 않았을 것이다. 방아쇠가 당겨졌어도 발사되는 것은 단지 공포탄뿐이었을 것이라는 말이다. 은행은 보유 자산을 투매해야 하는 궁지에 내몰리지 않았을 것이다. 자산 시장가격의 엄청난 하락도, 은행의 자본계정 손상도 없었을 것이다. 몇몇 부실은행이 도산했다 해도 수많은 다른 은행의 지불능력에는, 역시나 많은 은행이 도산했던 1920년대보다 더 큰 영향을 미치지는 않았을 것이다. 그리고 설령 비정상적으로 많은 수의 은행이 부실화한 때문에 예금주, 기타 채권자, 주주 등에게 실제로 발생한 것만큼의 손실을 입히면서 도산했다 하더라도, 만일 그것이 급격한 통화량 감소를 수반하지 않았더라면, 그것은 단지 유감스러운 사건에 그칠 뿐 대재앙은 되지 않았을 것이다.

---

67) 물론 만약 은행들이 법정지급준비금 외에 추가로 미국 정부증권만 보유했다면 연방준비제도 측이 이 증권의 가격을 지지하기 위해 본원통화를 추가로 공급함으로써 개입해야 하는 압력이 훨씬 더 컸을 것이다. 하지만 그것은 신용도 저하의 영향과는 전혀 다른 문제다.

## 연방준비제도의 태도

합중국은행이 도산하자 뉴욕연방준비은행 이사들은 커다란 양심의 가책을 느끼기 시작했다. 그들은 1930년 12월 중반~1931년 4월에 회원은행의 도산과 관련된 연방준비은행의 책임과 이를 방지하기 위한 대책을 논의하기 위해 회의를 거듭했다. 그들은 합중국은행의 도산이 상업은행뿐만 아니라 연방준비제도의 신뢰에도 심각한 타격을 가했음을 잘 알았다. 당시 뉴욕연방준비은행 이사회 부의장 오웬 D. 영은 동료 이사들에게 뉴욕 주 북부의 한 은행가가 한 말을 반복했다. 합중국은행의 도산은 "최근 몇 년간 벌어진 어떤 사건보다도 더 심하게, 연방준비제도에 대한 신뢰를 흔들었다."[68]는 것이다. 은행 문제가 불거진 이후 처음 열린 연방준비제도이사회와 공개시장정책회의의 합동회합에서 이사회 회원 아돌프 밀러는 다음과 같이 말했다. "지금은 은행 상황이 신용 상황보다 더 중요하다." 그리고 향후 은행 문제가 확대되면 연방준비은행 총재들이 각각의 지역에서 수행할 계획이 무엇인지 질문했다.[69] 뉴욕연방준비은행 이사회 의사록과 공개시장정책회의를 위해 준비된 비망록을 보면 연방준비은행과 연방준비제도이사회 실무진은 은행문제와 신용 상황 간 상호관련성, 예금주 요구 충족 목적의 증권 매도가 미칠 영향 등을 충분히 알고 있었다.[70] 이후 2년간 은행 도산과 은행감독 문제가 연방준비제도 내부 회의에서 거듭 논의되었다.

---

68) Harrison, Notes, Vol. II, Aug. 13, 1931.

69) Harrison, Open Market, Vol. II, minutes of meeting, Jan. 21, 1931, 7쪽.

70) 예를 들어 앞의 각주 12의 인용 참조.

1930년 이후 은행위기 문제가 주목을 받았는데도, 연방준비제도가 특별히 은행 도산 문제를 겨냥해 만든 유일한 방안은, 앞에서도 말했지만, 다른 이들이라도 취함직한 조치의 제안들이었다. 그것은 은행실사에 좀 더 유연한 자산 가치평가를 허용하는 방안을 특히 강조하는 내용이었다. 이 문제에 대한 연방준비제도의 전반적인 논조는, 내부적으로도 외부적으로도 방어적이었고 은행 도산이 은행 경영의 문제이지 연방준비제도의 책임이 아님을 강조하는 것이었다.

연방준비제도가 은행 도산에 관심을 보이는 데 그렇게 뒤늦고, 그렇게 소극적인 대응을 한 주된 이유는 의심할 여지 없이 은행 도산, 뱅크런, 예금 감소, 채권시장 취약성 등의 연계에 대한 이해가 부족했던 데 있었다. 이런 연계야말로 우리가 이 장(이 책 — 옮긴이)의 앞부분에서 상세히 설명하려고 했던 것이다. 뉴욕연방준비은행의 실무진은 이 연결성을 이해하고 있었다. 연방준비제도 내에 있는 다른 많은 사람들도 분명히 알고 있었다. 하지만 연방준비은행 총재들 중 대부분이나 연방준비제도이사회 회원, 그리고 연방준비제도의 다른 행정 관련 임원들은 그렇지 못했다. 그들은 은행 도산을 부실 경영이나 부실한 영업 관행의 유감스러운 결과로, 아니면 투기광풍이 지난 다음의 필연적인 반작용으로 여겼다. 혹은 은행 도산을 당시 진행되고 있던 금융적, 경제적 붕괴의 한 결과라고 생각했지 좀처럼 원인으로 인식하지는 않았다. 앞에서의 밀러의 인용이 시사하는 바와 같이 그들은 은행 상황을 전반적인 신용 상황과 다른 어떤 것으로 여겼다.

연방준비제도가 더 일찍 은행 도산 문제에 관심을 키우고 또 관심이 커졌을 때 더 긍정적인 조치를 취하지 못한 것을 설명하는 데 도움이 될 네 가지 부가적인 상황 요인이 있다. (1) 연방준비제도 임원들은 비회원은행들에 대해서는 아무런 책임감이 없었다. 1921~

1929년, 그리고 1930년의 처음 10개월간 도산한 은행 대부분은 비회원이었고, 문제된 예금 가운데 비회원은행들이 높은 비율을 차지했다. (2) 당시 도산은 소규모 은행들에 집중되었는데 연방준비제도에서 가장 영향력이 큰 인물들이 소규모 은행들의 존재를 유감스러워하던 대도시 은행가들이었기 때문에 소규모 은행들의 소멸은 어쩌면 안일하게 받아들여진 측면이 있다. (3) 도산 건수가 급격히 증가한 1930년 11월과 12월에도 80% 이상은 비회원은행들이었다. (4) 그 수가 상대적으로 적지만 1930년 말에 도산한 대형 회원은행들에 대해 많은 연방준비제도 임원들은 경영상의 문제에 따른 불행한 경우로 간주했고 이에 따라 중앙은행이 행동을 고치기 쉽지 않았다.[71]

1931년 9월 해리슨 총재는 폐쇄된 은행에 예치된 예금을 활용할 방법에 대해 논의하기 위해 상업은행들의 회의를 소집하면서 다음과 같이 회상했다. "한때 금융가에 있는 우리 가운데 많은 사람은 지방의 소규모 은행 도산의 영향이 다른 경제 부문으로 파급되지 않도록 격리시킬 수 있을 줄 알았다." 하지만 "뉴욕 시市 대형 금융기관들의 계속되는 도산이 심각한 반향을 가져오고 있음은 분명했다."[72]

---

71) 우리는 이 문단과 관련하여 클라크 와버튼에게 감사의 뜻을 전하고자 한다.
72) Harrison, Office, Vol. II, Sept. 11, 1931.

# 공황의 국제적 성격

1929년 서방세계 대부분의 나라들은 서로 다른 통화 간 환율을 고정시킨 고정환율제도로 복귀했다. 이 통화제도는 금환본위제도gold-exchange standard로 널리 알려졌는데, 이는 여러 나라가 통화 준비금monetary reserves을 금 자체로 보유하기보다는 고정된 가격으로 금태환이 가능한 외환 형태로, 특히 스털링과 달러로 보유했기 때문이다. 그 나라들에서 공식적인 외환당국, 통상 중앙은행들은 환율을 종종 자국통화 대비 고정된 비율로 금을 매매함으로써 간접적으로 고정시키기보다는, 다른 통화 대비 고정된 비율로 자국통화를 매매함으로써 직접적으로 고정시켰다.

고전적 금본위제와 같이 금환본위제 역시 고정환율제도였다. 이는 또한 서로 다른 나라의 물가수준과 소득수준이 긴밀히 연결되었음을 뜻한다. 각 나라는 국제수지상의 균형에서 크게 벗어나지 않는 범위 내에서 행동해야 했다. 하지만 금환본위제의 적용은 국가 간 조정의 여지가 더 줄어드는 것을 뜻했다. 고전적 금본위제와 비교할 때 국제수지 균형을 위해 벗어나서는 안 될 일정 범위라는 것이 실제로는 상당히 엄격한 측면이 있었다. 예금/준비금 비율 상승이 국내 통화시스템을 더 취약하게 만든 것과 동일한 이유로 금환본위제는 국제금융시스템을 교란요인에 대해 취약하게 만들었다. 금환본위제는 국제적인 본원통화(이 경우 궁극적으로는 금)에 대한 청구권 크기를 실제 가용 본원통화의 크기에 비해 증가시켰기 때문이다.

고정환율로 맞물린 국제적 연결망은 1929년 이후 소득과 물가 하락을 여지없이 전 세계적인 것으로 되게 했다. 1920년에는 고정환율이 그보다 덜 경직적이었는데도 당시 불황을 전 세계적인 것으로 만든 바 있다. 어떤 나라에서 큰 폭의 물가 하락을 수반하는 대규모 불황이 발달하면 이 불황이 다른 나라로 전달되고 확산되도록 강제하는 연결망이 작용했다. 연결망이 강력한 효과를 발휘해서 미세한 것 말고는 조정되지 않은 움직임을 허용치 않았다.

1920년에 그랬던 것처럼, 불황이 일단 시작되자 전 세계적인 범위로 진행되었다고 해서 그 불황의 기원이 미국이 아니라는 뜻은 아니다. 아무리 늦게 잡아도 제1차 세계대전 이후부터는 미국은 세계무역과 국제금융시장에서 충분히 중요한 역할을 수행했고 전 세계 금스톡 중 상당히 큰 부분을 보유해왔기 때문에, 해외부문의 변동에 단순히 반응하는 것이 아니라 전 세계적인 변동을 일으킬 수 있는 지위에 있었다. 물론 미국에서 전 세계적인 교란 요인이 발생했다면 다음 순서로 불가피하게 세계 다른 지역에서 온 반향의 영향이 미국에 미쳤을 것이다.

제5장(『미국화폐사』 — 옮긴이)에서 보았듯이 1920~1921년 불황이 주로 미국에서 시작되었다고 볼 충분한 이유가 있다. 최초 단계는 1920년 1월 할인율이 큰 폭으로 상승한 것이었다. 이는 실은 이에 앞선 금 유출에 따른 귀결이었다. 한편 금 유출은 1919년 미국의 인플

레이션을 반영한 것이었다. 할인율이 상승하자 5월 들어 금 이동 양상이 뒤바뀌었다. 두 번째 단계는 1920년 6월 할인율이 연방준비제도 역사상 전무후무하게 높은 수준으로 상승한 것이다. 계획적으로 선택된 이 정책은 금 유입이 이미 시작된 상태였기 때문에 불필요한 것이었다. 6월의 할인율 상승은 대규모 금 유입으로 이어졌다. 이는 미국이 다른 나라들에게 미국을 본받아 금 아끼기에 나서게 만들었다는 뜻이다.

1929년 상황도 이와 다르지 않았다. 다시 한 번 최초의 결정적 사건인 주식시장 붕괴가 미국에서 발생했다. 1930년 후반에 빠른 통화량 감소가 시작되게 한 일련의 상황 전개 역시 그 기원은 주로 국내에 있었다. 실제로 은행의 연쇄도산을 해외에서 기인한 어떤 중요한 영향의 탓으로 보기는 어렵다. 그리고 미국이 당시 경제적 변동의 선두에 있었지 뒤따라가는 입장이 아니었다는 결정적인 증거가 바로 금 유출입 패턴이다. 만약 다른 지역에서 발생한 침체가 미국으로 파급된 것이었다면, 그 파급경로는 다른 지역의 물가와 소득이 미국보다 상대적으로 하락함에 따른 미국의 국제수지 적자였을 것이다. 이것은 미국으로부터의 금 유출을 야기했을 것이고 만약 미국이 금본위제의 규칙을 준수했더라면 이 금 유출이 통화량을 위축시키고 이로 인해 소득과 물가가 하락할 것이었다. 하지만 미국의 금 스톡은 공황의 처음 2년 동안 감소하기는커녕 증가했다. 이는 1920년에 그랬듯이 다른 나라들이 미국의 통화정책에 맞추어 적응할 수밖에 없었음을 보여주는 것이다.

국제적 영향은 심각했고 급속히 파급되었다. 이는 금환본위제로 인해 국제금융시스템이 교란요인에 더 취약해진 때문만은 아니었다. 미국이 금본위제의 규칙을 따르지 않았던 것도 한 원인이었다. 미국은 금 유입으로 통화량이 확대되는 것을 허용하지 않았다. 미국은 금 유입을 불태화하는 데 그치지 않고 훨씬 더 나아갔다. 미국의 통화량은 이상한 방향으로 움직였는데 금 스톡이 증가하면 통화량이 줄어드는 식이었다. 1929년 8월, 통화량은 금 스톡의 10.6배에 달했는데 1931년 8월에는 8.3배였다. 그 결과, 다른 나라들은 모든 조정 부담을 감내해야 했을 뿐만 아니라 지속적으로 동일한 방향으로 작용한 추가적인 교란요인에 직면하여 적응해야 했다. 1931년 초에 해리슨이 지적했듯이, 해외 논평자들은 미국의 통화정책에 특히 비판적이었는데 다음과 같은 이유에서였다.

일단 이 나라로 들어온 금은 회원은행들이 이런저런 형태로 연방준비은행 신용을 상환하는 데 사용되었다. 그 결과 이 기간 동안 연방준비은행 신용 총액은 금 수입과 같은 규모로 줄어들었다. 따라서 미국이 평상적이고 정상적인 금 유입의 영향을 막아왔다고 말할 수도 있다. …… 금을 계속 불태화하는 일이 세계에 미치는 해악은 …… 매우 커서 연방준비제도의 공개시장조작정책에 신중한 주의를 기울이는 것이 바람직한 일이 될 정도였다.[73]

그 영향은 먼저 가장 적은 양의 금준비로 금본위제에 복귀한 나라들, 그리고 오스트리아, 독일, 헝가리, 루마니아와 같이 제1차 세계대전을 거치며 금융구조가 가장 심각하게 손상된 나라들에서 격심했다. 이 나라들의 금융시스템을 떠받치기 위해 국제적인 대부가 조성되었는데 연방준비제도도 여기에 참여했다. 하지만 미국의 디플레이

---

73) Harrison, Open Market, Vol. II, Apr. 27, 1931.

션으로부터 초래되어 이 나라들에 미친 기본적인 압력이 완화되지 않았고, 혹은 이 나라들을 미 달러화에 묶어놓는 고정환율의 고리가 절단되지 않았기 때문에, 그런 도움은 기껏해야 미봉책이었다. 그 점은 각 나라마다 입증되었다. 우리가 앞에서 보았듯이 그 나라들의 금융이 곤경에 처한 만큼 이번에는 미국도 미국이 초래한 사건들의 역풍을 맞았다.

고정환율이 국제적 전달 메커니즘에서 행한 핵심 역할을 보기에는 중국의 사례가 적절하다. 중국은 금본위제가 아니라 은본위제였다. 그 결과, 이 나라의 환율은 금본위 국가들과의 관계에서는 변동환율에 해당하는 것이었다. 금으로 표시된 은 가격 하락은 중국 위안화 가치 하락과 같은 효과를 가졌다. 그로 인해 중국 내 경제 여건은 전 세계적 공황의 영향권에서 격리되어 있었다. 세계 물가가 금 기준으로 하락하자 금으로 표시한 은 가격 역시 하락했다. 이에 따라 은으로 표시한 재화 가격은 대략 같은 수준을 유지할 수 있었다. 중국은 국내적으로 디플레이션을 겪지 않으면서도 대외 균형을 계속 유지할 수 있었다. 그리고 실제 그렇게 되었다. 1929~1931년에 중국 내부적으로는 금본위제 국가들을 휩쓴 홀로코스트(대공황을 비유하는 표현 — 옮긴이)의 영향을 거의 받지 않았다.[74] 이는 마치 독일이 초인플레이션과 이에 수반된 변동환율로 인해 1920~1921년 세계 불황의 영향에서 격리된 것과 마찬가지였다.[75]

주요국 가운데 그 같은 사슬을 처음으로 끊은 나라는 영국이었다.

---

74) Arthur Salter, *China and Silver*, New York, Economic Forum, 1934, 3~6, 15~17쪽.

75) Frank D. Graham, *Exchange, Prices, and Production in Hyperinflation: Germany, 1920-23*, Princeton University Press, 1931, 287~288쪽.

영국은 1931년 금본위제에서 이탈했다. 영국, 그리고 영국과 함께 금본위제에서 이탈한 다른 나라들의 불황 저점은 1932년 3분기였다. 금본위제를 유지한 나라들, 그리고 캐나다처럼 영국과 중간까지만 같은 길을 걸은 나라들에서 대공황은 지루하게 계속되었다. 한편 중국에서는 파운드 가치가 금에 비해 급격히 하락함에 따라 자국통화의 가치가 파운드 대비 상승하면서 1931년 들어 처음으로 세계 대공황에 합류하게 되었다.

물론 이 같은 국제 변화의 선두에 있던 나라라고 해서 계속 선두에 머물라는 법은 없었다. 프랑스는 1928년에 프랑을 저평가한 환율로 금본위제에 복귀함에 따라 대규모의 금 스톡을 축적했으며 이에 따라 상당히 여유가 있었다. 그리고 언제부턴가는 미국을 넘어서서 금 보유를 늘려갔을 뿐만 아니라 1931년 후반 이후 미국에서 유출된 금을 흡수할 정도가 되기도 했다. 프랑과 달러 사이의 연결고리는 미국이 1933년 3월 금 태환을 정지하면서 끊어졌다. 이 시점은 미국, 그리고 미국과 밀접히 연결된 나라들에서 경기순환 저점이 되었다. 이후에도 더 오랫동안 금본위제를 고수했던 프랑스에서는 대공황이 훨씬 더 장기간 지속되었다. 1932년 7월~1933년 7월에 경기가 호전되기도 했지만 전간기의 저점은 1935년 4월에나 형성되었다.

## 5절
# 통화정책의 전개

어렵고도 중대한 대공황기에 시행된 통화정책의 추이는 연방준비제도 내 권력 다툼의 영향을 크게 받았다. 그 시작은 앞 장(제6장 — 옮긴이)에서 살펴보았다. 주식시장 붕괴 시점에 뉴욕연방준비은행은 과거에 지배적 영향력을 발휘하던 전통에 따라 신속하고 단호하게, 스스로의 판단으로 움직였다. 연방준비제도이사회가 이에 반대하는 반응을 보이면서 추가적인 뉴욕연방준비은행의 독자적 조치들은 크게 억제되었다.

1930년에 뉴욕연방준비은행은 팽창적 공개시장조작정책을 강하게 지지했다. 하지만 그 해 하반기 이후 뉴욕연방준비은행은 다른 지역 연방준비은행 총재들(이들 모두 이 시점까지 과거의 공개시장투자위원회를 대체하여 재조직된 공개시장정책회의의 구성원이 되었다.)이나 워싱턴의 연방준비제도이사회를 설득시킬 수 없었다. 1931년에도 마찬가지였다. 다만 차이가 있다면 연방준비제도이사회의 새 의장인 유진 마이어가 팽창적 조치를 지지했지만, 뉴욕연방준비은행이 이와 관련해 과거보다 덜 적극적이었다는 점이다.

영국의 금본위제 이탈에 반응할 때는 이런 갈등이 드러나지 않았다. 연방준비제도와 관련된 거의 모두가 당시에 취해진 조치를 지지했다. 그 당시 연방준비제도와 금융계 전반은 금본위제 유지를 중시하고 내적 안정성보다는 외적 안정성에 더 중점을 두었는데 이러한 인식이 이 합의에 반영되었다. 가라앉은 연방준비제도 내부의 갈등은 얼마 지나지 않아 1931년 가을에 다시 수면 위로 떠올랐다. 팽창적 공개시장조작을 주장하는 뉴욕연방준비은행은 연방준비제도이사회에서 의장과 다른 몇몇 성원들, 그리고 몇몇 지역 연방준비은행 총재들의 지지를 받았지만 연방준비은행 총재들 대부분은 뉴욕연방준비은행에 반대했다.

1932년의 공개시장조작정책은 주로 의회의 압력을 받아, 그리고 외견상 연방준비제도의 팽창적 영향력 행사를 허용하는 새로운 글래스-스티걸 법과 함께 동의를 얻은 것이었다. 공개시장 조작은 8월에 의회가 휴회한 지 얼마 되지 않아 종료되었다. 그렇게도 여러 연방준비은행 총재들이 그 정책에 여전히 미온적이었고 정책 추구를 꺼렸기 때문이었다. 공황의 남은 기간 내내 교착 상태가 지속되었다.


### 1929년 10월의 주식시장 붕괴

주식시장 붕괴 시점에 공개시장투자위원회는 연방준비은행 총재들 5명으로 구성되어 있었고 의장은 뉴욕연방준비은행 총재였다. 이 공개시장투자위원회는 연방준비제도이사회에 9월 4일에 추천되어 10월 1일에 승인받은, 단기정부증권을 "일주일에 2천5백만 달러의 한도로" 매입할 수 있다는 지침을 따르고 있었다. 당시 정부증권 매입은 은행인수어음 매입을 보완하기 위해 필요한 경우에 한했다. 그 "목적은 회원은행 어음할인 규모의 증가를 막고 가능하면 이를 줄이려는" 것이었다. 10월 23일로 끝나는 주까지도 공개시장투자위원회는 정부증권을 전혀 매입하지 않았다. 어음할인의 여지가 있었기 때문이었다. 연방준비제도의 어음 보유액이 1억 1천5백만 달러 증가하는 동안 정부증권 보유액은 1천6백만 달러 감소했다.[76]

파국이 왔을 때, 뉴욕연방준비은행은 어떤 조치를 취해야 하는지에 대한 입장이 명확했고 실제로 그 조치들을 실행에 옮기기 시작했다. 뉴욕연방준비은행은 뉴욕 소재 은행들이 어음할인을 충분한 규모로 수행할 수 있도록 한 데 이어 정부증권을 1억 6천만 달러 매입했다. 매입액은 공개시장투자위원회에 허용된 매입 한도액보다 훨씬 컸지만 뉴욕연방준비은행은 공개시장투자위원회를 따른다고 밝히지 않았다. 뉴욕연방준비은행은 연방준비제도이사회의 승인이 없더라도 지역 연방준비은행이 자체 계정으로 정부증권을 매입할 권리가 있으며 이는 일반적인 신용정책의 일환이라고 주장했다.[77] 해리슨은 뉴욕연방준비은행의 이사들이 해리슨에게 양적인 제한을 두지 않은 정부증권 매입을 허가했으며 콜 대부 금리가 발표되기 전인 10월 29일에 매입할 준비가 되었음을 연방준비제도이사회 의장 로이 영Roy Young에게 알렸다.

---

76) Harrison, Open Market, Vol. I, minutes, Sept. 24, 1929, and letter, dated Oct. 1, 1929, Young to Harrison.

77) 뉴욕연방준비은행이 10월 30일로 끝나는 주간에 매입한 정부증권 1억 6천만 달러 가운데 7천5백만 달러는 연방준비제도 계정으로 이체되었다. 이어지는 2주 동안 뉴욕연방준비은행은 직접 연방준비제도 계정을 통해 추가로 2천5백만 달러를 더 매입했다.

연방준비제도이사회 구성원들은 뉴욕연방준비은행이 구체적 행동 이전에 연방준비제도이사회 승인을 구하지 않은 것을 일종의 반항의 표시로 여겼다. 물론 몇몇은 그와 같은 행동이 적절하다고 보았다. 법률상, 뉴욕연방준비은행의 권리 주장은 명백히 법적 테두리 내에 있어 보였다. 공개시장투자위원회를 설치한 1923년 협약에 따르면 각 연방준비은행은 자체 계정을 통해 정부증권을 매입, 보유할 권리가 있었다. 의장 영과 대부분의 연방준비제도이사회 구성원 역시 법적 권한 자체는 인지하고 있었으나 연방준비제도이사회 권위에 대한 도전을 참을 수 없어 했다. 많은 논의 끝에 마침내 연방준비제도이사회는 영에게 권한을 위임하여 해리슨에게 다음과 같이 알리도록 했다. 만약 뉴욕연방준비은행이 5%로의 금리 인하 승인을 요청하면, 연방준비제도이사회는 연방준비제도이사회 승인 없이는 추가로 정부증권을 매입하지 않는다는 조건부로 이 요청을 승낙하겠다는 것이다.[78] 이렇게 해서 11월 1일, 뉴욕연방준비은행의 할인율이 인하되었다. 뉴욕연방준비은행 이사들에게는 연방준비제도가 즉각 추가 매입에 나서야 하는 당위성이 분명했다. 11월 7일 결의안에서 선언했듯이 "만약 그러지 않는다면 지난 몇 주간 발생한 사건들 이후 경기침체와 이에 따른 공황과 실업의 위험이 더 커질 수도 있다. 우리는 사태 예방을 위해 할 수 있는 모든 것을 다 해야" 하기 때문이다.[79] 11

---

78) Hamlin, Diary, Vol. 16, Oct. 29, 30, 1929, 187~196쪽. 밀러는 매입 실행이 바람직하다고 보지 않았다. 그는 사전에 상의가 이루어졌더라면 연방준비제도이사회가 매입을 승인하지 않았으리라는 것, 뉴욕연방준비은행이 전반적인 신용 상황보다는 주식시장에 더 큰 관심을 기울이고 있다는 것, 그리고 은행에게 반드시 재할인창구를 활용하도록 하는 것이 적절한 대응책이리라는 취지의 결의안을 제안했다.

79) 이 결의안에 대해서는 Harrison, Miscellaneous, Vol. I을 참조.

월 12일에 공개시장투자위원회는 해리슨의 지휘하에서 다음 사항을 권고했다. "현재의 주당 2천5백만 달러 정부증권 매입한도를 폐지하고 이를 대신하여, 공개시장투자위원회가 매입에 참여하고자 하는 연방준비은행의 계정을 통해 2억 달러 한도로 정부증권 매입 권한을 부여받는 것 ……"이다. 이는 다음과 같은 사실을 염두에 둔 것이었다. "현재 상황이 아마도 긴급대책의 한 방편으로서 은행부문과 기업부문의 안정성을 유지할 수 있도록, 신용의 과도한 경색을 피하기 위해 정부증권의 즉각적인 대량 매입이 필요한 시점으로 전개될 수 있다."[80]

이튿날 연방준비제도이사회는 공개시장투자위원회에 "전반적인 상황이 아직 명확하지 않아 연방준비제도가 현 시점에서 항구적인 공개시장정책을 수립하고 채택할 상황이 아님"을 알렸다. 그러나 만약 "긴급상황이 갑작스럽게 발생해 의장과 협의할 수 없다면 연방준비제도이사회는 실시 중인 매입활동에 이의를 제기하지 않을 것이다. 단, 연방준비제도이사회에 그러한 매입에 관해 즉각 통보해야 한다."[81]는 것을 허용했다.

11월 15일, 연방준비제도이사회 의장 영은 뉴욕에 있었다. 해리슨은 영과 의견을 교환했고 그 내용을 다음과 같이 기록해두었다. "나는 그에게 정부증권 매입 문제에 관한 우리들의 이견에 대해 매우 진술하고 완전하게 얘기하고 싶다고 말했다. …… 그리고 연방준비제도이사회와 뉴욕연방준비은행 이사의 권한과 관련하여 만일 우리가 어떤 형태로든 실행 가능한 상호이해나 합의에 도달할 수 없게 되면

---

80) Harrison, Open Market, Vol. I, minutes of meeting, Nov. 12, 1929.
81) 위의 문서, letter, dated Nov. 13, 1929, Young to Harrison.

분명 매우 심각한 결과를 초래할 수도 있는 시점에 와 있다는 말도 했다. …… 나는 그에게 연방준비제도이사회가 감독 기능에 전념하는 게 아니라 여러 연방준비은행의 운영이나 세부적인 거래에 점점 더 개입하고 있다고 이야기했다." 이어서 해리슨은 과거 1929년에 4개월간 뉴욕연방준비은행이 여러 차례 결의한 할인율 인상에 연방준비제도이사회가 거부권을 행사한 일, 결코 이전에는 그런 적이 없었으나 그 해 연방준비제도이사회가 은행인수어음의 최소매입금리에 대한 스프레드를 고정시킴으로써 뉴욕연방준비은행의 운신 폭이 제한된 일, 그리고 같은 해 가을, 원래는 뉴욕연방준비은행에게 우선권이 있는 최소매입금리 결정권을 연방준비제도이사회가 행사한 일 등을 상기시켰다. 그리고 마지막으로 뉴욕연방준비은행의 입장을 다음과 같이 밝혔다.

우리가 어떤 정부증권 거래든 먼저 사전 승인을 얻기 위해 연방준비제도이사회에 가야만 한다는 사실. …… 나는 이 모든 일에서 연방준비제도이사회의 사전 승인을 받아야 한다는 그의 견해의 논리적 귀결은 연방준비제도이사회가 곧 워싱턴에서 운영되는 하나의 중앙은행이 되는 것이라고 그에게 말했다. 그는 오로지 다음과 같은 대꾸만 했다. 연방준비제도이사회에게 부여된 권한은 아주 광범위하게 행사되도록 되어 있다. 이런 권한을 가진 이상, 연방준비제도이사회는 그 권한을 충분히 행사하려 할 것이다. 의회가 워싱턴에서 운영되는 하나의 중앙은행을 가지는 것에 반대할지 여부는 의회가 결정할 수 있다.[82]

82) Harrison, Conversation, Vol. I, Nov. 15, 1929.

영 의장은 뉴욕연방준비은행의 이사회 부의장인 오웬 D. 영과 11월 22일에 만났다. 장소는 재무부 장관이자 연방준비제도이사회의 직권 의장인 멜론의 사무실이었다. 정부증권 거래에 대한 연방준비제도이사회의 영향력에 대한 논의가 목적이었다. 이때까지는 양쪽 중 어느 쪽도 양보할 준비가 전혀 되어 있지 않았다. 멜론 장관이 말하기를, 자신은 애초에 뉴욕연방준비은행의 이사회에 가장 광범위한 재량을 허용하려고 했지만 연방준비제도이사회가 그 문제에 관해 권리와 의무를 가지고 있음을 깨닫게 되었다는 것이다. 오웬 D. 영의 말은, 논란의 여지 없이 긴급한 비상상황은 별도로 하고, 연방준비제도이사회가 모든 주요 거래들에 동의한 것은 아니었는데 그 이유를 모르겠다는 것이었다. 영 의장은 그것이 바로 연방준비제도이사회가 원한 것이라고 답했다.[83]

이튿날인 11월 23일, 영 의장과 멜론 장관은 해리슨과 만났다. 해리슨은 "뉴욕에 있는 우리는 서로 합의된 것이면 어떤 정책이든 우리 자체 계정을 통해서나 혹은 연방준비제도 계정을 통해 기꺼이 실행하려 하고 또 그럴 준비가 되어 있다."고 말했다. 영은 11월 12일 공개시장투자위원회가 추천한 정책을 유보 없이 승인하려 한다면서도 먼저 다음과 같은 것을 알고 싶다고 답변했다.

즉, 이미 논쟁이 있었던 뉴욕연방준비은행의 자체 계정 활용 문제가 이와 같은 승인으로 인해 어떻게 될 것인지. 내〔해리슨〕 생각에 여기에는 절차와 법률적 권한의 문제가 따르는데, 그런 결정은 나중으로, 즉 이런 절박한 기간이 지나고, 상황과 대중 감정이 좀 더 안정되고

83) Hamlin, Diary, Vol. 17, Nov. 12, 13, 22, 1929, 13, 17, 20~22, 31~32쪽.

정상적이 되어 뭔가 상호 만족할 절차를 끌어낼 수 있게 되는 나중으로 미루고 싶다고 말했다. 그런 다음 나는 다음과 같이 제안했다. 만약 연방준비제도이사회가 공개시장투자위원회 보고서를 조건 없이 승인하고 공개시장투자위원회가 이 실행을 허용한다면 나는 다음 주 수요일[11월 27일]에 우리 이사들에게 뉴욕연방준비은행이 연방준비제도이사회와 함께 뭔가 상호 만족할 절차를 도출하게 되는 시점까지는 연방준비제도이사회 승인 없이 일반신용정책의 일환으로 자체 계정을 활용해 정부증권을 매입하는 것은 자제하도록 권하겠다.

이렇게 합의되어 연방준비제도이사회는 공개시장투자위원회의 권고사항과 뉴욕연방준비은행 이사들의 결의안에 개요를 밝힌 정책을 11월 25일에 재심의하고 표결에 부쳐 승인했다.[84] 공개시장투자위원회는 2억 달러 규모의 매입 권한을 위임받았지만 1929년 11월 27일~1930년 1월 1일에 1억 5천5백만 달러를 매입했다.

주식시장이 붕괴한 그 일주일간 시행된 뉴욕연방준비은행의 매입에 대해 다른 지역 연방준비은행의 문의가 쇄도했다. 이에 대한 답변으로 해리슨은 11월 27일 모든 연방준비은행 총재들 앞으로 긴 편지

---

84) 승인 동의안은 5 대 3으로 통과되었다. 영 의장, 플래트Platt 부의장, 햄린과 함께 재무장관과 감사관이 찬성했다. 밀러는 반대했다. "현재도 금리가 싼데, 정부 증권매입으로 금리가 더 싸질 것"이며 그것은 나쁜 정책으로서 "뉴욕연방준비은행의 구미에 맞도록 권력을 포기하는 것"이기 때문이었다. 다른 두 반대표는 이사회를 구성하는 성원인 아이오와의 농장주 에드워드 커닝햄Edward Cunningham과 멤피스의 상인 조지 제임스George James에 의한 것이었다(7절 참조). Harrison, Miscellaneous, Vol. I, letter, dated Nov. 25, 1929, Young to harrison. Harrison, Office, Vol. II, memorandum of Nov. 25, 1929. Hamlin, Diary, Vol. 17, Nov. 24, 25, 1929, 35~36, 38~40쪽.

를 내 당시 뉴욕의 상황, 뉴욕연방준비은행이 그런 조치를 취한 이유와 정당성 등을 설명했다. 몇몇 총재는 그런 행동을 지지했고 매입 참여 의사를 표했지만 이를 비판하는 사람도 있었다. 그런 조치가 단지 "자연적인 구조조정"과 이에 따른 회복을 지연시킬 따름이라는 것이 이유였다.[85]

주식시장 붕괴 후 처음 몇 주간 뉴욕연방준비은행이 직면했던 상황은 이어지는 대공황 기간 중에 재발하게 되었다. 뉴욕연방준비은행은 정책을 가지고 있었다. 하지만 연방준비제도이사회나 다른 연방준비은행들은 이 정책에 동의하지 않거나 아니면 오랜 토론 끝에 겨우 마지못해 동의하는 정도였다. 주식시장 붕괴 당시 뉴욕연방준비은행은 자체적으로 앞서 나갔다. 비록 1929년 11월 연방준비제도이사회에 굴복하긴 했지만, 뉴욕연방준비은행은 이후 1929년 10월에 했던 대로 연방준비제도 계정을 무시하고 자체 계정으로 매입을 수행하는 대안을 고려하기도 했다. 하지만 우리가 앞으로 보겠지만 그런 대안을 실제로 채택하지는 못했다.

주식시장 붕괴 시점부터 영국의 금본위제 이탈에 이르기까지,
1929~1931년

주식시장 붕괴 후 뉴욕연방준비은행은 할인율 인하, 할인규모 감소를 상쇄하기 위한 어음 및 증권의 대규모 매입을 지지하는 입장이

---

85) Harrison, Miscellaneous, Vol. I, Nov. 27, 1929. 비판에 대해 다음을 참조.
Harrison, Notes, Vol. I, meeting of executive committee, June 9, 1930.

었다. 뉴욕연방준비은행 이사들은 1929년 11월 14일 처음으로 명시적으로 할인율을 5%에서 4.5%로 인하하는 안을 통과시켰고 이에 대해 연방준비제도이사회의 승인을 얻었다. 1930년 1월 30일, 뉴욕연방준비은행 이사들은 4%로의 인하안을 통과시켰으나 연방준비제도이사회는 찬반동수로 이를 부결시켰다. 2월 7일, 동일한 내용의 할인율 인하 동의안이 다시 뉴욕연방준비은행을 통과했다. 연방준비제도이사회는 1차 투표에서 또다시 찬반동수로 이를 부결시켰다. 그러자 이번에는 반대표를 던졌던 연방준비제도이사회 성원 중 한 명이 찬성 쪽으로 의사를 바꿨다. 이는 그가 할인율 인하에 찬성했기 때문이 아니라 찬반동수일 경우 동의안이 부결되는 것에 반대했기 때문이었다. 이와 같은 과정을 거쳐 인하안이 승인되었다. 3월 14일에는 뉴욕연방준비은행 이사들이 동의안을 두 번 가결시키는 일 없이 한 번 만에 할인율을 3.5%로 인하하는 안이 연방준비제도이사회의 확실한 승인을 얻었다. 4월 24일, 뉴욕연방준비은행 이사들이 할인율을 3%로 인하하도록 투표했지만, 연방준비제도이사회는 이에 대한 승인을 거부했다. 같은 내용의 동의안이 5월 1일 다시 뉴욕연방준비은행에서 가결되었다. 뉴욕연방준비은행 이사들은 만약 이번에도 연방준비제도이사회가 승인하지 않으면 심지어 공식 성명을 발표할 것까지도 고려했는데, 물론 그렇게까지는 하지 않기로 결정되었다. 하지만 이번에는 연방준비제도이사회가 이 동의안을 승인했다. 이와 유사하게 어음매입금리의 인하와 관련해서도 연방준비제도이사회의 승인을 얻기까지 반복된 지연에 직면해야 했다.[86]

---

86) 해리슨 문서상으로 뉴욕연방준비은행 이사회 의사록의 첫 번째 날짜인 1930년 4월 17일 이전 기간에 대해서는 우리는 주로 햄린의 일기에 의존했다. 그 일기에

뉴욕연방준비은행은 공개시장 매입을 위한 권고안 승인 건에서 더 큰 어려움을 겪었다. 연말에 연방준비은행의 신용 공급이 증가하는 통상적인 계절적 변동 패턴대로 1929년의 마지막 몇 달간 매입이 이루어진 다음 공개시장투자위원회는 추가 매입을 극도로 꺼려하는 분위기였다. 몇몇 성원들은 성탄절 이후 통상적인 패턴대로 정부증권을 매각하고 싶어했다. 공개시장투자위원회의 1월 모임 결과, 최종적인 정책 권고는 "현재의 신용 추세를 중지 혹은 촉진시키기 위한 목적의 정부증권을 대상으로 한 공개시장조작은 필요하지 않다."는 것이었다.[87]

　　3월 초 들어 경제 상황이 악화되고 뉴욕연방준비은행이 증권 포트폴리오를 유지할 수 없게 되자 이에 대한 고려로서 뉴욕연방준비은행 이사들은 5천만 달러의 정부증권 매입 인가 동의안을 결의했다.

---

는 뉴욕연방준비은행의 할인율 인하 요청에 연방준비제도이사회의 승인이 지연된 것과 관련된 진술들이 있다. 햄린은 1929년 11월 14일의 연방준비제도이사회 승인에 대해 이 인하 동의안이 연방준비제도이사회에 최초로 제출된 것인지의 여부에 관한 언급은 없이 간단히 기록했다. 1930년 3월 14일자의 할인율 인하에 대한 언급은 없다(다음을 참조. Hamlin, Diary, Vol. 17, Nov. 14, 1929, Jan. 30, Feb. 6, Apr. 24, May 1, 1930, 23, 87, 97, 139~111, 145~146쪽. 또한 Harrison, Miscellaneous,Vol. I, letter, dated Feb. 5, 1930, Harrison to all governors, another letter, dated Mar. 17, 1930, Case to Governor Young, a letter, dated Apr. 29, 1930, Harrison to Platt. Harrison, Notes, Vol. I, Apr. 24. May 1, 1930).

　　1930년 5월 21~22일 열린 공개시장정책회의에서 해리슨 총재는 "최근 여러 주 동안 연방준비제도이사회는 뉴욕연방준비은행의 어음 최소매입금리 인하 동의안을 시간 지연 없이는 승인하지 않았다. 이에 따라 상당한 기간 동안 뉴욕연방준비은행은 어음매입금리와 관련하여 필요한 바로 그때 더 낮은 금리를 적용할 수 있는 유연성을 포기해야 했다."고 보고했다(Harrison, Open Market, Vol. I).

87) 위의 문서, minutes of meeting, Jan. 28-29, 1930.

매입은 연방준비제도이사회의 승인을 거쳐 다른 연방준비은행 총재들에게 참여 의사를 타진하는 회람장을 돌린 이후에 실행되었다. 3월 말 공개시장위원회는 공식 회합에서 "현재 정부증권을 추가매입할 이유가 없다."고 결론내렸다.[88]

그것이 공개시장투자위원회의 마지막 모임이었다. 공개시장투자위원회 대신 12개 연방준비은행 총재들 전원으로 구성된 공개시장정책회의가 도입되었다. 그 집행위원회는 처음에 다섯 명의 연방준비은행 총재들(뉴욕, 보스턴, 시카고, 클리블랜드, 필라델피아)로 구성되었는데 투자위원회를 구성했던 인원과 동일했다. 하지만 집행위원회는 기존 위원회와 위상이 달라, 공개시장정책회의가 결정한 정책의 실행을 위임받았을 뿐, 과거 투자위원회처럼 정책 수립과 집행, 이 두 기능 모두를 수행하지는 않았다. 공개시장정책회의 자체는 평등한 주체들의 자발적 조직체로 유지되었다. 각각의 연방준비은행은 공개시장정책회의가 권고한 매입/매도에 대한 참여, 혹은 불참을 자유롭게 결정했다. 그러나 불참하려면 불참사유와 함께 이를 연방준비제도이사회와 집행위원회 의장에게 알려야 했다. 또한 각 연방준비은행은 공개시장정책회의에서 탈퇴할 권리도 있었다. 뉴욕연방준비은행은 이러한 변화를 전혀 달가워하지 않아, 공개시장정책회의가 은행인수어음 거래에 어떤 권한도 행사하지 않는다는 조건을 명시함으로써만 마지못해 이에 동의했다.[89] 1929년에 그랬듯이, 뉴욕연방준

88) Harrison, Miscellaneous, Vol. I letter, dated Mar. 7, 1930, Case to all governors. Harrison, Open Market, Vol. I, minutes of meeting, Mar 24-25, 1930.
89) 햄린의 기록에 의하면 해리슨은 이듬해에 이와 같은 변화에 대해 언급하면서 "그는 총재 전원을 공개시장정책회의에 오게 한 것은 실수라고 줄곧 느꼈다. 총

비은행은 연방준비제도의 나머지 구성원을 설득시켜 정부증권을 매매하는 방식으로는 달성하기 어려운 목표를 어음 매입을 통해 성취할 수 있기를 바랐다. 불행히도 뉴욕연방준비은행은 이런 대안을 실현시키지 못했다.

1930년 5월의 첫 모임에서 공개시장정책회의의 정책 권고는 없었지만 제한적인 권한을 집행위원회에 넘겼다. 6월 초, 해리슨은 연방준비제도에 시범기간 2주 동안 주당 2천5백만 달러 규모의 매입을 권고했다. 이와 함께 "이번 정부증권 소량 매입이 해로울 일이 없을 것이다. …… 아마 바람직할 것"이라고 주장했다. 그리고 예전에 그랬듯이 증권 매입은 은행인수어음을 이용한 완화정책이 실패할 경우에 한해 행해질 것임을 시사했다. 매입 권고는 뉴욕연방준비은행 이사회에서의 발언보다 훨씬 더 온건했고 권고하는 매입 규모 역시 바람직하다고 생각되는 수준보다 훨씬 작았다. 실제로 뉴욕연방준비은행 이사회 입장에서는 "이 계획 수용을 꺼리는 입장도 있었다. 우리 신용정책의 난관이 대체로 정책이 즉각 실행되지 못하고, 너무 약소하게 취해지는 경향에서 생긴다는 것이 그 이유였다." 하지만 해리슨은 대담한 계획은 필시 거부될 것으로 예상하여, 대규모 안이 반대되는 것보다는 소규모 안으로 동의를 받아내는 것이 더 바람직하다고 생각했다. 집행위원회와 연방준비은행 총재 대부분은 전화나 전신으로 상의하여 이에 동의했고 연방준비제도이사회가 이를 승인하면서

---

재들은 총재 이사들의 지시를 받고 참여한다. 예전 체제에서 집행위원회는 결코 그런 식으로 지시받은 적이 없었다."는 취지의 발언을 했다(Hamlin, Diary, Vol. 19, Aug. 1931, 123쪽). 또한 다음을 참조. Harrison, Open Market, Vol. I, minutes of meeting, Mar. 24-25, 1930. Harrison, Notes, Vol. I, May 1, 1930. Harrison, Open Market, Vol. I, letter, dated May 15, 1930, Case to Young.

매입이 실행되었다. 2주 동안 연방준비제도의 어음 보유량이 감소하여 정부증권 매입의 효과는 대부분 상쇄되었다. 그래서 6월 23일 해리슨은 매입이 일주일에 약 2천5백만 달러 정도로 지속되어야 한다는 의견을 제시했다. 이번에는 집행위원회가 이 정책에 대한 추천을 거부했다. 표결 결과는 4 대 1이었다.[90]

리더십이 명백히 거부당하는 상황에 직면하자 뉴욕연방준비은행은 세 가지 대안을 놓고 고민했다. (1) 뉴욕연방준비은행 측 견해가 결국 우세하기를 바라면서 추가조치 없이 그냥 동의한다. (2) "연방준비제도이사회의 승인이 확보될 수도 없고 그럴 필요도 없다는 전제하에서 공개시장정책회의에서 탈퇴하고 자체 계정을 통해 정부증권을 매입한다." (3) 설득작업을 벌인다. 뉴욕연방준비은행은 이 가운데 세 번째 대안을 채택했다. 해리슨은 뉴욕연방준비은행의 입장이 과연 타당한지에 대해 다소 주저했다. 그것이 아마도 세 번째 대안을 채택한 부분적인 이유였을 것이다. 관련 이사회 보고서의 지적대로 세 번째 대안 채택의 이면에는 "값싸고 풍부한 신용의 동력만으로 경기 개선과 상품가격 상승을 불러일으킬 수 있을지에 대해 내부적으로 진정한 견해차이"가 자리잡고 있었다.[91]

---

90) Harrison, Open Market, Vol. I, minutes of meeting, May 21-22, 1930. Harrison, Miscellaneous, Vol. I, telegram, dated June 3, 1930, Harrison to Young. Harrison, Notes, Vol. I, June 5, 1930. Harrison, Open Market, Vol. I, June 23, 1930.

91) Harrison, Notes, Vol. I, June 26, 1930. 해리슨은 여러 차례 회의적인 입장을 드러냈다(Notes, Vol. I, July 17, Sept. 17, 1930). 뉴욕연방준비은행 내부문건을 보면 실무진들, 특히 W. R. 버제스와 칼 스나이더Carl Snyder가 가장 일관된 대규모 팽창정책 지지자였다. 아마도 이러한 의심 때문에, 그리고 아마도 합의를 얻으려는 최우선적 욕구 때문에, 해리슨은 뉴욕연방준비은행의 몇몇 이사와 실무

이에 따라 1930년 7월, 해리슨은 모든 연방준비은행 총재들에게 긴 편지를 썼다. 뉴욕연방준비은행의 이사들은 "정말로 정부증권을 지속적으로 매입해야 한다고 느끼고 있다. 그래서 그들은 내게 이렇게 제안했다. 내가 여러분들께 왜 뉴욕연방준비은행이 그동안 연방준비제도가 경기회복을 위해서 권한이 허용되는 한 가능한 모든 일을 수행할 것을 지지했는지 알리라는 것이다." 편지는 경제 상황과 통화정책 문제에 대해 논리정연하고 해박하며 잘 정리된 분석으로 이어졌다. 해리슨은 불황의 심각성을 강조하면서 이 불황에는 여러 다른 원인도 있겠지만 직전 2년간의 긴축통화정책이 문제였고 채권시장 침체와 장기자금 부족이 가장 중요하다고 지적했다. 해리슨은 "과거의 경기불황에서 채권시장이 강세를 보이기 전까지는 경기가 회복되지 않았다."고 썼다. 단기자금 수요가 거의 없다는 것, 그리고 "연방준비제도가 증권을 매입하면 단기자금이 더 늘고 구하기 쉬워진다는 것"을 인정했다. 그렇지만 "그런 상황에서는 회원은행들이 준비금을 더 증가시킴으로써 자금이 채권시장을 위해 활용될 수 있게 되거나, 혹은 채권보다 수익성이 떨어지는 단기시장이나 다른 대체투자로부터 채권시장으로 자금이 흘러들었음이 과거에 입증된 바 있다." 그는 연방준비은행의 신용이 감소한 점과 은행들이 차입에 민감한 점도 지적했다. "요즘 같은 때는 소규모의 차입이라도 일 년 전의 훨씬 큰 규모의 차입 못지않은 효과를 낸다." "정부증권에 대한 공개시장조작이 아마도 그 자체로 어떤 즉각적인 회복을 확실하게 보장하지는 않겠지만, 그렇다고 해서 그 정책이 어떤 상당한 폐해를

---

진이 바람직한 것으로 간주한 수준보다 훨씬 작은 규모의 매입을 연방준비제도의 나머지 구성원들에게 제안했다.

초래한다고 예견할 수는 없다. 이 공황이 너무나 심각하므로 상황을 개선시킬 방도라면 무엇이든 일단 취하는 것이 옳다고 믿는다." 그는 이와 같이 말을 맺었다.[92]

해리슨 편지에서 통화량 언급이 누락된 사실은 주목할 만하다. 1950년대까지 연방준비제도 내부의 통화정책에 대한 모든 문헌처럼, 이 편지의 강조점도 통화량이 아니라 전적으로 신용 상황이었다. 하지만 그런 누락이 정책에 관한 결론을 내리는 데 어떤 영향을 주지는 않았다. 단지 결론에 도달하는 논리 전개 방식이 달랐을 뿐이다. 통화량 추이를 고려하는 것으로도 정확히 같은 결론에 도달했을 것이다. 그 결론이란 바로 연방준비제도가 가용 본원통화의 감소를 막고, 두말할 것도 없이 통화량을 늘렸어야 했다는 것이다. 게다가 3절에서도 보았듯이 채권시장과 통화량의 연관이 당시에는 특히 밀접했다. 채권시장 상황이 개선되면 연이은 은행 도산 사태를 피하는 데 상당한 도움이 되었을 것이다. 이 연관성은 편지에서 명시적이지는 않고 암묵적이었다.[93] 해리슨의 편지와 이에 대한 답변을 보면 통화 문제에 대한 연방준비제도의 입장을 아주 명확하게 포괄적으로 알

---

92) Harrison, Miscellaneous, Vol. I, letter, dated July 3, 1930, Harrison to all governors.

93) 이 경우에도 그리고 이후에도, 통화량에 명시적으로 주목하면 한 가지 장점이 있다. 정책의 필요성과 효과를 정량적으로 판단할, 명확하게 정의된 지표가 제공된다는 점이다. 연방준비제도 내부 토론 보고서를 읽을 때, 외부인은 기준 사용의 모호함과 부정확성에 직면한다. 예를 들어 정의되지 않은 "산업상의 필요"에 대해, 어떤 참가자는 역시 정의되지 않은 용어인 "신용"이 "남아돈다."고 간주하고 다른 참가자는 "타이트"하다고 여긴다. 공통된 보편적 화법이 없고, 의견 차이를 정량적 용어로 정비하지 못했다. 이것이 아마도 그토록 오랫동안 견해차를 보이게 한 중요한 요인이었을 것이다.

수 있다. 애틀란타의 유진 블랙Eugene Black과 리치먼드의 조지 시 George Seay, 이 두 총재만이 확실하고도 애매하지 않은 태도로 해리슨의 분석에 동의하고 해리슨의 정책 권고를 지지했다. 다른 총재들은 그에 동의하지 않았고 대부분은 상당히 격하게 반대했다.

시카고의 제임스 맥더걸James McDougal은 다음과 같은 편지를 썼다. 맥더걸이 보기에는 "시장에는 자금이 풍부하다. 이런 상황에서는 건전성prudence의 문제로서 …… 연방준비제도 정책은 필요하지도 않을 때 시장에 준비자금을 투입하는 것이 아니라, 앞으로 그런 수요가 발생하면 이를 즉시 충족시킬 태세를 강화하는 것이라야 한다." 계속해서 그는 주식시장이 아닌 "다른 방향에서 투기가 쉽게 발생할" 위험을 강조했다. 맥더걸은 뉴욕연방준비은행의 정책에 대하여 언제나 가장 노골적인 반대자였다. 그의 입장은 공황 기간 내내 거의 매번 한결같이 정부증권 매도 옹호 쪽이었다. 연방준비제도가 자원을 비축하고 대비해야 하는 미래의 수요는 계속 미래로 남아 있었다. 맥더걸의 견해는 영향력이 특히 컸다. 금융중심지로서의 시카고가 뉴욕 다음으로 중요했고 그가 연방준비제도에 매우 오랫동안 참여했기 때문이었다. 맥더걸은 1914년 연방준비제도 창립 당시에 시카고연방준비은행 총재로 임명되었다. 벤자민 스트롱이 뉴욕연방준비은행 총재가 된 때와 같은 시기다. 그는 예전에도 뉴욕연방준비은행과 의견이 같지 않은 적이 있었다.[94]

샌프란시스코연방준비은행의 존 U. 칼킨스John U. Calkins의 입

---

94) Harrison, Miscellaneous, Vol. I, letter, dated July 10, 1930, McDougal to Harrison. Lester V. Chandler, *Benjamin Strong, Central Banker*, Brookings, 1958, 79, 445쪽.

장도 맥더걸만큼이나 명시적으로 반대하는 쪽이었다. 과거에 칼킨스는 영 의장에게, 샌프란시스코연방준비은행이 6월 공개시장 매입에 불참한 이유를 설명하는 편지를 보냈다. "신용이 이미 저렴하고 과다하게 확대된 터에 신용을 더 저렴하고 더 과다하게 만듦으로써 경기회복을 가속시킬 수 있다고는 믿지 않는다."는 것이었다. 해리슨이 보낸 편지 답장에서 칼킨슨은 이 의견을 반복했다. 칼킨슨 견해에 따르면, "채권시장의 창조, 촉진, 장려 등"은 "연방준비제도의 업무영역"이 아니며, "외국채권시장을 어떤 식으로 장려해도 최근 승인된 관세 법안이 우리 국제교역에 미칠 파괴적인 영향을 상쇄할 수 없을 것"이었다. 계속해서 그는 다음과 같이 말했다. "우리가 믿기로는, 현 시점까지 시장에 억지로 투입된 신용은 최근 몇 달간 어떤 중요한 긍정적 효과도, 확실히 눈에 띌 만한 효과도 없었다. 또한 이렇다 할 노력은 하지 않고 신용을 더 많이 주입할 때마다, 장차 적절한 순간이 왔을 때 추가 신용 주입의 잠재적인 혜택이 감소할 것이다."[95]

댈러스연방준비은행의 린 P. 탤리Lynn P. Talley의 기록에 따르면, 댈러스연방준비은행 이사들이 "당시에 그 자체가 오류로 인식된 사건들에서 자라난 사태를 진정시키기 위해 경제 추세에 인위적으로 대폭 개입하는 것을 용인"하지 않으려 했다. 이 언급은 1928~1929년의 주식시장 투기를 가리킨다. 다른 사람들의 기록처럼, 탤리의 편지도 1929년에 뉴욕연방준비은행이 주식시장 붕괴를 막지 못한 것에 분노를, 그리고 현재의 어려움은 연방준비제도가 과거 주식시장 상승 국면을 견제하지 못해 응당 받을 징벌이라는 감정을 드러낸다. 탤

---

95) Harrison, Miscellaneous,Vol. I, letter, dated June 16, 1930, Calkins to Young, letter, dated July 10, 1930, Calkins to Harrison.

리는 "만일 내과의사가 환자를 무시하든가, 아니면 의사가 최선의 판단에 따라 환자를 위한 모든 의술을 다 쓰는데도 환자가 죽는다면, 인공호흡이나 아드레날린 투약으로 그 환자를 되살릴 수는 없는 법"이라고 썼다.[96]

미니애폴리스연방준비은행의 W. B. 기리W. B. Geery는 "자본조달을 쉽게 하여 소비를 증가시키려다가 금융을 자극해 더욱 심한 과잉생산에 이를 위험이 있다."고 했다.[97]

필라델피아연방준비은행의 조지 W. 노리스George W. Norris는 한 보험회사 임원과, 그리고 어느 필라델피아의 민영은행업자와 얘기하면서 다음과 같은 확신이 생겼다고 답변했다. "이미 비정상적으로 낮은 금리를 더 낮추려는 시도는 헛되고 지혜롭지 못하다." 자신이 연방준비제도의 당시 정책이라고 생각한 것에 강한 반대의사를 가지고 있던 노리스는 그 해 9월 공개시장정책회의 모임에서 필라델피아연방준비은행의 견해를 요약하는 장문의 비망록을 낭독했다. 필라델피아연방준비은행은 "현재의 비정상적으로 낮은 금리"가 "자금시장에서 수요 공급의 자연 법칙의 작동"을 방해하고 있어서 이에 반대한다. "이것은 연방준비제도이사회의 제10차 연차보고서에 언급된 정책을 완전히 글자 그대로 뒤엎는 것이다. …… 우리는 신용이 필요하지도 않고 사용되지도 않는 불황 기간에 신용을 제공해왔다. 신용이 필요하고 사용될 수 있는 시점이 오면 신용을 거둬들여야 할 것"이라고 결론지었다.[98]

---

96) Harrison, Miscellaneous, Vol. I, letter, dated July 15, 1930, Talley to Harrison.

97) 위의 문서, letter, dated July 7, 1930, Geery to Harrison.

98) Harrison, Miscellaneous, Vol. I, letter, dated July 8, Norris to Harrison. Harrison, Open Market, Vol. I, memorandum read by Norris at Sept. 25, 1930, meet-

ing. 이 비망록은 당시에나 그 이전에나 광범위하게 받아들여졌던 진성어음주의를 아주 명확히 설명하고 있다. 좀 길더라도 인용할 가치가 있다.

인위적으로 이자율을 낮추고 정부증권 가격을 높이는 정책은 …… 우리 회원은행들에게는 부당한 조치이다. 이로 인해 공개시장조작이 할인기능을 침해하게 되었다. 또한 회원은행들이 차입할 때 유감스럽게도 어떤 오용 같은 것이 일어나고 있는 듯한 인상이 덧씌워졌다. …… 이미 포화상태에 이른 자금시장에 요구된 적도 필요하지도 않은 연방준비은행 신용이 대규모로 투입되어, 우리는 6억 달러가 넘는 정부증권을 보유하게 되었다. 이들 중 대부분은 결국 처분되어야만 한다. …… 연방준비은행 신용이 오늘날 어느 정도 사용되어야 하는지 말하는 것은 우리 일이 아니다. 하지만 우리 생각은 확고하다. 그 상당 부분이 회원은행들의 차입 과정에서 드러난 수요의 결과여야 한다는 것, 그리고 그것이 이 은행들과의 협력하에서 사용되어야 한다는 것이다. 오늘날 이런 성격의 신용은 6분의 1도 채 되지 않을 것이다.

인용된 편지, 그리고 블랙과 시가 쓴 두 편지 외에도 휴가 중인 세인트루이스 연방준비은행 총재 마틴Martin을 대신해 그 은행의 부총재 O. M. 애터베리O. M. Attebery가 쓴 간략한 편지가 해리슨에게 전달되었다. 애터베리의 편지는 회의적인 태도를 드러내면서 제8구역(세인트루이스가 속한 제8연방준비지구the Eighth Federal Reserve District — 옮긴이)의 제반 여건을 감안할 때 추가적인 공개시장 매입은 적절치 않다고 했다(Harrison, Miscellaneous, Vol. I, letter, dated July 9, 1930). 보스턴연방준비은행 의장인 프레더릭 H. 커티스Frederic H. Curtiss도 7월 9일자로 긴 편지를 보냈다(보스턴연방준비은행은 당시 총재가 없었다. 하딩Harding이 4월에 서거했는데, 계속해서 연방준비제도이사회 의장 역할을 수행하던 영이 아직 보스턴연방준비은행에 지명되지 않은 상태였다.). 커티스의 편지는 추가 매입에 대해 강한 반대의사를 피력했다. 그와 같은 정책이 채권시장보다는 주식시장을 되살릴 것 같았기 때문이었다.
오직 클리블랜드연방준비은행만이 답변을 보내지 않았다. 그 은행 총재는 편지를 받았다고 전화로 알려왔다. 영 의장에게 보내는 편지에서 해리슨은 클리블랜드연방준비은행의 팬처Fancher 총재가 자기자신의 견해, 또 대다수의 클리블랜드연방준비은행 이사들을 대표한 견해를 다음과 같이 표현했다고 요약했다. "정부증권을 지속적으로 매입하는 것은 회복에 …… 크게 기여하지 않을 것이다. 따라서 추가 매입에는 …… 찬성하지 않는다."(위의 문서, letter, dated July 23, 1930, Harrison to Young).

우리가 보기에는 이런 견해는 혼동되고 잘못 알고 있는 것이다. 그런데 연방준비제도만 그런 견해를 견지한 것이 아니었다. 연방자문위원회Federal Advisory Council 사람들은 전국적으로 지도력 있는 은행가들이었는데 이들 역시 "현재 상황에서 최선은 자동적인 신용 흐름이 공개시장조작에 구속되지 않도록 하는 것"이란 문구 같은 것을 쓰면서 위와 동일한 견해를 일관되게 표명하는 정책을 권고했다.[99] 그렇지만, 금융계에서조차, 뉴욕연방준비은행만 당시 상황 인식에서 외톨이였던 것은 아니다. 1930년 7월 캐나다왕립은행Royal Bank of Canada 월보는 "시장에 대규모 신규 자금을 투입할 때 연방준비은행들은 즉각적이고 단호해야 한다. 그래야지만 현재의 심각하고 장기화되는 물가 하락을 막고 현재 산업계의 심리를 변화시킬 수 있다."고 결론지었다.

누구든 방금 살핀 해리슨의 서신이나 공개시장회의 의사록, 그리고 같은 종류의 연방준비제도 문헌을 보면, 통화문제에 관한 노련함과 이해도 면에서 뉴욕연방준비은행과 나머지 대부분 연방준비은행들 간 차이가 얼마나 컸는지 알 수 있을 것이다. 뉴욕연방준비은행의 실무진, 간부, 이사들은 오랜 세월 국내 자금시장의 심장부에서 일차적, 직접적인 책임을 지면서 통화정책을 수행했다. 세계의 다른 선도적 자금시장에서 유사한 위치에 있는 사람들과도 협력해보았다. 그래서 통화 문제에 대한 이해가 깊고, 통화정책의 영향에 대한 인식도 민감했다. 지방이나 지역 문제가 우선인 다른 대부분의 연방준비은행들은 뉴욕연방준비은행 사람들이 지닌 질적인 우수함을 가질 수

---

99) 1930년 11월 18일자 정책추천에서 인용(Federal Reserve Board, *Annual Report* for 1930, 228쪽).

없었다. 그리고 일반적인 정책을 수행할 때 부수적 역할만을 했고 어떤 중요한 운영기능도 없었던 연방준비제도이사회 역시 그랬다.

해리슨의 편지가 불러온 대체로 부정적인 반응으로 인해 뉴욕연방준비은행은 연방준비제도이사회로부터 승인은 받되 자체적으로 공개시장 매입을 수행하는 것을 7월 중 여러 차례 재검토했다. 해리슨은 그와 같은 조치에 대한 연방준비제도이사회의 정서를 타진해보기도 했다. 결과는 어떠한 시도도 중단해야 할 만큼 비우호적이었다.[100]

1930년 9월까지 몇몇 연방준비은행들은 심지어 계절적인 통화 완화에도 반대했다. 해리슨이 뉴욕연방준비은행의 이사들에게 말한 바와 같이,

> 그 총재들이 연방준비제도의 공개시장정책회의 집행위원회를 구성하는 연방준비은행들의 아마도 대다수를 포함하여 다른 연방준비은행들 가운데 몇몇은 사전적인 예견anticipation보다는 사후적인 교정correction 정책을 옹호한다. 그들은 자금시장이 경색되고 이자율이 상승하는 것을 허용하며 그런 다음에 정부증권 매입을 통해 상황을 교정하려 든다.

며칠 후, 뉴욕연방준비은행 임원위원회의 한 모임에서 칼 스나이더가 "이 디플레이션은 이제 추가적인 정부증권 매입으로 강하게 맞서야 한다 ……."고 제안했다. 해리슨은 "연방준비제도의 관점에서 보

---

100) Harrison, Notes, Vol. I, July 10, 24, 1930. Harrison, Office, Vol. II, June 5, 1930.

면 현재 그런 계획에 착수하는 것은 현실적으로 불가능하다. 그런 일은 곧 연방준비제도 정책이 사실상 둘로 나뉜다는 것을 의미한다."고 답했다.[101]

연방준비은행 신용 잔액이 감소하는데도, 연방준비제도이사회는 1930년의 정책을 "연방정부증권의 수시 추가 매입, 연방준비은행 할인율 및 어음인수금리의 단계적 인하로 표현되는 …… 통화 완화"라고 기술했다.[102] 이것이야말로 "통화 완화"와 "긴축"이라는 용어를 혼동하는 극명한 사례다. 또한 연방준비제도의 행위를 통화량과 신용여건에 영향을 주는 모든 요인을 감안해 해석해야 할 필요성도 명확히 드러낸다. 과거 54개년을 통틀어 극도로 심각한 경기침체 기간 단 네 번을 제외하면 가장 큰 비율로 통화량이 14개월 동안이나 감소하게 허용한 정책을 "통화 완화"로 묘사하는 것은 말이 안 된다. 그리고 다른 요인이 통화량을 증가시킬 경향을 보여 통화를 팽창시킬 수 있었는데, 이것이 오로지 연방준비은행 신용 잔액의 감소 때문에 실제로 통화긴축으로 전환되었다. 그러니 이런 설명들은 정말로 틀렸다.

당시 경제와 자금시장에서 일어난 변화의 맥락에서 보면, 추진된 정책은 통화 "완화"가 아니라 "긴축"이다. 1년이 넘도록 심각한 불황이 지속되는데, 연방준비제도는 할인 감소가 정부증권 순매입의 거의 두 배에 달하도록 했다. 또 총 신용 잔액의 감소가 금 스톡 증가분의 거의 세 배나 되도록 방치하고도 만족스러워 했다. 1932년 초까지 연방준비제도가 보유한 정부증권 및 매입어음 포트폴리오의 가장 뚜

---

101) Harrison, Notes, Vol. I, Sept. 11, 17, 1930.
102) Federal Reserve Board, *Annual Report* for 1930, 1쪽.

렷한 특징은 통상적인 계절변동으로 매년 전반기에 축소되었다가 후반기에 확대되는 패턴이었다. 1929년 8월~1930년 10월의 정부증권과 매입어음 증가는 모두 1929년 하반기에 이루어진 것이었다. 연방준비제도의 정부증권 및 매입어음 보유액은 1929년 12월 말에 비해 1930년 7월 말에 약 2억 달러 줄었다. 금 불태화 프로그램은 연방준비제도가 통제 불가능한 외부 요인들을 감안해 정책을 결정한다는 것을 매우 명시적으로 나타냈다. 연방준비제도가 이런 과거의 금 불태화 정책을 기계적으로 이어가기만 했더라도, 1929년 8월~1930년 10월에 더욱 적극적인 팽창 조치가 요청되었을 것이다. 그런 조치가 실행되었다면 연방준비은행 신용 잔액의 감소를 금 스톡 증가 크기인 2억 1천만 달러로 제한했을 것이다. 그런데 실제로는 계절조정된 수치를 기준으로 5억 9천만 달러나 감소했다. 연방준비제도이사회의 지난 정책보고서들은 당시의 경제 상황 관점에서 기계적인 금 불태화를 넘어설 것을 요구했다. 그러나 주식시장 상승 국면이 이미 붕괴되었고 상품시장에서 어떤 투기 조짐도 없는 상황이었다. 그러므로 1923년의 『10년차 보고서』 표현을 빌리자면, 어떤 신용 팽창도 "생산적인 용도로 제한될" 가능성이 컸다.[103]

연방준비제도 내부의 교착상태는 약간 달라지긴 했지만 이듬해 내내 지속되었다. 해리슨은 한편으로는 그의 임원들과 이사들로부터

---

103) 하지만 통화 여건 완화로 인해 주식시장의 지나친 투기를 자극할 가능성이 당시 토의 과정에서 거듭 등장한 주제였음을 주시해야 한다. 예를 들어, Harrison, Miscellaneous, Vol. I, letter, dated Mar. 17, 1930, J. H. Case (chairman of the New York Bank) to Governor Young. Harrison, Notes, Vol. I, Apr. 24, 1930. Harrison, Miscellaneous, Vol. I, letter, dated Apr. 29, Harrison to Platt, letter, dated July 10, 1930, J. B. MacDougal to Harrison.

통화 완화 확대와 매입 규모 증대를 추진하도록 압박을 받는 처지였다. 이사들의 요구가 전년도에 비해 덜했을 뿐이다. 다른 한편으로 그는 공개시장정책회의 의장으로서, 이 회의가 채택한 정책을 충실히 수행해야 하는 책임감을 강하게 느끼고 있었다. 한 가지 중요하게 달라진 게 있다면 로이 영 대신 유진 마이어가 연방준비제도이사회 의장을 맡았다는 점이다. 영은 1930년 9월 보스턴연방준비은행의 총재가 되었고 그 자격으로 집행위원회 성원이 되었는데 여기서 그는 맥더걸과 함께 일관되게 매입에 반대하고 매도에 찬성하는 입장을 견지했다.[104] 마이어는 전반적으로 매입에 찬성하는 입장이었다. 마이어는 해리슨의 1930년의 실망스러운 경험을 겪지 않았기 때문에 그런 입장을 강하게 드러내고 싶어했다.

1931년 1월 공개시장정책회의 모임으로 상황이 명백히 달라졌다. 1930년 10월~12월 중순경에 연방준비제도의 정부증권 보유액에는 거의 변화가 없었다. 12월 둘째 주에 합중국은행이 도산한 이후 뉴욕지역 은행 문제로 인해 뉴욕연방준비은행은 불가피하게 자체계정으로 4천5백만 달러 규모 정부증권을 매입했다. 막대한 현금인출을 겪던 두 은행으로부터 정부증권을 매입한 것이다. 이 두 은행들이 차입을 모면할 수 있게 하려는 조치였다. 아울러 해리슨의 설명에 따르면

---

104) 햄린에 따르면, 영은 이사회 내부가 그의 리더십에 실망하여 연방준비제도이사회 의장직에서 물러나야 했다. 만약 그랬다면 그것은 전혀 의도되지 않은 결과를 낳은 셈이다. 공개시장조작정책 시행에서, 영은 예전에 연방준비제도이사회 의장일 때보다 당시 보스턴연방준비은행 총재이자 공개시장정책회의 집행위원회 성원일 때 당연히 더 큰 영향력을 행사할 수 있었다. 바로 이 공개시장조작 분야야말로 잘못된 정책이 문제가 되었고 또 꾸준히 문제가 된 핵심영역이었다 (Hamlin, Diary, Vol. 18, Sept. 4, 6, 24, Oct. 3, 10, Nov. 24, 1930, 67, 70, 84, 89, 91~93, 118~119쪽).

"유난히 큰 규모의 '분식' 때문에 지나친 신용경색으로 가는 것을 피하고자" 연방준비제도 계정을 통해서도 8천만 달러 규모의 정부증권 매입이 이루어졌다. 매입은 1930년 9월 25일 공개시장정책회의에서 위임한 바에 맞추어 시행되었다. 위임은 사전적 "예견"과 사후적 "교정" 양자를 옹호하는 자들 사이에서 맺어진 일종의 타협으로, 계절적 완화를 위해 1억 달러까지 매입할 수 있게 했다.[105] 공개시장정책회의는 1931년 1월 모임에서 "연방준비제도가 보유한 정부증권의 일정 부분을 기회가 있을 때마다 통화 교란이나 긴축을 야기하지 않는 범위 내에서 처분하는 것이 바람직하다."는 정책 권고를 제시했다.[106] 이어 연방준비제도이사회 성원들이 연방준비은행 총재들과 가진 회동에서 아돌프 밀러와 유진 마이어 둘 모두 이에 반대했다. 해리슨은 공개시장정책회의 의장의 입장에서 이 같은 정책 권고를 옹호했다. 옹호 근거는 "출석한 성원 가운데 몇몇은 상당 규모의 증권 매각을

---

105) Harrison, Open Market, Vol. I, minutes of meeting, Jan. 21, 1931 참조. 여기에서 해리슨은 1930년 9월 25일 모임 이래 자금시장 동향을 검토했다. 또한 위의 문서, a memorandum, prepared for Harrison by W. R. Burgess, dated Dec. 19, 1930 참조. 여기에서 버제스의 말에 따르면 1930년 9월 25일부터 비망록 작성일까지의 기간에 연방준비제도 계정에 아무런 변화가 없었다. 그 당시까지 뉴욕연방준비은행은 한 대형은행에서 고작 4천만 달러를 매입한 데 그쳤다. 12월 20일 이후 연방준비제도 계정을 통한 매입은 뉴욕연방준비은행의 독자적인 재량으로 이루어졌다. 그날 워싱턴에서 열린 모임에서 집행위원회는 마이어 의장 및 몇몇 연방준비제도이사회 성원들과 함께 "뉴욕연방준비은행이 집행위원회 성원들과 긴밀한 정보교환을 유지한다는 양해하에서, 승인된 1억 달러 범위 내에서 추가적인 정부증권 매입의 필요성 여부에 대한 판단은 뉴욕연방준비은행에 일임하는" 데 동의했다(위의 문서, minutes of executive committee meeting, Dec. 20, 1930).
106) 통과된 원래의 결의안에는 나중에 삭제된 "과도한undue"이라는 단어가 "긴축 tightening" 앞에 적혀 있었다.

지지했고 또 다른 이들은 통화 완화를 바로잡기 위해 필요한 수준만큼만 매각하는 것을 지지했다. 이런 상황에서, 이 정책 권고가 일종의 절충안"이라는 것이었다. 정치적 반향에 민감한 마이어는 다음과 같이 말했다.

연방준비제도의 어음과 할인이 감소한 것이 어떤 중요한 정책이 시작되었기 때문은 아니었다. 그러나 정부증권의 매각은 보통 연방준비제도 정책상의 중요한 변화로 해석된다. 연방준비제도는 과거에 여러 분기에 걸쳐 디플레이션 정책을 추구했다고 비난받았다. 정부증권을 지금 매각하면 비난의 표적이 될 가능성이 크다. 이럴 때는 꼭 그래야 할 필요성이 없는 한, 중요한 정책 변화로 보일 수 있는 움직임을 피하는 것이 가장 바람직하다고 생각된다.

마이어의 유보에도 불구하고 연방준비제도이사회는 공개시장정책회의의 정책 권고를 승인했다. 채권시장이 경색될 우려가 있었지만 증권 보유액은 1931년 2월까지 1억 3천만 달러 감소했다.[107]

---

107) Harrison, Open Market, Vol. 2, minutes of meeting, Jan 21, 1931, letter, dated Jan. 29, 1931, McClelland (for Board) to Harrison, approving the recommendation. Harrison, Notes, Vol. I, Jan. 15, 19, 22, 1931.
연방준비제도 조사국 이사였던 E. A. 골든와이저E. A. Goldenweiser가 남긴 1931년 1월 21일 공개시장정책회의 기록은 다음과 같다.

마이어는 계절적인 이유나 특별한 이유로 12월에 매입한 규모 이상의 증권 매도에 대해 강하게 반대했다. …… 다른 총재들이 생각을 바꾸지는 않았지만 마이어의 진실성과 기백에 감동했다. 그것은 마치 그가 연방준비제도의 확고한 경화주의 그룹hard-money crowd과 처음으로 한판 승부를 벌이는 것처럼 보였다.

1931년 4월, 공개시장정책회의 의장 해리슨은 총재회의에서 한 보고서를 발표했다. 그는 금 유입과 미국의 지속적인 금 불태화가 전 세계에 던지는 위험성에 대해 심각한 우려를 표시했다.[108] 국내 상황에 대해서는 다음과 같이 언급했다.

최근 몇 달간 통화 여건이 대체로 아주 여유 있었다고 받아들여지고 있지만, 그리고 실제로도 금리가 매우 낮았지만, 연방준비자금이 몇 개월 이상 일관되게 시장에서 긴급히 소화되어야 하는 잉여상태를 나타낸 적은 없다. …… 더 나아가 대도시 은행들이 상대적으로 여유 있다 해도 이와는 별도로 전국적으로 볼 때 신용이 일반적으로 매우 저렴하고 풍부하다고 볼 수는 없다.[109]

해리슨의 보고서는 공개시장정책회의에서 토론되었다. 회의는 해리슨이 재촉하여 금 수입의 효과를 좀 더 강화하고 신용을 더 활성화하는 세 부분으로 구성된 프로그램을 승인했다. 이 세 가지는, 가능한 한 어음 포트폴리오의 유지, 어음매입금리 인하와 그보다는 덜 명확

---

이 비망록은 의회도서관 내 수고 관리부서(Container 1, folder of Confidential Memoranda, 1922-33)에 있는 골든와이저 문서의 일부다. 이 부서 기록에 컨테이너라고 표기된 일곱 개의 마분지 편지 서류철 가운데 여섯 개만 일반에게 공개되어 있다. 일곱 번째는 1965년 이전까지는 골든와이저 여사의 허락을 서면상으로 얻은 경우에 한해 공개되었다. 공개 자료 가운데 약간에만 골든와이저가 연방준비제도이사회에 봉직했던 1919~1945년의 연방준비제도 정책에 대한 동시대 분석이 있다. 골든와이저 문서는 해리슨 문서에 비해 다루는 내용의 범위가 좁고 햄린 일기에 비하면 연방준비제도 내부의 관점을 포괄적으로 설명하지 못한다. 그래서 우리는 이 자료들을 부차적으로만 사용했다.

108) 그의 보고서에서 인용한 것에 대해서는 앞의 4절 참조.

109) Harrison, Open Market, Vol. II, Apr. 27, 1931.

하지만 할인율 인하, 최후의 수단으로서 만약 어음 매입으로도 수익 자산 유지가 불가능할 경우 집행위원회에 1억 달러 한도 내에서 정부증권 매입을 허용하는 것 등이었다. 이 중 오직 마지막 부분만이 공개시장정책회의의 독자적 권한으로 결정할 수 있는 것이었다. 이 온건한 프로그램의 결의안은 네 명이 마지못해 지지하여 채택되었다. 이 네 명 가운데 세 명은 집행위원회 성원들이었다.[110]

6월 22일 집행위원회 회의가 있기 전까지는 위에 말한 정책 권고에 따라 이루어진 매입은 없었는데 이 회의에서 해리슨은 5천만 달러 매입을 주장했다. 당시 회의에 참석했던 마이어는 해리슨을 강력히 지지하면서 "연방준비제도이사회는 …… 더 큰 규모의 매입을 어느 정도 바라는 입장 ……"이라고 말했다. 단 한 명(보스턴연방준비은행의 영)만 반대한 가운데 이 안이 승인되었다. 필라델피아연방준비은행의 노리스가 기권했고 시카고연방준비은행의 맥더걸이 그의 신념에 반하는 투표를 한 덕분이었다. 맥더걸은 왜 찬성표를 던졌는가? 그것은 이틀 전 발표된 후버의 정부 간 채무 모라토리움 선언 제안("정부증권 매입은 대중들에게는 대통령 발표 지지로 받아들여질 것이다.")을 존중하려는 의도에서였다. 7월 9일 집행위원회는 4월에 승인된 1억 달러를 채우기 위해 5천만 달러 규모의 추가 매입에 동의했다. 하지만 매입은 마이어의 항의에도 불구하고 7월 16일에 겨우 3천만 달러를 매입한 상태에서 중단되었다. 해리슨이 해외 상황 변화를 우려했기 때문이었다.[111]

---

110) 필라델피아연방준비은행의 노리스, 보스턴연방준비은행의 영, 시카고연방준비은행의 맥더걸이다. 남은 한 사람은 샌프란시스코연방준비은행의 칼킨스였다 (위의 문서, minutes of meeting, Apr. 29, 1931).

8월 초까지 해리슨과 마이어는 다시 한 번 매입을 종용했다. 당시 상황에 대해 뉴욕연방준비은행 이사들의 집행위원회와 토론하면서 마이어는 "1930년 11월 1일~1931년 8월 5일에 미국의 금 스톡 증가분이 총 4억 2천1백만 달러, 유통현금은 최소한 1억 달러 정도의 통상적인 계절적 감소가 아니라 오히려 3억 5천만 달러 증가한 사실, 프랑스중앙은행이 시장"(아마도 은행인수어음 시장)"에서 약 1억 2천5백만 달러를 인출"했음을 보여주는 수치들을 발표했다. 이어 그는 "의도적인 신용 제공 기반 축소는 없었지만, 금 유입보다 큰 규모의 불태화가 암묵적으로 용인되었다."고 지적했다. 그는 "만약 누가 지난 11월에 금 4억 달러 규모의 불태화에 찬성하는지 혹은 심지어는 묵인할 것인지를 물었다면, 우리는 분명 부정적으로 대답했을 것이다."라고 말했다.[112]

공개시장정책회의 집행위원회 다수가 추가 매입을 달가워하지 않자, 8월 11일에 공개시장정책회의 전체 모임이 열렸다. 해리슨은 한 프로그램을 제안했다. 바람직한 시점에 그 효력이 발생되게 한다는 단서를 전제로 집행위원회가 정부증권을 3억 달러까지 매입할 수 있게 한다는 내용이었다. 애틀랜타연방준비은행의 블랙만 해리슨의 입장을 지지했고 다른 총재들은 완전히 부정적이었다. 공개시장정책회의는 대신 집행위원회가 1억 2천만 달러를 매입 혹은 매각할 수 있게 하는 안을 결정했다.[113]

---

111) Harrison, Open Market, Vol. II, minutes of executive meeting, June 22, 1931. Harrison, Miscellaneous, Vol. I, letter, dated July 9, 1931, Harrison to Seay. Harrison, Notes, Vol. I, July 16, 23, 1931.

112) Harrison, Notes, Vol. II, Aug. 10, 1931.

113) Harrison, Open Market, Vol. II, minutes of executive meeting, Aug. 4, 1931,

연방준비제도는 왜 어떠한 의미 있는 증권 매입도 시행하지 못했는가? 우리가 알아낸 바로는, 그에 대한 중요한 이유를 제공하는 한 가지 사항이 바로 그 공개시장정책회의에서 최초로 확실히 언급되었다. 그것은 바로 잉여 금free gold 문제였다. 잉여 금 문제는 결과적으로는 아무런 역할도 못했다. 이는 다음 절에서 논의될 것이다.

같은 날 공개시장정책회의는 연방준비제도이사회 성원들과 만났다. 이 모임에서 또다시 해리슨은 자신이 지지하지 않는 정책 권고를 발표하고 옹호해야 하는 입장에 처했다. 그의 설명에 따르면, 공개시장정책회의는 은행들이 초과지급준비금을 보유하지 않으려 할 것이기 때문에 즉각적인 대규모 정부증권 매입에 반대했다. 은행들의 이유는 다음과 같다. "가장 우량한 증권은 아주 낮은 금리로 판매되고 있다. 반면 주로 철도채권으로 구성된 그보다 낮은 등급 증권의 상당 규모가 다양한 주법state laws 조항 때문에 금방 저축은행, 보험회사, 신탁기금 등이 투자하기에는 부적격인 것으로 될 수 있다. 게다가 채권시장은 폐쇄된 은행들의 채권 포트폴리오 강제청산에 따른 부담 때문에 그때까지 불확실한 상황이다." 마이어 의장과 다른 연방준비제도이사회 성원들은 공개시장정책회의가 취한 행동에 실망감을 표시했다. "매입 가능 규모를 전혀 효력 없는 수준까지로 제한했기 때문"이었다. 그들의 실망감 표시가 얻어낸 유일한 성과라고는 고작 연방준비제도이사회와 공개시장정책회의의 모임 일정 변경 정도였다. 이후로 양측은 공개시장정책회의가 정책 권고사항을 채택한 다음이 아니라 그 이전에 정책을 논의했다. 추후 연방준비제도이사회는 공

---

minutes of meeting, Aug. 11, 1931. 1억 2천만 달러에는 통상적인 1억 달러 외에 4월에 승인되어 사용되지 않은 2천만 달러가 포함되었다.

식적으로 정책 권고를 검토할 때 즉각적으로 이를 승인하지 않고 대신 마이어 의장에게 매입 승인 권한을 위임했다. 하지만 매각을 승인할 권한은 위임하지 않았다.[114] 결국, 그 1억 2천만 달러 규모의 매매 위임조차도 실행에 옮겨지지 못했다.

---

114) 위의 문서, minutes of meetings, Aug. 11, Nov. 30, 1931, letter, dated Aug. 18, 1931, Meyer to Harrison.

정책 이슈의 내용상으로는 해리슨과 마이어가 의견이 일치했다. 그런데도 해리슨은 공개시장정책회의 정책 권고에 대한 연방준비제도이사회의 반응 때문에 곤란해졌고, 그래서 마이어에게 불평했다. 그것은 공개시장정책회의 설립 당시 채택된 규칙에 위배된다는 것이다. 해리슨은 자기가 속한 뉴욕연방준비은행 이사회 앞에서 다음과 같이 발언했다.

…… 전체 상황을 보면 현재의 공개시장정책 절차에 내재된 어려움이 잘 드러난다. 연방준비제도의 정책방향이 열두 명으로 구성된 회의에서 결정되는데 이들이 또 반드시 연방준비제도이사회의 자문을 구해야 한다는 것이 의미하는 바는 …… 우리가 아무런 정책도 전혀 가지지 못할 실제 위험을 감수한다는 뜻이다. 몇몇 연방준비은행 총재는 …… 반론을 용납할 의사가 없는 편견을 지니고서 공개시장정책회의에 나온다. 다른 이들은 자기네 연방준비은행이 정부증권 추가 매입에 참여할 수 없는데도, 혹은 어쩌면 그런 이유 때문에, 각기 자기네 은행이 처한 협소한 입장에서 전체 문제를 바라본다(Harrison, Notes, Vol. II, Aug. 20, 1931).

햄린에 따르면, 마이어 의장은 공개시장정책회의 회의 결과에 대해 논평하면서 다음과 같이 말했다. "해리슨 총재는 문제 제기는 매우 훌륭하게 할 수 있었지만 다른 이들을 납득시키지는 못했다. 그는 연방준비제도이사회가 공개시장정책회의에 참여했더라면 총재들이 연방준비제도이사회와 뉴욕연방준비은행을 따랐을 것이라고 믿었다."(Hamlin, Diary, Vol. 19, Aug. 11, 1931, 129쪽). 이때는 해리슨 말이 맞았을지 모른다. 그러나 이후 사례들이 암시하는 바, 그는 지나치게 낙관적이었다.

## 영국의 금본위제 이탈, 1931년 9월

영국의 금본위제 이탈과 이에 따른 미국의 금 유출로 인해 정책 결정의 구심점이 공개시장정책회의에서 뉴욕연방준비은행으로 되돌아갔다. 과거에도 그 당시에도 국제통화관계에 우선적인 책임을 갖는 쪽은 언제나 뉴욕연방준비은행이었다. 영란은행, 프랑스은행 등의 중앙은행들은 항상 뉴욕연방준비은행을 자기네 상대역으로 여겼고 협상이나 자문도 뉴욕연방준비은행과 했다. 연방준비제도이사회는 계속 정보를 제공받는 가운데 자문에 응하곤 했으며 정책이 시행되기 전, 이를 승인하는 역할을 했지만 정책 형성 과정에서 중요한 목소리를 낸 적은 결코 없었다. 다른 연방준비은행들은 대체로 단순히 정보를 제공받기만 했을 뿐이다. 벤자민 스트롱 생전에 만들어져 이어져 온 관행이었다. 대공황 기간 중에 있은 그 가장 나중의 예가 1931년 여름 외국 은행에 대한 대부 관련 협상이었다.

취해야 할 조치가 무엇인지 뉴욕연방준비은행은 빤히 알았다. 뉴욕연방준비은행 이사회는 10월 8일에 모여 1.5%에서 2.5%로의 할인율 인상안을 가결시켰다. 모임에서 제기된 주장은 첫째 금 유출 자체였다. 둘째는 "프랑스에서 얻은 진단이었다. 해외에서 프랑스는 달러와 관련된 두려움이 집중적으로 나타난 곳이었다. 따라서 프랑스는 할인율 인상을 그 이외 다른 어느 정책보다도 더 좋게 받아들일 조짐을 보였다." 할인율 인상이 국내에서는 역효과를 낼 수 있다는 우려도 나왔다. 이를테면 할인율 인상이 후버의 전국신용공사 설립 노력에 지장을 줄까 하는 염려였다. 하지만 이런 걱정은 무시되었다. 해리슨은 채권시장에 미칠 어떤 부정적인 영향도 증권 매입으로 상쇄할 수 있다고 지적했다. 공개시장정책회의 집행위원회가 8월 11일

회의의 정책 권고에 근거해 정부증권을 1억 2천만 달러 내에서 아직 매입할 수 있었기 때문이었다.[115] 유일한 불협화음이 버제스가 해외에서 보내온 한 통의 전신이었다. 버제스는 은행업무로 당시 유럽에 체류중이었는데 미국에 금리 상승을 불러올 정책은 절대 권하지 않는다는 입장이었다.[116] 그 전신이 회의에서 공개되었지만 무시되었다. 연방준비제도이사회는 할인율 인상을 즉각 승인했다. 연방준비제도이사회 성원 중 여럿은 금 유출이 시작된 이래 할인율 상승을 강력히 지지해왔었다.[117]

일주일 후, 유진 마이어가 뉴욕연방준비은행 이사회 모임에 참석했다. 해리슨은 할인율을 3.5%까지 추가 인상할 것을 제안했다. 인상의 기술적인 이유는 금 유출이 지속되는 것이었다. 이사 가운데 찰스 E. 미첼은 국내 효과에 대한 심각한 의심을 표시했다. 마이어는 "알려진 모든 규칙에 의해 할인율 인상이 요구된다. …… 그래서 인상이 없으면 외국인들은 이를 용기가 없기 때문이라고 여길 것"이라고 답

---

115) 하지만 그보다 사흘 전, 이사회 집행위원회 회의에서 해리슨은 "나는 지금은 연방준비제도의 금 포지션을 가장 중시한다. 따라서 정부증권을 매입할 의사가 없다."고 말했다(Harrison, Notes, Vol. II, Oct. 5, 1931).

116) 버제스는 10월 9일 유럽에 도착했다. 바젤에서 정기적으로 열리는 국제결제은행 월례회의에 참석하기 위해서였다. 이는 국제결제은행에서 개최하는 유럽 중앙은행가들의 논의에 연방준비제도 관계자가 공식적으로 참석한 첫 번째 사례였다. 1930년에 국제결제은행이 설립되었을 때 국무부가 이에 대한 출자를 금지했기 때문에 뉴욕연방준비은행은 이 모임의 성원이 아니었다. 하지만 이 두 기관 간에 비공식적인 유대관계는 있었다. 특히 국제결제은행 총재 게이츠 W. 맥가라Gates W. McGarrah는 한때 뉴욕연방준비은행 의장이었다. 이 때문에 유대관계가 강화되었다.

117) 적어도 햄린과 밀러는 할인율 인상을 강력히 지지했다. 이들은 채권시장에 미칠 수 있는 영향이 할인율 인상을 유예할 이유가 되지 못한다고 보았다(Hamlin, Diary, Vol. 19, Oct. 1, 1931, 148쪽).

했다. 그는 "채권시장은 이미 더 높은 금리 수준에 맞추어 조정이 이루어졌다. 그러므로 거의 영향이 없을 것"이라는 견해였다.[118] 한 달후, 오웬 D. 영은 국내에서 나타나는 부정적 효과를 상쇄하기 위해 정부증권 매입이 바람직하다고 강조했다. 해리슨은 이에 동의하기를 지나칠 정도로 주저했다.[119]

급격한 할인율 인상은 연방준비제도 내부만이 아니라 외부에서도 광범위하게 지지되었다.[120] 사람들은 금본위제 유지야말로 견해차와는 상관없이 다같이 결속하여 지지할 목표라고 생각했다. 금 유출은 극적인 사건이었다. 이에 대한 많은 선례가 있었다.[121] 따라서 문제와 그 해결책 모두 분명하고 간단해보였다. 실은 낯설고 잘 파악되지 않고 미묘한 문제와 씨름하던 연방준비제도가 흑백논리로 접근할 수 있는 문제가 출현하자 이를 거의 한시름 놓는 기분으로 환호하는 인상이었다.

할인율이 재차 상승한 지 2주가 채 못 되어 공개시장정책회의 집행위원회가 소집되었다. 회의를 위한 예비 비망록에서 지적된 사항은 다음과 같다. 유통현금에 나타난 급격한 변화, 국내 경기에 미치

---

118) Harrison, Notes, Vol. II, Oct. 15, 1931.

119) 위의 문서, Nov. 25, 1931.

120) "그 주에 있었던 가장 건설적인 사건은 …… 뉴욕연방준비은행의 재할인율 인상이라고 우리는 생각한다. …… 이 조치는 벌써 취해졌어야 했다. 사실, 뉴욕연방준비은행이 억지로 유난스럽게 낮게 유지하던 금리는 비통한 판단착오였다 ……." (Commercial and Financial Chronicle, Oct. 10, 1931, 2305쪽). "…… 뉴욕연방준비은행은 재할인율을 또다시 온전한 1% 인상 결정을 했다, …… 이것은 분명히 현명한 선택이었다 ……." (위의 책, Oct. 17, 1931, 3406쪽). 『뉴욕타임즈』는 금리인상을 "거의 모든 은행가가 환영"했으며(1931년 10월 11일), "은행업계는 이에 열광했다."고 보도했다(1931년 10월 16일).

121) 추가적 논의에 대해서는 이하 6절 참조.

는 영향 면에서 금 유출보다 내부 상황 변화가 더 중요하다는 것, 예금 감소로 "연방준비제도 설립 이후 회원은행의 예금이 가장 빠르게 축소되는" 상황 등이었다. 그런데도 맥더걸은 연방준비제도가 증권 보유를 줄여야 한다는 입장을 고수했다. 당시 상업은행의 부담이 전례 없는 수준으로 커졌을 뿐만 아니라 계절적으로도 연방준비제도가 증권 보유를 통상 확대하는 시기가 시작되었는데도 그런 입장이었다. 최종적인 표결 결과는 매각 반대였다. 그러나 8월 11일 공개시장 정책회의의 정책 권고하에서 연방준비제도이사회가 집행위원회에 매입에 대해 부여한 재량을 매각에 대해서도 부여해달라는 요구조건이 붙었다.[122]

11월 말 공개시장정책회의 전체 회의를 위한 예비 비망록에는 만족스러운 듯 다음과 같이 씌어 있다. "해외와 국내의 은행 지급준비금 인출압력에 할인율 인상과 대부 확대라는 고전적 방식으로 대처했다." 이 비망록에 따르면 할인율 인상과 이에 수반한 일반 시장의 각종 금리 상승이 "한 가지 결과"를 가져왔다. 즉, "확실히 은행가들이나 다른 사람들이 자금을 새로운 용도로 사용하거나 신규 사업을 시작하는 일을 두려워하고 꺼려하게 되었다." 비망록은 채권 가격 급락과 이로 인한 은행 상황 악화를 강조했다. 또한 연말의 계절적 문제에 대한 논의도 있어 "작년에 이루어진 것과 유사한" 매입이 있어야 함을 시사했다. 더 장기적인 정책 결정은 새해 초반 이후까지 연기한다는 제안도 있었다. 공개시장정책회의는 계절적 수요를 감안하

---

122) Harrison, Open Market, Vol. II, memorandum and minutes of executive committee meeting, Oct. 26, 1931. 회의 도중 해리슨은 "잉여 금 상황은 이번에는 고려되지 않았다."고 지적했다.

여 2억 달러 한도의 정부증권 매입 권한을 집행위원회에 부여하는 내용의 결의안을 채택했다.[123] 실제로는 이 권한의 일부만 행사되었다. 정부증권 보유 규모는 1931년 12월 말까지 7천5백만 달러 증가했다가 1932년 1월에 5천만 달러만큼 감소했다.

이 몇 개월간 추진된 정책이 해리슨에게 불만스러웠는지는 분명치 않다. 그전의 정책들은 불만스러웠고 다시 그렇게 될 것이었다. 그는 금을 염려했다. 그래서 연방준비은행 신용을 확대하고 싶은 그 자신의 욕구를 스스로 억제했다. 뉴욕연방준비은행은 연방준비제도 이사회의 승인을 얻어 어음매입금리를 조정할 권한을 아직도 갖고 있었다. 앞에서 보았듯이, 뉴욕연방준비은행은 연방준비제도 공개시장 계정으로 이룰 수 없는 것을 자체 계정을 통해 달성하기 위해 어음 매입을 여러 차례 시도했다. 하지만 10월 할인율 인상과 함께 1.25%에서 3.125%로 상승했던 어음매입금리는 3%(11월 20일), 2.75%(1932년 1월 12일)로 천천히 조금 하락했을 뿐이다. 이렇게 두 차례 하락해봐야 어음매입금리가 시장금리를 웃돌았다. 그러니 어음 보유 증가로 이어질 수 없었다.

1932년 1월 초, 해리슨은 추가적인 대규모 매입 프로그램을 옹호하는 입장으로 돌아왔다. 해리슨의 입장 변화에는 임원과 이사들의 압력도 한몫했다. 그는 그 달에 열린 공개시장정책회의에서 더 광범위한 전국적 차원의 계획안을 설명했다. 이 계획안에 추가적인 매입

---

123) 맥더걸 총재는 회의에서 어떤 매입도 즉각 이루어지지 않는다는 확답을 요구했다. 노리스 총재와 팬처 총재는 "그들은 단지 뉴욕연방준비은행과 시카고연방준비은행이 연말에 채무가 발생하지 않을 수 있게 할 목적의 정부증권 매입은 승인할 마음이 없었다."고 말했다(위의 문서, memorandum and minutes of meeting, Nov. 30, 1931).

프로그램이 들어 있었다. 계획의 주요 골자는 이러했다. 당시 의회에서 논의 중인 재건금융공사 설립 법안을 통과시킬 것, 철도회사와 노조 간 임금삭감 협상 타결에 입각하여 채권시장을 조직적으로 지원할 것, 연방준비은행들과 회원은행들은 자금조달을 계획할 때 재무부와 협조할 것, 연방준비제도는 어음 매입을 할 수 있을 때 할 것, 할인율 인하, 마지막 단계로서, 필요하다면 "잉여 금 문제가 완화될 때 정부증권 매입을 실행할 것", 마지막의 이 잉여 금 사항은 당시 논의되다가 최종적으로 글래스-스티걸 법으로 구체화되는 안과 관련된다. 공개시장정책회의는 집행위원회에 "필요하면" 2억 달러 한도의 매입 권한을 위임했다. 이에 대한 반대표는 세 표였다.[124] 이 매입 권한은 한 번도 행사되지 않았다. 1932년 1월 11일과 2월 24일 두 번의 공개시장정책회의 사이에 정부증권 보유가 1천1백만 달러, 어음 보유도 8천만 달러 줄었다. 반면 할인은 2천만 달러 늘었다. 연방준비은행 신용 잔액은 6주 동안 1억 달러 줄었다.

공개시장정책회의 2월 회의는 대체로 1월 회의의 반복이었다. 계류 중인 글래스-스티걸 법안으로 인해 잉여 금 문제가 사라진 점만 달라졌다. 공식적인 업무회의 이전에 연방준비제도이사회와의 공동회의에서 마이어는 주장했다. "은행업무가 퇴장 목적의 자금 인출 때문에 심각한 긴장에 처할 필요가 없어 보인다." 마이어는 당시 이미 재건금융공사 의장으로도 지명되었지만 연방준비제도이사회 의장을

---

124) 위의 문서, minutes of meeting, Jan. 11, 1932. 시카고연방준비은행의 맥더걸 총재, 리치먼드연방준비은행의 시 총재, 그리고 샌프란시스코연방준비은행의 칼킨스 총재를 대신한 데이Day 부총재가 반대표를 던졌다. 보스턴연방준비은행에서는 영 총재도 다른 대리인도 참석하지 않았다. 캔자스시티연방준비은행은 한 이사를 대리로 회의에 보냈으나 결의안이 채택된 회의에는 참석하지 않았다.

계속 맡고 있었다. 밀러는 "과감한 정책을 추진하기에 지금보다 더 안전한 때는 결코 없었다고 믿는다."고 말했다. 그는 자기가 "논의되는 액수보다 훨씬 더 큰 규모의 매입을 승인하리라는 것"을 암시했다. 맥더걸은 "일반적인 원칙상 은행들이 자금 확보를 위해 차입하는 것이 바람직하다."고 계속 주장했다. 요지는 집행위원회 권한을 다소 확대한다는 것이었다. 집행위원회는 2억 5천만 달러 한도 매입을 위임받았는데 이는 대략 매주 2천5백만 달러를 뜻했다. 맥더걸과 영은 반대표를 던졌다. 총회 직후 집행위원회는 3 대 2로 이 계획 착수를 표결처리했다.[125]

## 1932년의 공개시장 매입 프로그램

이 온건한 프로그램은 의회의 직간접적인 압력이 없었더라면 좀처럼 큰 규모로 확대되지 않았을 법하다. 아마 실행되지도 않았을 것이다. 해리슨은 4월 4일 자신(뉴욕연방준비은행 — 옮긴이)의 이사회 집행위원회에게 "의회의 급진적인 금융 입법을 막는 거의 유일한 길은 우리 쪽 프로그램을 더 큰 규모로 더 신속히 진행하는 것뿐"이라고 말했다. 4월 7일 이사회 전원회의에서 해리슨이 보고한 바에 따르면, 공개시장정책회의 집행위원회 내부에 매입 프로그램 확대와 관련해 의견이 크게 갈라졌다. 그래서 기존 프로그램을 지속하는 방향으로 표결되었다는 것이다. 그러자 이사들 중 한 명이 "연방준비제도 쪽에서 더 강력한 프로그램을 진행시키면 토마스 보너스 법안이나 다른

---

125) 위의 문서, minutes of meeting, Feb. 24. 1932.

유사한 입법을 저지하는 데에 도움이 안 될 것인지를 물었다. 해리슨 총재는 토마스 상원의원이 자기에게 암시한 바가 있다고 답했다. 연방준비제도가 매입 확대 방향으로 나아가면 토마스가 굳이 나서서 의회의 행동을 압박하지는 않으리라는 것이었다." 이에 따라 이사들은 표결에 들어갔다. 연방준비제도이사회의 승인을 얻는 조건하에서 뉴욕연방준비은행이 연방준비제도 계정이 아닌 자체 계정으로 5천만 달러 한도의 정부증권을 공개시장정책회의(4월 12일 개최) 전에 매입한다는 내용이었다.[126]

공개시장정책회의와 연방준비제도이사회의 합동회의가 공개시장정책회의 업무회의에 앞서 열렸다. 여기에서 마이어 의장은, "연방준비제도이사회의 정책안 공개를 요구하는 상원 결의안이 제출되었다는 사실을 단지 정보 전달 차원에서 상기시켰다. …… 이 결의안에 대한 심의는 연기되었다. 그는 연방준비제도가 경기회복을 위해 여태까지보다 앞으로 더 많은 일을 할 수 있다고 발언했다. 그리고 연방준비제도에 기대를 걸 때가 왔다. 연방준비제도는 신용 위축 저지를 위해 스스로의 권력을 충분히 발휘할 것으로 믿는다고 말했다." 연방준비제도이사회의 다른 성원들은 마이어의 입장을 지지했다. 1932년 2월 13일부터 재무부 장관이었고 줄곧 좀 더 적극적인 정책을 지지한 오그덴 L. 밀즈Ogden L. Mills는 다음과 같이 말했다. "70%에 이르는 금준비를 가진 이 위대한 중앙은행 조직이 이런 때 적극적인 조치를 취하지 않고 방관한다는 것은 거의 상상할 수도 용서할 수도 없다. 연방준비제도의 재원은 현존하는 비상상태에 상응하는 규모로 투입되어야 한다."

---

126) Harrison, Notes, Vol. II, Apr. 4, 7, 1932.

연방준비제도이사회가 떠난 후 공개시장정책회의는 해리슨이 제
안한 결의안을 승인했다. 투표결과는 10 대 1이었다. 결의안 내용은
지난 2월 24일 회의가 허가하여 당시까지 유효한 매입한도와는 별도
로, 5억 달러 한도의 정부증권 추가 매입 권한을 집행위원회에 위임
한다는 것이었다. 매입은 될 수 있는 한 빠르게 이루어질 것이었다.
가능만 하다면 매입 계획이 공표된 해당 주 내에 즉 그 이튿날인 4월
13일 내로 1억 달러 이상을 매입하려고 했다.[127] 이 마지막 단서조항
은 해리슨이 그 이튿날 하원의 어느 소위원회에서 증언하도록 예정
된 사실을 공개시장정책회의에 알린 후에 삽입되었다. 해리슨의 증
언은 사실상 도매물가가 1926년 수준을 회복할 때까지 연방준비제도
의 공개시장 매입을 지시했을 법안에 대한 것이었다. 그는 "증언할
때 이번 매입 프로그램에 대해 언급하는 것이 아마 필요할 것 같다."
고 말했다.[128]

---

127) 유일한 반대자는 보스턴연방준비은행의 영 총재였다. 그는 연방준비제도이사
회와의 합동회의에서

정부증권을 매입해서 중심부에 준비금을 쌓아둔다고 이 자금이 나라의 다른 곳에
분배될 수 있을지 의문을 던졌다. 그는 은행 협조를 구하기가 쉽지 않아 정책이 성
공하기 어려울 것이라고 생각했다. 그리고 그는 이런 종류의 프로그램이 여러 은행
가 사이의 갈등을 조장할 뿐만 아니라 정부증권을 대규모로 매입하면 대중들의 연
방준비은행에 대한 신뢰 역시 떨어질 수 있다고 염려했다. 그는 정부증권 매입이
무용하다는 근거로서 1931년의 경험을 언급했다.

시카고연방준비은행의 맥더걸 총재는 연방준비제도가 "특히 연방준비은행권에
대한 담보로서 정부증권을 활용하게 됨에 따라 이런 종류의 어느 정도 인플레이
션 유발적 조치에 속하는 정책을 개시한 다음에 민간의 신뢰를 계속 받을 수 있
을지 여부를" 물었다(Harrison, Open Market, Vol. II, minutes of meeting, Apr.
12, 1932).

4월 12일 첫 프로그램 표결 후 연방준비제도는 5주 동안 매주 1억 달러 상당의 정부증권을 매입했다. 5월 17일 회의에서 공개시장정책 회의는 다시 5억 달러 규모의 추가 공개시장 매입을 표결했다. 이때 맥더걸과 영은 반대했다. 이 회의 이후 마이어의 제안에 따라 주당 매입 규모는 줄었다. 해리슨은 매입속도가 늦춰진 점을 개탄했다. "의회 분위기는 나아지지 않는데 건전하지 못한 신용 정책안이 통과될 위험은 여전히 크다. 요즘 연방준비제도가 곧 공개시장 프로그램을 중단할 것이라는 주장이 나돈다. 그러므로 여기에 어떤 불필요한 근거를 제공하는 것은 현명치 않을 것이다." 하지만 6월에 그는 어느 정도는 맥더걸과 영을 달래려는 뜻이 분명한 제안을 공개시장정책회의 집행위원회에 냈다. 매주 매입 규모를 조절하여 회원은행의 초과 지급준비금이 2억 5천만~3억 달러에 머물게 한다는 것이었다. 즉 이 목표 수준을 유지할 만큼은 매입하되 그 이상은 늘리지 않으며, 그러면서도 연방준비제도의 보유 규모 자체는 매주 꾸준히 증가하게 한다는 것이었다. 이는 "연방준비제도의 정책이 변화했다는 느낌이 들지 않도록 하려는 것"이었다.[129]

---

128) 청문회는 H.R. 10517(공화당의 T. 앨런 골즈보로T. Alan Goldsborough가 제출한 상품가격 안정화 법안) 검토를 위한 하원의 은행통화소위원회 주최로 열렸다. 이 청문회는 연방준비제도에 대한 전면적인 조사로 확대될 우려가 있었다. 해리슨 총재는 그의 위원회 출석 이틀 전에야 연방준비제도가 글래스-스티걸 법을 "정말로 활용하기 시작했"다고 증언했다(*Congressional Record*, House, June 8, 1932, 12354쪽, remarks of Mr. Glodsborough). 또한 *Stabilization of Commodity Prices*, Hearings before the House Subcommittee on Banking and Currency, 72d Cong., 1st sess., part 2, 477~478, 500~501쪽 참조.

129) Harrison, Open Market, Vol. II. 마이어는 1932년 일련의 법안을 언급하고 있었다. Harrison, Notes, Vol. II, May 26, 1932.

6월 말에 버제스가 뉴욕연방준비은행 이사들에게 프로그램의 제반 결과를 간단히 보고했다. 이때까지 총 10억 달러 매입으로 5억 달러 규모 금 스톡 감소분과 4억 달러 상당의 할인 및 어음 매입 감소가 상쇄되었다. 나머지 1억 달러만큼 연방준비은행 신용 잔액이 순증가했다. 오웬 D. 영에게 이 사실은, "대체로 우리가 실제 노력한 것은 신용 팽창 자극보다는 신용 위축 저지 정도의 역할을 했다."는 의미였다. "우리는 여태껏 정책을 시행한 게 아니라 정책 시행을 위한 길을 닦았을 뿐이다 ……." 일주일 후 그는 다음과 같이 말했다. 이 프로그램을 중단시키려는 시카고연방준비은행과 보스턴연방준비은행 측의 압력에 대처하기 위해 논의하는 자리였다.

　사실 그대로, 우리 프로그램이 겨우 중간 정도 실행되고 있을 때에 멈추라는 요구가 나오고 있다. 지금 우리는 정부증권 추가 매입이 회원은행들에게 실제적이고 긍정적인 영향을 미치기 시작할 바로 그 시점에 있다. …… 프로그램이 의도한 효과가 이제야 비로소 발휘될 시점인데 여기서 멈춘다면 정말 터무니없는 일이다. 그러면 우리에게는 아무런 정책도 남지 않는다.[130]

　시카고연방준비은행과 보스턴연방준비은행은 이 똑같은 사실을 자기네가 그 프로그램에 반대할 근거로 삼았다. 그 프로그램은 단지 바람직한 신용형태를 바람직하지 않은 신용형태로 대체했을 뿐이라는 것이다. 해리슨에 따르면 맥더걸은 "어쨌든 매입이 어떤 역할을 했는지 알려고 하지도 않고 그것을 멈추게 하려는 입장이었다." 영

---

130) Harrison, Notes, Vol. II, June 30, July 5, 1932.

총재는 "훨씬 더 많은 은행이 파산할 것이고 연방준비은행에서 차입하는 일 역시 크게 증가할 것이다. 그러므로 지금 우리는 정부증권 매입에 자원을 낭비하고 있다."고 느꼈다.[131]

뉴욕연방준비은행의 몇몇 임원, 특히 버제스와 이사들은 연방준비제도이사회의 승인을 얻어 이 프로그램을 지속할 것을 지지했다. 그러한 지지는 시카고연방준비은행이나 보스턴연방준비은행 없이 뉴욕연방준비은행 단독으로 계속해나가야 한다는 것을 의미했다. 연방준비제도이사회는 프로그램 지속을 지지했기 때문에 이 계획은 분명히 승인되었을 것이다. 하지만 해리슨은 그런 과정을 따르려 하지 않았다. 뉴욕연방준비은행의 금 지급준비율은 겨우 50%였다. 연방준비제도는 58%, 시카고연방준비은행은 75%였다. 하지만 시카고연방준비은행은 참여를 꺼려했다. 해리슨은 자기 생각을 다음과 같이 말했다. "우리는 우리의 공개시장 프로그램을 지속해야 한다. 그리고 아마도 단계를 높여야 한다. 하지만 조건이 있다. 이 프로그램은 말 그대로 연방준비제도의 프로그램이 되어야 하므로 특히 보스턴연방준비은행과 시카고연방준비은행의 적극적인 협조가 있어야 한다." 만약 뉴욕연방준비은행의 금 지급준비율이 50%를 밑돌면 연방준비제도이사회가 다른 연방준비은행들에게 뉴욕연방준비은행을 위해 재할인하도록 요구할 법적 권한을 가지고 있었다. 이 지적에 대해 해리슨은 다음과 같이 답했다. "우리가 다른 연방준비은행들의 바람을 무시하고 앞으로 나아간 다음 이 은행들에게 강제로 우리를 구제하게 하는 것은 가장 바람직하지 못한 일이 될 것이다. 그렇게 될 바에야 연방준비제도의 정책과 공개시장정책회의는 차라리 내던지는 편

---

131) Harrison, Office, Vol. III, July 5, 1932. Harrison, Notes, Vol. II, June 30, 1932.

이 낫다."[132]

이 시점에서 해리슨은 보스턴연방준비은행과 시카고연방준비은행의 협력을 얻고자 마지막으로 노력을 기울였다. 그는 이 두 연방준비은행의 총재들, 이사들은 물론 이 두 도시의 상업은행가들, 기업인들에게도 호소했다. 오웬 D. 영은 시카고연방준비은행 이사들을 설득하려고 시카고를 방문하기도 했다. 하지만 모든 게 허사였다.[133]

이 문제를 결정하기 위해 공개시장정책회의 전체 모임이 7월 14일 열렸다. 연방준비제도이사회와의 합동회의에서 마이어 총재는 다음과 같이 말을 꺼냈다. "미래 정책을 결정할 때 고려해야 할 중요한 사항이 있다. 기존에 추구되던 정책을 중단하면 이로 인해 공공적으로 좋지 않은 영향이 있다는 것, 또한 앞으로 취할 정책에서는 모든 노력이 효과적이고 통합된 체계를 유지하는 데 기울여져야 한다는 것이다." 그는 "의회 내에는 연방준비제도를 더 중앙집중화하려는 경향이 존재한다. 공개시장 프로그램이야말로 현재 상태로 시스템이 효과적으로 기능을 발휘할 수 있는지를 시험하는 장이 되고 있다."고

---

132) Harrison, Notes, Vol. II, June 30, July 5, 1932. 해리슨은 처음에는 연방준비제도이사회가 다른 연방준비은행들에게 매입프로그램에 참여하도록 압력을 행사하는 제안을 긍정적으로 여겼다. 연방준비제도이사회는 한 연방준비은행이 다른 연방준비은행을 위해 어음을 강제로 재할인하게 할 수 있는 권한이 있다. 제안에 따르면 이런 권한은, 여러 연방준비은행들의 준비금 상황이 관련된 경우, 정부증권의 매입에도 적용될 것이었다(위의 문서, June 30, 1932). 그는 재검토한 후 연방준비제도이사회가 그런 압력을 행사할 권한이 없고, "더욱이 우리 은행이야말로 다른 상황하에서라면 연방준비제도이사회의 그런 행동에 가장 반대할 은행이 될 것"이라는 결정을 내렸다(위의 문서, July 5, 1932. 또한 July 11, 1932도 참조).

133) 위의 문서, July 7, 14, 1932. Harrison, Office, Vol. III, letter, dated July 8, 1932, Harrison to Owen D. Young.

지적했다.[134] 공개시장정책회의 표결 결과가 나왔다. 매입 총액이 2억 7백만 달러로 제한되었다. 과거에 위임이 이루어졌으나 실행되지 않았던 액수였다. 이렇게 제한함으로써 초과지급준비금이 약 2억 달러 수준을 유지하게 해야 한다는 것이었다. 집행위원회의 가이드로 권고된 사항도 있었다. 공개시장정책회의는, 비정상적이고 예측 불가능한 상황이 벌어지지 않는 한, 매입액수가 일주일에 1천5백만 달러를 초과하지 않도록 한다는 것이었다. 그렇게 하되 향후 4주 동안만은 일주일에 5백만 달러 이상 매입할 것이 권고되었다. 맥더걸 총재과 영 총재, 그리고 리치먼드연방준비은행의 시 총재는 심지어 이 결의안에 대해서조차 반대표를 던졌다.[135]

의회는 7월 16일 휴회했다. 공개시장정책회의는 의회 압력에서 벗어나게 되자 과거 패턴으로 돌아갔다.[136] 채택된 프로그램은 최소한의 체면치레용이었다. 이와 같은 정책권고에 부합하여 실행도 거의 최소 수준으로만 이루어졌다. 맥더걸과 영은 추가 매입 참여를 거절했다. 해리슨은 혼자서 앞으로 나아가기를 원치 않았다. 그 결과, 공개시장정책회의 소집 후 4주 동안 총매입액은 3천만 달러(첫 주에 1천5백만 달러, 이후 매주 5백만 달러씩)에 머물렀다. 8월 10일부터 그 해 연말까지 연방준비제도의 정부증권 보유액은 거의 정확히 일정 수준을 유지하는 데 그쳤다.


## 1933년 은행위기

1933년 1월 4일 공개시장정책회의 모임을 위한 예비 비망록에는 당시 상황이 다음과 같이 쓰여 있다. "회복을 향한 출발은 좋았는데

134) Harrison, Open Market, Vol. II. 마이어는 글래스 상원의원이 제출한 일련의
법안들(앞의 각주 29 참조)에 대해 언급하고 있었다. 이 중 가장 최근의 법안이
1932년 3월 17일의 것이다. 이 법안들은 1933년 은행법의 전신이다. 가장 최근
의 법안에 대해 해리슨과 글래스는 편지로 격렬히 논쟁했다. 해리슨은 뉴욕연방
준비은행 이사들의 승인을 받아 상원 은행통화위원회 의장이었던 피터 노벡
Peter Norbeck 상원의원 앞으로 편지를 썼다. 편지에는 그 법안의 과거 초안에
대해 해리슨이 글래스에게 2월 6일에 보낸 편지가 동봉되어 있다. 다음은 그 일
부다.

> 이 법안의 많은 조항들은 개별 연방준비은행의 자치권을 더 제한하고 연방준비제
> 도이사회에 권력을 더 많이 집중시킬 의도로 고안되었습니다. …… 귀하의 법안
> 가운데 정부증권과 어음 취급을 관할하는 공개시장위원회 관련 조항들은 너무 장
> 황합니다. 연방준비제도 기능을 최선으로 작동시키기에 해로울 정도입니다. ……
> 법안은 연방준비제도이사회뿐만 아니라 몇몇 연방준비은행을 대표하는 12인위원
> 회의 승인을 요구했습니다. …… 법안에 따르면 증권, 은행어음 등의 매매뿐만 아
> 니라 심지어는 일상적인 거래까지도 위원회 승인이 없으면 실행될 수 없습니다. 비
> 록 비상상황이라 해도 말입니다. …… 나는 귀하의 법안이 권력과 권위를 연방준
> 비은행들로부터 연방준비제도이사회로 더욱 이동시키려 한다고, 그리고 그런 만
> 큼이나 운영과 관리를 워싱턴의 정치조직체를 통해 집중화하려는 목표를 가지고
> 있다고 믿습니다.

4월 9일, 글래스는 해리슨이 노벡에게 쓴 이 편지에 다음과 같이 답했다.

> 심사숙고해봤는데 그것은 입법 권위에 대한 도전입니다. 구속으로 생각되는 어떤
> 영향력에 대해서도 굴하지 않겠다는 적대감의 표현이기도 합니다.
> …… 연방준비법에 대한 당신과 당신네 이사회의 오해를 명백한 논조로 표현했
> 군요. 그것은 오랫동안 뉴욕연방준비은행이 대내적으로나 대외 거래에서 추구해
> 온 특별한 정책들에 반영되어 있는 것이었습니다.

글래스는 진성어음주의를 일관되게 추종했다. 글래스가 "특별한 정책들"이라고
언급한 것에는 정부증권에 대해 공개시장조작을 시행하는 것이나 대부를 실물
어음에 국한하지 않은 정책이 들어 있다. 그의 관점에서는 급격한 활황과 급격
한 침체 모두가 이런 실패 때문이었다.
해리슨의 4월 18일 답장이 이 서신교환을 마감지었다.

이내 가로막혔다. 지금은 주저함과 불확실함만이 남아 있다." 그 회의에서 마이어 의장과 재무부 장관 밀즈 모두 연방준비제도가 공개시장정책을 약화시키면 의회가 나서서 인플레이션적 조치를 취할 구실을 제공하리라고 강조했다. 해리슨 총재는 연방준비제도의 정부증권 포트폴리오가 유지되어야 하는 세 가지 이유 가운데 하나로서 의회 상황을 들었다. 두 번째는 보유 정부증권을 줄이면 이것이 "채권시장에 부정적인 영향을 미쳐 회복이 늦춰진다. 은행이 보유한 채권 포트폴리오 가치가 더 크게 하락할 수 있다."는 것이었다. 세 번째는 초과지급준비금이 많으면 주요 금융중심지의 예금에 대한 이자가 사라져 "자금의 운용범위를 확대하려는 압력"이 작용하게 된다는 것이었다. 해리슨은 이 세 가지 이유에 반하는 것으로서 포트폴리오의 어느 정도의 감소를 용인하게 하는 또 다른 세 가지 이유를 열거했다.

---

우리 은행의 임원과 이사는 귀하나 다른 누구와도 마찬가지로 은행 신용이 과도한 투기에 사용되는 것을 억제하는 데 우리 역할을 다하고 싶어했습니다. 실제로 그것을 효과적으로 억제할 방법은 장기적으로는 결국 단 하나밖에 없습니다. 이 자금시장 심장부에서 은행 운영의 실무 경험을 바탕으로 체득해온바, 그것은 바로 할인율 정책이나 공개시장정책을 역동적으로 사용하는 전통적인 방법입니다. …… 우리 의견으로는 1928년과 1929년의 비극을 겪게 된 것은, 오랜 경험을 통해 강력하고 효과적인 것으로 입증된 신용조절 수단들을 연방준비제도가 신속, 과감하게 사용하지 못했기 때문입니다(Harrison, Miscellaneous, Vol. II).

135) Harrison, Open Market, Vol. II, minutes of meeting, July 14, 1932.
136) 해리슨은 1932년 7월 11일 뉴욕연방준비은행 이사회의 집행위원회에서 마이어와 가졌던 토론에 대해 보고했다. 그 토론에서 "마이어 의장은 연방준비제도의 공개시장 프로그램을 유지하는 것이 바람직하다는 점에 동의했다. 만약 다른 어떤 이유가 없다면 우리가 이 특별한 시점에 중단하는 것이 정치적으로 불가능하다. 프로그램은 골즈보로 법안이 의회에 제출된 것과 거의 같은 시점에 개시되었다. 그리고 만약 의회가 휴회하자마자 종료한다면 우리는 다음 겨울에 십자가에 못박힐 것이다."(Harrison, Notes, Vol. II, July 11, 1932).

첫째, "연방준비제도의 공개시장정책은 특정한 양의 증권을 쌓아두기 위한 것이 아니다. 그보다는 은행 채무를 줄이고 큰 규모의 초과지급준비금을 창출함으로써 디플레이션을 억제하기 위한 것이다. 그와 같은 목표는 달성"되었다는 것이다. 둘째, 초과지급준비금이 추가로 크게 증가하더라도 은행이 대출과 투자를 늘리라는 법이 없다. 오히려 필요한 경우에 통제할 수 있는 여지가 줄어들 뿐이다. 셋째, 공개시장 매입으로 재무부는 저리로 자금을 조달할 수 있었다. 이것은 "재정 불균형 상태가 지속되는 것을 어느 정도 도왔다."는 지적이다.

연방준비은행 총재들 대부분의 정서는 분명히 포트폴리오를 축소하는 방향이었다. 최종적인 움직임은 이런 정서를 반영했다. 집행위원회는 연방준비제도의 재무부증권 보유를 줄이는 권한을 위임받았는데 1월에 축소 규모가 1억 2천5백만 달러를 초과하지 않고 초과지급준비금이 5억 달러를 하회하지 않도록 결정되었다. 집행위원회는 초과지급준비금이 기존 수준을 밑돌지 않도록 하기 위해 필요하다면 증권을 매입할 수 있었다. 그러나 매입 규모는 증권 보유액 감소 규모를 넘어서지 못하도록 했다. 증권 보유액이 기존 수준을 넘어 증가하기 전에 공개시장정책회의가 새로 개최될 것이었다.[137]

정책 권고가 이어졌고 증권 보유는 1월에 9천만 달러 줄었다. 버제스와 재무부 관계자들이 채권시장 취약성을 염려했는데도, 은행 문제가 다시 부각되었는데도 그랬다. 1933년 2월 1일까지 초과지급준비금은 5억 달러 아래로 떨어졌다. 그리고 그 수준을 회복하기에 충분한 매입은 이루어지지 않았다. 1월 마지막 주~2월 15일에 연방

---

137) Harrison, Open Market, Vol. II, preliminary memorandum, dated Dec. 31, 1932, minutes of meeting, Jan. 4-5, 1933.

준비제도는 증권 보유액을 4천1백만 달러 늘리고 연방준비은행 신용 총액이 7천만 달러 상승하는 것을 용인했다. 하지만 이 3주 기간 동안에만도 연방준비은행에 예치된 회원은행 지급준비금 잔액은 2억 8천만 달러 감소했다.

연방준비제도의 가장 강력한 정책수단인 공개시장조작이 어떤 처지로 전락했는가. 그것은 2월에 은행 문제가 커지는데도 해리슨이 "공개시장정책회의의 개회가 현재 시점에서는 불가능하거나 매우 어렵다."는 이유로 이를 허용하지 않은 것에서 생생히 드러났다. 대신에 뉴욕연방준비은행은 대체수단으로서 어음 쪽으로 선회했다. 2월 16일 뉴욕연방준비은행은 어음에 대한 최소매입금리를 0.5%로 인하하는 것을 요청했다. 연방준비제도이사회는 이를 승인했다. 뉴욕연방준비은행은 이후 2주간 어음 3억 5천만 달러를 인수했다. 두 번째 주가 끝날 즈음 뉴욕연방준비은행은 할인율 상승을 반영하여 어음이자율을 1%로(2월 27일) 그리고 1.5%로(3월 1일) 두 차례 인상했다. 뉴욕연방준비은행은 정부증권도 매입했다. 매입규모는 첫 번째 주에 2천5백만 달러 그리고 두 번째 주에 2백만 달러였다. 무엇보다도 은행들이 정부증권을 담보로 차입하지 않고 정부증권을 매각하여 채무를 청산할 수 있게 하기 위해서였다.[138]

은행휴무가 있기 전 마지막 두 달 동안, 연방준비제도의 정책이라고 부를 만한 어떤 것도 사실상 없었다. 연방준비제도는 혼란에 빠졌다. 연방준비은행들은 각기 따로 움직였다. 금융계와 사회 전반에 확

---

138) Harrison, Notes, Vol. III, Jan. 16, Feb. 2, 6, 16, 27, 1933. Harrison, Conversations, Vol. II, Jan. 18, 1933. 인용의 출처는 Harrison, Notes, Vol. III, Feb. 16, 1933.

산된 전반적인 패닉 분위기에 모두 함께 빠져들었다. 독립적인 중앙은행조직이 시장에서 행사하기로 되어 있는 리더십, 그리고 정치와 흑자내기 이 모두의 압박을 견뎌내고 시장 전체를 상대로 대처할 수 있는 능력, 이런 것들이야말로 광범위한 권력을 부여받은 준정부적 조직(연방준비제도 — 옮긴이)의 설립을 정당화하는 요소였으나 이런 요소들이 부재한다는 사실만 확연했다.

# 6절
# 대안적 정책들

1929~1933년의 통화정책은 외부 압력에 따른 불가피한 선택이 명백히 아니었다. 아무 때고 대안적 정책을 쓸 수 있었다. 연방준비제도의 지도급 인사들이 그 채택 여부를 심각하게 고려하기도 했다. 연방준비제도는 기술적으로는 언제든지 대안적 정책들을 채택할 수 있는 상황이었다.

실시된 정책의 결과를 더 분명히 알기 위한 한 방법은 대안적 정책을 고려하는 것이다. 결정적인 중요성을 갖는 세 차례 기간에 어떤 대안이 있었는지, 그리고 그 효과는 어떠했을지 확실히 따져보자. 그 기간이란 바로 (1) 1930년 1~10월의 10개월간, (2) 1931년 1~8월의 8개월간, (3) 1931년 9월에 영국이 금본위제를 이탈한 직후 4개월간이다. 이어서 우리는 1931년 말~1932년 초에 실시된 정책을 옹호하는 쪽으로 연방준비제도의 역사를 쓴 사람들의 주요 정당화 근거를 평가하고자 한다. 이들이 말하는 정당화 근거란 1932년 2월 말에 글래스-스티걸 법이 통과될 때까지 "잉여 금"이 부족하여 연방준비제도의 재량에 속한 정책 대안들을 쓸 수 없었다는 것이다.

첫 번째 기간에 뒤이어 두 번째, 세 번째 기간에 발생한 일련의 은행위기들은 앞의 2절에서 살펴보았듯이 각기 나중의 위기가 먼저의 위기보다 더 격렬했다. 먼저의 위기 때 썼더라면 적절했을 대응책이 나중에 발생한 위기에 대해서는 적절치 못했을 수 있다. 반면에 앞으로 보겠지만, 1932년 봄과 여름에 실제로 시행된 채권 매입은 통화량 감소를 일단 정지시켰다. 그러나 몇 달 후 바로 이어진 재발을 예방하기에는 부적절했다. 그런데 이 조치는 시간상 앞서 발생한 위기들에 대응하는 데 적절하고도 남았을 수도 있었다. 세상일이 종종 그렇듯이, 제때의 한 바늘로 뒤늦은 아홉 바늘 수고를 더는 법이다.

### 1930년 1월부터 1930년 10월 말까지

연방준비제도의 팽창적 통화정책이 효력 없었을 것이라거나 바람직하지 않았다는 견해를 뒷받침하는 몇몇 주장들이 사후에 제기되었다. 앞에서 지적되었듯이 이런 주장들은 이 기간에는 맞지 않는다. 은행에 대한 민간의 신뢰가 없다거나 은행이 스스로의 안전을 평소보다 더 염려했다고 볼 만한 어떤 징후도 없었다. 은행들은 지급준비금을 전액 활용하고 있었다. 지급준비금이 증가했다면 아마도 전액 모두 은행의 자산 확대에 사용되었을 것이다. 팽창정책은 금본위제 유지에 아무런 위협이 되지 못했다. 정반대로 금준비는 큰 규모로 유지되는 중이었다. 금 유입도 지속되었다. 연방준비제도는 전 세계 금 스톡 가운데 지나치게 많은 양을 보유하고 있다는 것에 대해 1920년대 내내 우려했었다. 그리고 1930년 연방준비제도 내부 논의에서 금과 관련된 유일한 문제는 금 유입을 줄일 방도에 관한 것이었다. 마지막으로, 심각한 통화 관련 어려움은 해외에서 아직 아무것도 발생하지 않았었다.

대안적 정책이 실시되었다면 어느 정도의 효과가 날 수 있었을까를 수량적으로 평가해보자. 이를테면 1932년에 실시된 매입 프로그램이 1930년에 실시되었다면 그 효과가 어떠했을까? 즉 연방준비제도가 1930년의 첫 10개월간 증권 보유액을 10억 달러 늘리는 프로그램에 착수했다면 그 효과가 어떻게 났을까. 1929년 12월~1930년 10월에 정부증권 보유액은 계절적 영향을 조정하고 나면 실제로는 1억 5천만 달러 증가했다. 여기에 8억 5천만 달러 규모의 정부증권이 추가로 매입되었다고 한다면 본원통화가 1억 6천만 달러 감소하지 않고 6억 9천만 달러 증가했을 것이다. 그 전액은 지급준비금 증가로 이어졌을 것이다. 1930년의 첫 10개월간 민간이 현금 보유액을 줄이고 있었기 때문이다. 하지만 연방준비은행 신용을 구성하는 다른 요소들의 변화로 이 가상적인 추가 매입의 효과는 그보다 덜했을 수 있다. 1929년 12월~1930년 10월에 어음 매입은 2억 4천만 달러에서 1억 3천만 달러로, 1억 1천만 달러만큼 감소했다. 어음할인은 5억 9천만 달러에서 2억 달러로, 3억 9천만 달러만큼 줄었다. 8억 5천만 달러 규모의 정부증권이 추가 매입되었더라면 어음할인은 분명히 더 크게 감소했을 것이다. 그런데 어음 매입이 감소했을 것인지는 덜 분명하다. 왜냐하면 은행들은 (정부증권 매각으로 확보한 — 옮긴이) 자금의 일정 부분을 차입금 상환에 사용했을 것이고 반면 은행인수어음에 대한 수요는 더 크게 확대되었을 수 있기 때문이다. 그런 효과를 좀 더 극적으로 감안하기 위해 어음할인과 매입 모두 각각 5천만 달러로 줄었다고 가정하자. 그런 경우에도, 매입의 영향은 연방준비은행 신용 잔액이 실제처럼 4억 9천만 달러 감소하는 것이 아니라 1억

3천만 달러 증가하는 것이다. 본원통화 역시 4억 6천만 달러 증가한다.

예금 관련 비율들, 즉 예금/준비금 비율과 예금/유통현금 비율이 실제 추이대로 나타났다고 가정하면 본원통화가 2.5% 감소에서 6.5% 증가로 바뀔 경우 통화량은 2% 감소에서 7% 증가로 바뀐다. 이런 상황에서 예금 관련 비율들은 가상적인 본원통화 증가의 일정 부분을 상쇄하는 방향으로 변동했을 수 있다. 하지만 예금 관련 비율들이 크게 변동하는 경우를 상정한다고 해도 전반적인 결론에는 거의 차이가 없다. 연방준비제도의 증권 보유액이 1930년의 첫 10개월간 1억 5천만 달러가 아니라 10억 달러 증가했다면 통화 상황은 급격히 변화했을 것이다. 그 정도의 매입 규모라면 통화량 감소를 상당한 폭의 증가로 바꾸는 데 필요한 양보다 거의 확실히 결정적으로 큰 수준이었을 것이다.

통화 상황이 변하면 이것이 금 유입을 줄게 하거나 금 유입 감소를 금 유출로 반전시키면서 금 움직임에 영향을 줄 수 있다. 하지만 그와 같은 변화는 통화 상황이 경기 동향과 자본시장 상황에 미치는 영향을 통해서만 가능하다. 이로 인해 경기침체의 심각성이 완화되고 자본시장 긴장이 경감되어야만 통화여건 변화가 금 유출입에 영향을 주었을 것이다. 하지만 바로 그런 결과를 성취하는 것이야말로 대안적 정책의 목표가 될 것이다. 따라서 금 유입 감소 현상은 대안 정책이 성공했다는 신호이지 대안 정책을 상쇄하는 것이 아니었을 것이다.

가상적인 정부증권 매입은 1930년 가을과 같은 은행위기의 가능성을 두 가지 측면에서 줄였을 것이다. 간접적으로는 불황의 심각성에 미치는 영향을 통해, 그리고 직접적으로는 은행 대차대조표에 미치는 영향을 통해. 간접적으로 채무자의 대출상환능력을 개선시키는 효과를 낼 것이다. 직접적으로 은행의 지급준비금이 대략 일정한 수준을 유지하는 것이 아니라 빠르게 증가하도록 하는 효과를 낼 것이다. 이런 효과들이, 설령 가능성은 있겠지만, 은행위기 발생을 방지했을 것이라고 결코 어떤 확신을 가지고 단언할 수는 없다. 하지만 이 효과로서 실제 발생했던 위기의 규모나 그 여파를 줄일 수 있었을 것이다.

자본시장에 미쳤을 효과나 해외에서의 금 유입을 감소시켰을 효과들은 해외 경제 상황에 바람직한 영향을 주었을 수 있다. 이런 면으로 보아도, 이후에 발생한 금융 문제들을 완전히 막을 수는 없었겠지만, 확실히 어느 정도 완화시킬 수는 있었을 것이다.


### 1931년 1월부터 1931년 8월 말까지

1931년 초 몇 개월간은 통화정책 면에서 위에서 말한 두 번째 결정적인 기간이었다. 은행위기는 진정되고 은행에 대한 신뢰가 회복되면서 산업 여건이 개선되는 징후가 포착되었다. 우리는 이미 앞의 2절에서 이 시기에 적극적인 통화정책이 수행되었더라면 미약한 회복 징조가 지속적인 회생으로 전환될 수 있었음을 시사한 바 있다.

여기에서 할 수 있는 가정은 다음과 같다. 1차 은행위기를 포함하여 1930년 말까지는 수행된 정책에 변화가 없고 1931년의 첫 8개월간 연방준비제도가 증권 보유액을 10억 달러 증가시켰다고 해보자. 실제로 이 기간 동안 증권 보유액의 변화는 계절조정 시 8천만 달러 증가였다. 이 8개월 동안 민간의 유통현금 보유액은 은행시스템에서 현금을 인출한 결과로 3억 7천만 달러 증가했다. 은행의 지급준비금은 1억 2천만 달러 감소했다. 유통현금 증가와 은행 지급준비금 감소의 차이인 2억 5천만 달러만큼 본원통화가 증가했다. 만약 정부증권을 9억 2천만 달러 추가 매입했더라면 어음할인이나 어음 매입액에 변화가 없음을 전제로 할 때 그로 인해 본원통화는 11억 7천만 달러만큼 증가했을 것이다. 이것은 실제로 발생한 현금 인출을 충족시키면서도 동시에 은행 지급준비금을 8억 달러만큼 증가시키기에 충분한 규모였다. 이처럼 지급준비금이 1억 2천만 달러 감소하지 않고 크게 증가했다면 은행들은 증권을 매각 처분할 필요가 없었을 것이다. 연방준비제도에서 자금차입을 4천만 달러만큼 늘리지 않고 오히려 줄일 수 있었을 것이다. 이런 경우 채권시장 여건이 더 호전되었을 것이다. 따라서 은행 도산이 눈에 띄게 줄면서 예금인출쇄도 현상, 즉 뱅크런도 완화될 수 있었다. 그 결과, 유통현금의 인출 규모가 실제보다 감소하고 은행 지급준비금 증가 규모가 훨씬 더 컸을 수 있다.

앞에서 연방준비은행 신용에 미친 효과를 살펴본 것과 동일한 방식을 유지하기 위해, 여기에서도 어음할인과 매입이 각각 5천만 달러로 줄었다고 가정하고 연방준비제도가 1931년의 처음 8개월간 9억 2천만 달러만큼 정부증권을 추가 매입했다고 하자. 그런 경우 연방준비은행 신용 잔액은 4천만 달러가 아니라 4억 7천만 달러 증가했을 것이다. 이런 상황에서 본원통화는 6억 8천만 달러만큼, 혹은 3.5%가 아니라 10%만큼 증가했을 것이다. 두 예금 관련 비율 하락이 실제와 같은 크기였다고 하더라도 결과적으로 통화량은 5.5% 감소하지 않고 변화 없이 1931년 초 수준을 유지할 수 있었을 것이다.

하지만 이 경우 통화 환경의 변화가 예금 관련 비율들에 미치는 영향은 명백히 공개시장 매입을 가정하여 생긴 팽창적 효과를 상쇄하기보다는 오히려 높이는 방향으로 작용했을 것이다. 예금주가 예금을 현금으로 바꾸고 은행이 스스로의 유동성 포지션을 강화하려는 경향이 훨씬 더 약화되었을 수 있다. 이에 따라 두 가지 예금 비율 모두 실제 떨어진 것보다 덜 떨어졌을 수 있다. 통화 환경이 이렇게 바뀌었다면 2차 은행위기는 정말로 실제 발생하지 않았을지도 모른다. 이렇게 보아도 10억 달러 규모의 매입 프로그램은 통화 상황을 크게 바꾸는 데 필요한 수준을 훨씬 넘어서는 것이었을 수 있다. 하지만 2차 은행위기가 발생했다 해도, 그리고 위기의 정도가 실제로 발생했던 그만큼 심각했다 해도, 그것이 통화량에 미치는 영향만큼은 공개시장조작을 통해 완전히 제거할 수 있었다.

다시 한 번, 이와 같은 변화로 금 유입이 감소하거나 금 유출로 전환될 수 있었는데 그 결과는 유럽 금융 부문의 문제를 완화시켰을 것이다. 그리고 이것도 가상의 매입 프로그램이 거둘 하나의 성과라고 봐야 한다.


### 1931년 9월부터 1932년 1월 말까지

앞에서 우리는 연방준비제도의 1931년 11월 비망록 가운데 다음의 문장을 인용한 바 있다. "(영국이 금본위제를 이탈한 이후) 해외와 국내의 은행 지급준비금 인출 압력에 대해 할인율 인상과 대부 확대라는 고전적 방식으로 대처했다." 그 비망록에는 중앙은행 정책의 전거典據라고 할 수 있는 베그홋Bagehot의 『롬바드 스트리트Lombard Street』에서 따온 구절이 포함되어 있다. 하지만 사실 연방준비제도

는 대외 유출 측면에서만 베그홋의 정책을 따랐고 대내 유출과 관련
해서는 그러지 않았다. 대외 유출에 대한 베그홋의 처방은 높은 수준
의 할인율Bank rate(영국 중앙은행의 할인율을 말한다 — 옮긴이)이었는
데 이것을 연방준비제도가 따랐다. 대내 유출에 대해 그는 대부 확대
를 처방했다. 그는 "한마디로 패닉이란 신경통 같은 것이다. 과학의
법칙에 따르면 당신은 그것을 굶겨서는(패닉 상황에서는 유동성자산이
부족해서는 — 옮긴이) 안 된다. 현금준비를 보유한 자는 자기 채무에
대비하여 그 현금을 유지할 뿐만 아니라 이를 다른 사람의 채무를 위
해 아무런 제한 없이 대부할 준비도 되어 있어야 한다."고 기록했
다.[139] 비망록에는 이와 정반대 주장이 있지만 그럼에도 불구하고 연
방준비제도는 베그홋의 처방 가운데 이 부분에 대해서는 대외 유출
이 시작되기 전이나 끝난 후나 그저 말만 그렇게 했을 뿐 거의 아무
것도 하지 않았다. 실제로는 대내 유출과 대외 유출이 10월에 정점에
달했을 때 연방준비제도는 할인과 어음 매입의 급속한 증가를 용인
했다. 하지만 이것은 할인율이나 어음매입금리가 모두 다 급상승하
는 와중인데도 회원은행들이 이를 주도한 데 따른 것이었다. 그만큼
회원은행들은 이중 유출double drain 때문에 절박한 처지에 놓였던
것이다. 앞에서 살펴보았듯이 위기가 정점에 도달한 다음에조차 뉴
욕연방준비은행은 어음매입금리를 단지 서서히 낮추는 정도에만 머
물렀다. 그 결과로 어음매입금리는 여전히 시장금리보다 높게 유지
되었다. 이로 인해 어음 매입은 급속도로 감소했다. 연방준비제도는
대내 유출(예금주들이 예금을 현금으로 전환, 인출하는 것 — 옮긴이)을 완
화하기 위해 공개시장 매입을 할 수 있었는데도 어떤 적극적인 조치

---

139) Walter Bagehot, *Lombard Street*, London, Henry S. King, 1873, 51쪽.

도 취하지 않았다. 연방준비제도의 행동은 베그홋의 다음과 같은 긍정적 보고 내용과는 대조적이었다.

1825년에 자금 공여로 패닉을 중단시킨 방식은 너무도 포괄적이고 생생하게 묘사되어 있다. 그 문구는 이제 고전이 되었다. 하만 경 Mr. Harman은 영란은행을 대표하여 다음과 같이 말했다. "우리는 쓸 수 있는 모든 수단과 우리가 전에는 결코 채택한 적 없는 방법들을 동원해 자금 공여에 나섰다. 우리는 주식을 담보로 받아들였다. 재무부채권을 매입했다. 재무부채권을 담보로 자금을 선불해주었다. 현물을 할인했을 뿐만 아니라 환어음 계좌에 대해 엄청난 규모로 자금을 선불해주었다. 한마디로 말해, 은행의 안전에 부합하는 모든 가능한 수단들을 다 동원했다. 그리고 우리는 대개 너무 까다롭게 굴지 않았다.[140]

연방준비제도의 대외 유출에 대한 반응은 "고전적"인 것이었지만, 그것은 1920년대에 연방준비제도가 진전시킨 대안 정책인 금 불태화 정책과는 상당히 달랐다. 불태화정책은 금 유출에 맞서기 위해 긴축이 아니라 반대로 완화를 요구한다. 그리고 좀 더 명확히 말하자면, 대내 유출에 맞서기 위해 금 유출 전후 기간 동안 완화가 필요하다.[141]

---

140) 위의 책, 51~52쪽.

141) 예를 들어 연방준비제도의 1924년 통화완화정책의 근거가 열거된 벤자민 스트롱의 비망록 참조. 여기에 제시된 근거 가운데 하나는 "서부와 북서부 일대에서 은행 상황을 악화시킨 압력 요인 및 그에 따른 도산과 재앙 …… 을 차단하는 것"이었다(Benjamin Strong, *Stabilization*, Hearings before the House Bank-

연방준비제도는 1920년대에 금 유출입을 불태화했다. 1929년 8월
~1931년 8월에는 금 유입 규모 이상으로 불태화했다. 정책 일관성
을 위해서는 1931년 9월 이후에도 금 유출을 불태화할 필요가 있었
다. 그리고 연방준비제도는 기술적 측면에서 그와 같은 정책을 추구
하는 데 특별히 잘 준비된 상태였다. 영국이 금본위제를 이탈하기 직
전에 미국의 금 스톡은 역사상 최고치인 47억 달러 이상이었고, 이는
전 세계 통화용 금 스톡의 약 40%에 해당했다. 연방준비제도의 준비
금 비율, 즉 보유 금 스톡을 연방준비은행권과 예금채무 규모 합계로
나눈 비율은 7월에 80%를 넘어섰고 9월에는 평균 74.7%에 달했다.
이후 10월에도 56.6% 이하로는 떨어지지 않았다. 금 스톡이 저점에
이른 것은 10월 말이 얼마 남지 않은 시점이었다. 이때도 금준비 규
모는 법정요구 수준을 십억 달러 이상 초과했다.[142] 그리고 이 합계
액은 긴박하다면 간단한 장부상의 조정을 통해 8천만 달러에서 2억
달러만큼 확대시킬 수도 있었다.[143] 더욱이 연방준비제도이사회는

---

ing and Currency Committee, 69th Cong., 1st sess., Mar.-June 1926, Feb.
1927, 335~336쪽). 스트롱이 제안한 1922~1926년 연방준비제도 정책에 대한
시금석 가운데 하나는 은행 도산 사례의 수치였다(476쪽). 또한 "문제 지역소재
은행들"에 대한 자금 대부나 긴급한 현금 수요를 지원하는 연방준비제도의 역할
과 관련해서는 연방준비제도이사회의 아돌프 밀러를 참조(861, 898~899쪽).
그리고 "긴급상황에 대처하는 필사적 대책"을 포함하여 연방준비제도 안정화정
책의 효력에 대해서는 당시 뉴욕연방준비은행의 연방준비제도 대리인이었던 W.
R. 버제스를 참조(1019쪽).

142) 반면 연방준비제도의 금준비율은 인플레이션을 방조했던 1919년에는 겨우 최
대 53%에 그쳤다. 연방준비제도는 1920년에 그 비율이 43% 밑으로 떨어질 때
까지 긴축 조치를 취하지 않았다.

143) 연방준비은행이 자신이 발행한 연방준비은행권을 금고에 보유하는 경우에는
유통은행권과 동일한 담보 요건과 지급준비금 요건이 적용되었다. 1931년 10월

거의 어떤 제재도 받지 않고 금준비 필요 규정을 정지시킬 수 있는 법적 권한이 있었다. 실제로 이 권한은 1933년 초에 행사되었다.

미국에 대해 즉시 인출 가능한 단기채권을 많이 보유한 나라가 프랑스였다. 프랑스의 단기자산 규모는 1929년 이래 감소했는데 1931년 1월에는 유럽 국가들이 보유한 전체 18억 달러 가운데 7억 8천만 달러에 달했고 9월까지는 약 7억 달러 정도였다.[144] 프랑스는 금본위제 고수를 강력히 천명한 상태였고 중앙은행인 프랑스은행을 포함한 프랑스 금융계는 미국이 금본위제를 유지할 능력과 의도가 있는지에 관해 극도의 우려를 표명했다. 바로 이 때문에 프랑스의 단기채권 잔액 변동성이 유달리 컸다. 실제로 프랑스는 1931년 10월에는 잔액을 인출하지 않았지만[145] 1932년 봄이 되면 거의 전액을 인출했다.[146]

---

31일, 그와 같이 발행기관인 연방준비은행이 보유하고 있는 연방준비은행권 규모는 약 3억 2천만 달러였다. 연방준비제도 내부 비망록에 따르면 약 1억 2천만 달러 정도가 적절한 규모였다(Harrison, Miscellaneous, Vol. I, enclosure, dated Aug. 20, 1931, in letter, dated Aug. 21, Harrison to McRougal). 만약 2억 달러가 줄었다면 은행권 보유에 대한 필요 금준비 규모는 8천만 달러만큼 줄었을 것이다. 만약 은행권 보유에 대해 60% 적격어음 대신 금을 담보로 보유하는 경우라면 추가로 금 1억 2천만 달러가 법정 요건으로부터 풀려났을 것이다.

144) *Banking and Monetry Statistics*, 574쪽. 이 수치들은 유럽 국가 전체와 프랑스가 1931년 1월 31일 현재 뉴욕에 소재한 주간보고 회원은행들에 대해 보유한 단기채권 잔액 추정치이다. 1년 전에 보인 정점에서의 값은 각각 20억 달러와 8억 9천만 달러였다.

145) 해리슨은 10월에 프랑스은행이 자금을 미국 자금시장에 투자하고 싶지 않다면 해리슨 역시 2억 달러를 초과하는 규모로는 프랑스 예금을 보유하고 싶지 않다고 프랑스은행에 통고했다(Harrison, Notes, Vol. II, Oct. 15, 26, 1931). 해리슨은 프랑스 중앙은행더러 그 은행 소유로 구분하여 예치되거나 프랑스로 수출될 금을 매입하라고 제안했다. 프랑스 측에서는 해리슨이 기꺼이 금을 포기하려는 것에 놀라움을 표했지만, 금 수입이 프랑스 경제에 미칠 인플레이션적 영향과 프랑스은행의 수익기회 상실을 우려하여 당시 이를 바로 인출하려고 하지는 않

왔다. 하지만 프랑스은행이 뉴욕에 보유한 잔고 가운데 상당한 비중을 서서히 본국으로 송금할 것이라는 점은 합의되었다.

해리슨과 프랑스의 대화에 대한 소문은 실제와는 달랐다. 프랑스 측에 더 이상 금을 인출하지 말아달라는 해리슨의 요청을 프랑스가 거절했다거나, 해리슨이 강경한 통화정책을 유지하겠다고 약속했다는 것이나 모두 사실이 아니었다. 마이어 의장에게 보낸 편지에서 해리슨은 그런 풍문이 사실이 아니라며 부인했다.

시장에서 자금을 인출하지 않겠다는 프랑스은행의 약속을 받아내면서 그 대가로 뉴욕연방준비은행이 신용 및 할인율 정책과 관련한 재량권을 포기했다는 일종의 "거래" 성격을 갖는 합의가 있다는 소문이 계속 떠도는 모양입니다. 오직 그 이유에서 나는 이 문제들을 비교적 자세히 검토했습니다. 그러나 그런 합의 자체가 없었고 그런 거래도 물론 없었습니다. 프랑스은행은 자기네 달러 자금을 언제든지 원할 때 인출할 수 있습니다. 마찬가지로 뉴욕연방준비은행 역시 자신의 신용 및 할인율 정책을 필요할 때 쓸 수 있습니다. 실상은 내가 다른 나라의 중앙은행들과 나눈 대화 가운데 그들이나 우리 자신이 어떤 방식으로든 서약해야 한다는 요청이나 심지어는 제의조차 단 한 번도 결코 한 적이 없습니다. 미래 정책에 대한 그런 서약은 우리 자신의 자기 이해관계에서 취할 우리 행동의 완전한 자유를 파괴하거나 제한할 수밖에 없을 것입니다.

해리슨의 이러한 진술이 당시 연방준비제도이사회 연구통계부 책임자였던 골든와이저가 다음과 같이 주장한 바와 반드시 모순되어야 할 필요는 없다. "당시 프랑스은행은 미국에 대규모 예금을 보유했는데 당국들 간에는 미국의 어음 금리가 상승하지 않으면 이 예금이 금으로 인출될 것이라는 이해가 형성되어 있었다."

프랑스의 정책 확약에 대한 요청이 없었다 해도, 그리고 해리슨이 그런 협정을 체결한 적이 없다 해도, 미국이 할인율을 인상하지 않으면 프랑스 측은 여전히 미국이 발표한 의사에 관해 진지하지 않다는 신호로 간주하겠다는 것을 분명히 할 수 있었다. 발표된 미국의 의사란 미국이 금본위제 유지를 위해 필요한 모든 조치를 취하겠다는 것을 말한다(Harrison, Miscellaneous, Vol. I, letter, dated Dec. 18, 1931, Harrison to Meyer, letter, dated Dec. 22, 1931, Harrison to Calkins. 여기에서 칼킨스는 분명히 이 소문들을 진실로 받아들이고 있었다. E. A. Goldenweiser, *American Monetary Policy*, New York, McGraw-Hill, 1951, 158~159쪽).

프랑스가 10월에 인출했다 하더라도 이로 인해 미국의 금 포지션에 궁극적인 차이가 발생하지는 않았을 것이다. 하지만 이로 인해 연방준비제도의 준비율은 약 49%로 떨어졌을 것이다. 이는 잔액이 실제로 인출된 시점에 겪은 효과들과는 다소 다른 심리 효과를 야기했을 것이다. 왜냐하면 연방준비제도의 준비율은 실제로 잔액이 인출된 시점에는 58% 밑으로 떨어지지 않았기 때문이다. 1932년 공개시장조작 기간 중 도달한 준비율 최저치는 56%였다(일별 수치의 월간 평균 기준). 따라서 만약 금 불태화 정책이 채택되었더라면 금 유출은, 금 스톡의 급격한 고갈로 이어지기 전은 말할 것도 없고, 법정 준비율에 도달하기 훨씬 전에 멈췄을 가능성이 상당히 커보인다.[147]

---

146) 뉴욕에 소재한 주간보고 회원은행들에 대해 프랑스가 보유한 단기채권 잔고는 1931년 9월 16일 6억 8천5백만 달러, 1931년 12월 30일 5억 4천9백만 달러, 1932년 5월 11일 3억 4백만 달러, 1932년 6월 15일 1억 2백만 달러, 1932년 6월 29일 4천9백만 달러였다(*Banking and Monetry Statistics*, 574~575쪽). 이 통계에는 프랑스가 주간보고 국내은행과 은행가에게 예치한 모든 예금과 단기증권이 포함되어 있다. 그렇지만 미국이 프랑스 민간 부문에 지고 있는 환어음이나, 주간보고 은행이 아닌 다른 대리자를 통해 보유한 단기증권 같은 기타 단기 부채는 포함되어 있지 않다. 따라서 이 수치들은 프랑스의 인출 규모를 저평가하는 것일 수 있다.

　1932년 봄 연방준비제도의 정책 변화에 대해 프랑스가 불만이었다. 이 사실은 널리 알려지기는 했지만, 해리슨 총재는 프랑스의 최종적인 단기채권 인출이 이러한 불만 때문은 아니라며 부인했다. 그는 "[어]떤 사람들은 최근 금이 크게 유출된 것에 대한 책임이 우리 정책에 있다고 주장하지만, 그것은 주로 어떤 경우에든 인출되었을 중앙은행 잔액의 본국 송금이었을 뿐"이라고 말했다(Harrison, Notes, Vol. II, June 30, 1932).

147) 골든와이저는 그 반대를 단언했다. 그는 "완전한 완화정책[문맥상 이와 같은 표현으로 그가 의미한 것은 공개시장조작 대신 낮은 할인율이었다.] …… 은 연방준비예금에 대한 지불준비요건 적용의 중단을 포함했을 것"이라고 썼다(Goldenweiser, *American Monetary Policy*, 159쪽). 하지만 골든와이저는 그

연방준비제도가 대외 유출에 대한 "고전적" 대책의 일환으로 실제로 그랬던 시점에 할인율을 인상했다고 하자. 그러나 동시에 대내 유출에 대한 "고전적" 대책의 요청이자 기존의 불태화 정책의 요청이기도 한 정부증권 매입을 수행했다고 가정하자. 다시 한 번 구체적인 논의를 위해 증권 보유액이 가상적으로 10억 달러 증가했다고 하자. 이의 결과는 어떠했을까?

1931년 8월~1932년 1월에 민간의 현금 보유는 7억 2천만 달러 늘었고 은행 지급준비금은 3억 9천만 달러 줄었다. 이는 금 유출에도 불구하고 할인의 증가나 기타 다른 요인들로 인해 본원통화가 3억 3천만 달러 증가했음을 의미한다. 기타 다른 요인이 불변이었다고 가정하면, 정부증권 10억 달러 매입은 본원통화의 13억 3천만 달러 증가로 이어졌을 것이다. 이는 민간의 현금 인출 7억 2천만 달러 전액을 충당했을 것이다. 동시에 은행 지급준비금이 3억 9천만 달러 혹은 초기 수준의 1/8만큼 감소하는 것이 아니라 6억 1천만 달러만큼 증가했을 것이다. 은행 지급준비금의 증가는 (신용창조를 통한 — 옮긴이) 예금의 몇 곱 팽창multiple expansion으로 이어졌을 것이다. 실제로 일어났던 몇 곱 위축multiple contraction(금융기관을 통한 신용이 역으로 회수되는 신용창조의 반대과정을 염두에 둔 표현 — 옮긴이)과는 정반대의 일이 일어났을 것이다.

---

주장을 뒷받침할 어떤 근거도 제시하지 않았다. 골든와이저 문서나 해리슨 문서에서 이와 관련한 어떤 내부문건도 우리는 찾을 수 없었다. 햄린 일기에도 그런 정책이 신중하게 고려되었거나 그로 인한 지불준비율에의 영향이 명시적으로 고려되었다는 근거가 없다. 그렇기는 하나, 그것이 당시 당국의 의견이었을 수는 있다. 이 문헌들에 따르면 할인율 인상은 다양한 실행 가능한 대안들을 충분히 고려한 끝에 내린 하나의 정책결정이었다기보다는 거의 일종의 조건반사에 가까웠던 것으로 보인다.

물론 상황이 이러했다면 은행이 받은 압력은 실제보다 훨씬 덜했을 것이고 연방준비제도에서의 차입도 훨씬 줄어들었을 것이다. 그래서 앞의 가상적인 본원통화 증가분 가운데 일정 부분이 상쇄되었을 것이다. 하지만 이 같은 상쇄는 은행 도산이 줄고 예금을 현금으로 전환하려는 일반대중의 욕구가 약화된 결과일 것이다. 따라서 민간의 현금 보유 역시 실제 증가한 규모보다 더 적게 늘었을 것이다. 이와 같은 상쇄 요인들이 은행 지급준비금에 미치는 순 효과net effect는 그것을 증가시키는 방향이었을 수도 있고 아니면 감소시키는 방향이었을 수도 있다.

다시 한 번 수량적으로 그 크기를 가늠해보기 위해 1931년 8월~1932년 1월에 할인과 어음 매입 모두 변화하지 않았다고 가정하자. 실제로는 할인은 2억 8천만 달러에서 8억 4천만 달러로 증가했고 어음 매입은 3억 1천만 달러에서 1억 달러로 감소했다. 이렇게 가정해도 정부증권 10억 달러 매입은 본원통화가 실제로 증가한 크기보다 6억 5천만 달러나 더 크게 증가하는 결과를 낳았을 것이다. 우리가 더욱 극단적인 가정을 추가하여 그처럼 큰 통화 개선 상황에서조차 예금 관련 비율들이 실제 하락한 만큼 하락(예금/유통현금 비율의 경우 기록에 따르면 짧은 기간 동안 이보다 더 크게 하락한 적이 없었음)했다고 하더라도, 그 결과 통화량 감소의 크기는 1931년 8월~1932년 1월에 실제 발생한 감소 크기의 절반에 미치지 못했을 것이다. 이와 같이 가상적인 상황에서는 예금/유통현금 비율이 8.95에서 6.47이 아니라 7.10 정도로 하락하여 실제보다 완만하게 개선되기만 해도 통화량은 12%나 하락하는 대신 안정 수준을 유지할 수 있었을 것이다.

위기는 시간을 거듭하면서 더욱 심해졌다. 따라서 우리가 기준으로 삼는 10억 달러가 그 이전 기간에는 통화량 추세를 바꾸기 위해 필요한 규모의 몇 배가 분명히 되었지만 이 기간에는 그렇지 못했다. 하지만 이러한 계산은 이 정도의 공개시장 매입이 적절했을 것임을 시사한다. 그리고 통화량 추세에서 그와 같은 큰 변화가 있었더라면 경제 상황도 실제로 그랬듯 그렇게 빠르고 급격하게 악화되지는 않았을 것이다.

잉여 금의 문제

골든와이저는, 우리가 앞에서도 인용한 바 있는, 자신이 연방준비제도에서 은퇴한 뒤 출간한 저서에서 영국의 금본위제 이탈에 대한 연방준비제도의 대응을 간략히 분석했다. 그는 대외 유출에 대한 대응 차원에서 이루어진 할인율 인상을 "정통성으로의 일시적 복귀"[148]라고 불렀는데 이는 "은행시스템이나 공황의 진행과정에 단지 일시적으로만 영향을 미쳤다." 이 논의에 이어 대내 유출과 관련해서는 다음과 같이 말했다.

더 심각한 것은 연방준비제도가 어음할인을 통해 회원은행들을 충분

---

148) 할인율 인상은 1931년 10월이나 11월에 모든 연방준비은행에서 일제히 이루어졌다. 몇 개월 지난 후에는 댈러스와 리치먼드, 그리고 뉴욕연방준비은행에서만 인하가 이루어졌다. 뉴욕연방준비은행의 인하는 1931년 10월의 두 번째 인상 이후 4개월 이상이 지나서야 이루어졌다. 그마저도 인하 폭은 금 유출 이전 수준으로 돌아가기 위해 필요한 크기의 1/4 정도에 그쳤다. 4개월이 지난 후 뉴욕연방준비은행은 두 번째 인하를 단행했다. 이로 인해 할인율은 2.5%가 되었고 이로써 금 유출 이전 수준으로 돌아가기 위해 필요한 인하 폭의 절반에 도달했다. 이후 1933년 3월에 다시금 인상될 때까지 할인율은 이 수준을 유지했다.

히 지원하지 않았고 공개시장에서 적극적인 매입정책을 실시하지 못했다는 점이다. 이와 같이 비상시에 더 큰 도움을 주지 못한 연방준비제도 정책 실패의 중요한 책임은 할인 대상 어음의 적격성 기준을 경직되게 규정하고 또 정부증권을 연방준비은행권에 대한 담보로 받아들이지 못하게 한 법 조항에 있다.[149]

골든와이저가 언급한 문제가 바로 이른바 잉여 금 문제free-gold problem다. 대내 유출로 연방준비은행권 잔고는 증가했다. 법에 따르면 연방준비제도가 연방준비은행권을 발행하기 위해서는 발행액의 40%에 상당하는 금 형태의 지급준비금을 보유해야 하고 60%에 상당하는 규모로 금이나 적격어음의 추가 담보가 필요했다(적격어음은 상업용 대부, 농업용 대부, 산업용 대부, 혹은 회원은행이 재할인한 합중국 정부증권이 담보로 제공된 대부와 회원은행에 대한 대부 가운데 재할인 대상 적격어음이나 정부증권이 담보로 제공된 것 그리고 은행인수어음, 즉 연방준비계정 용어 기준으로는 "매입어음"에 해당하는 것 등으로 구성됨). 연방준비제도의 적격어음 보유 규모가 충분하지 못해 연방준비은행권에 대한 담보의 60%에 채 미치지 못했기 때문에 최소 요구 금준비 요건을 초과하는 금의 일정 부분은 이 연방준비은행권에 대한 담보용으로 제공되어야 했다. 이에 따라 최소 요구 금준비 요건이나 담보 요건을 충족시키기 위해 필요한 수준을 넘는 잉여 금의 양은 초과 금준비 규모에 미치지 못했다. 1932년 연차보고서에서 연방준비제도는 잉여 금 부족이야말로 연방준비제도가 앞에서 논의한 가상적인 매입 같은 그런 확대된 공개시장 매입을 수행할 수 없게 가로막는 중요한 요인

---

149) 위의 책, 159~160쪽.

이라고 주장한다. 골든와이저 역시 앞에서 인용한 문구나, 혹은 저서의 다른 부분에서 동일한 주장을 반복한다. 이들 주장으로는, 그와 같은 공개시장 매입정책은 재할인을 줄임으로써 적격어음 보유 규모를 더 크게 감축시킬 것이었고 따라서 잉여 금을 완전히 제거하지 않는다면 매입 자체는 매우 제한된 정도로밖에 수행될 수 없었다. 글래스-스티걸 법(1932년 2월 27일)은 연방준비은행권에 대한 40%의 최소 금준비 요건에 추가되는 담보 요건과 관련하여 기존의 적격어음뿐만 아니라 연방준비은행이 보유한 정부증권 또한 담보로 제공되게 허용함으로써 이 문제를 해결했다.[150]

그러나 우리가 그 근거들을 검토한 끝에 얻은 결론은 이와는 전혀 달랐다. 이후에도 잉여 금 부족 문제가 주목을 받아왔지만, 우리는 이 문제가 연방준비제도의 정책에 어떤 중요한 영향을 미쳤다고 보지 않는다. 그 이유는 다음의 다섯 가지다.

(1) 1929~1933년 공황 기간에 본격적인 잉여 금 논의로서 우리가 발견한 가장 오래된 출간 자료는 벤자민 앤더슨Benjamin Anderson의 기사다(『체이스 경제 회보Chase Economic Bulletin』 1929년 9월 29일자). 골수 진성어음주의자이자 공개시장정책 반대자인 앤더슨은 "자금을 인위적으로 값싸게 하기에는 잉여 금이 충분치 않다."고 경고했다.[151] 이 기사가 연방준비제도 내부에 영향을 미친 어떤 근거

---

150) 이 글래스-스티걸 법의 다른 조항들에 대해서는 앞의 각주 26을 볼 것.

151) 앤더슨은 1930년 3월 14일자 기사(13쪽)에서 잉여 금의 중요성에 대해 언급했고 나중에 이 문제에 대해 자세히 논의하겠다는 의도를 드러냈다. 실제로 그는 1930년 9월의 『체이스 경제 회보』 기사, 「연방준비제도의 잉여 금과 통화완화정책」(8쪽)에서 이 문제를 더 자세히 논의했다. W. R. 버제스는 연방준비제도이사회에서 이에 뒤이은 앤더슨의 금에 대한 기사(Chase Economic Bulletin, Mar. 16, 1931)가 대외적으로 연방준비제도의 명예를 상당히 훼손했다고 말했다(Ham-

도 우리는 찾을 수 없었다. 어쨌든 이 기사가 출간된 때는, 팽창적인 공개시장 매입을 옹호하려는 전투에서 뉴욕연방준비은행은 이미 패한 처지였다. 1932년 봄까지를 지배한 정책의 전반적인 방향은 이미 결정되었다.

(2) 잉여 금에 관해 우리가 발견한 가장 오래된 연방준비제도 내부 미출간 문서는 골든와이저의 한 비망록(1930년 1월 3일 작성)이다. "잉여 금이 6억 달러로 줄었다."는 앤더슨의 발언(1929년 12월 30일 미국경제학회와 미국통계학회에서의 연설)에 대해 연방준비제도이사회가 벌인 논의를 골든와이저는 언급했다. 앤더슨은 다음과 같이 결론지었다. "연방준비제도가 자체 지급준비금에 시선을 돌려야 할 때가 다가오고 있다 ……." 비망록에 따르면 연방준비제도가 정기적으로 잉여 금 동향을 파악해왔으며 당시에 잉여 금 규모는 연방준비제도이사회의 관심사가 아니었음이 분명하다.

연방준비제도가 잉여 금에 대해 별로 관심이 없었다는 사실은 잉여 금에 대한 최초 언급이 햄린 일기에서는 1931년 7월 30일에야 등장하고, 해리슨 문서에서는 1931년 8월 11일 공개시장정책회의를 위한 예비 비망록(8월 3일자)에서 발견된다는 점에서 알 수 있다. 이 두 기록 모두, 7월 29일의 잉여 금이 합계 7억 4천8백만 달러였는데, 대부분의 연방준비은행 금고에 예치된 연방준비은행권을 "적절한 최소 규모"로 줄이는 내부적 회계 조정만으로도 잉여 금을 바로 당일에 10억 8천6백만 달러로 늘릴 수 있다는 점을 강조했다.[152] 이에 뒤이어

---

lin, Diary, Vol. 19, Oct. 30, 1931, 173쪽).

152) Goldenweiser Papers, Container 1, folder of Confidential Memoranda, 1922-33. 앤더슨의 연설을 언급하고 있는 *New York Times*, Dec. 31, 1929, Ham-

뉴욕연방준비은행이 준비한 비망록(1931년 8월 21일자)을 보면, 이들은 대규모 공개시장 매입, 은행권과 금의 대내 유출, 대외 유출 등과 같은 다양한 가상적인 상황 전개 시 잉여 금에 어떤 영향이 미칠 것인지를 검토했다. 검토 결과, 심지어는 상당히 극단적인 가정하에서도 잉여 금은 연방준비제도가 활용할 수 있는 정책대안의 중요한 한 계요인이 될 수 없었다.[153] 10월 26일 공개시장정책회의를 위한 예비 비망록에서는 금 유출이 있어도 잉여 금 규모에는 거의 변화가 없었음이 강조되었다. 초과 금준비는 19억 달러(1931년 9월 16일)에서 11억 달러(10월 21일)로 줄었지만 잉여 금 규모는 적격어음 보유 증가로 인해 8억 달러를 넘어선 수준에서 거의 변화가 없었다. 1931년 11월 30일 회의를 위한 예비 비망록에 잉여 금은 심지어 언급조차 되어있지 않고 "여전히 남은 금이 많다."는 기록만 있다. 연초가 지나고

---

lin, Diary, Vol. 19, 132쪽, Harrison, Open Market, Vol. II 참조.

153) 다른 연방준비은행 총재들에게 비망록을 전달하는 편지에서 해리슨은 "개별 연방준비은행의 입장과는 별도로 연방준비제도 전체로 보면 어떤 상황에서도 문제가 되지 않을 만큼 충분한 자금이 있다. 정책과 관련해서 우리는 아마도 국가 경제에 바람직하다면 어떤 일도 충분히 할 수 있는 입장"이라는 결론을 내렸다.

비망록에 따르면 정부증권을 3억 달러 매입하면 이로 인해 즉각 잉여 금이 약 1억 3천7백만 달러 줄어 연방준비제도에 약 6억 달러가 남게 되지만 이 6억 달러는 연방준비은행 금고에 예치된 연방준비은행권을 줄이면 9억 달러 이상으로 증가할 수 있었다. 이 설명에 따르면 연방준비은행권이나 금 수요가 큰 폭으로 증가하더라도 잉여 금 상황에는 영향을 미치지 못한다. 이는 그와 같은 수요 확대가 연방준비은행의 할인이나 어음 보유 증가를 수반하게 마련이고 이 과정에서 저절로 연방준비은행권 발행을 위한 적격어음 담보가 공급될 뿐 아니라 같은 목적으로 사용되는 금이 풀려나오기 때문이다. 잉여 금을 제외하고 당시 담보로 사용되는 금만으로도 추가적인 30억 달러 이상의 은행권 유통을 위한 40% 지급 준비금을 제공하거나 12억 5천만 달러 상당의 수출용 금을 공급하기에 충분했다 (Harrison, Miscellaneous, Vol. I).

1932년 1월과 2월에 잉여 금은 4억 달러로 떨어졌다. 회계 조정이 있었다면 아마도 5억 2천5백만 달러 정도로 늘어날 수 있었다.[154] 따라서 전체 기간을 통틀어 실제 잉여 금 규모는 대규모의 공개시장조작을 허용할 수 있을 만큼 충분했다.

(3) 잉여 금이 공개시장정책회의나 그 집행위원회 회의에서, 혹은 연방준비제도이사회나 뉴욕연방준비은행 이사회 회의에서 가끔 간접적으로 거론되었으나, 언제나 그것은 거의 줄곧 제각기 다른 근거로 공개시장조작에 반대하던 사람들이 언급한 하나의 문제였을 뿐이다. 그것이 매입에 반대하는 주요한 근거로 대두된 적은 한 번도 없었다. 그런 주장이 나오면 거의 언제나 즉각적으로 잉여 금 부족이 정책에 심각한 한계 요인이 되지 못함을 보여주는 객관적인 수치들이 제시되었다.[155] 1931년 9월~1932년 2월의 공개시장정책회의 의

---

154) Harrison, Open Market, Vol. II. 1931년과 1932년의 연차보고서나 『연방준비회보』 어디에도 중요한 기간인 1931년 9월~1932년 2월의 잉여 금 규모 추이를 연속적으로 보여주는 수치 자료가 없다. 이후에 나온 어떤 연방준비제도 간행자료에서도 그런 자료는 찾아볼 수 없었다. 1932년 1월과 2월에 대한 우리 추정치는 연방준비제도이사회의 『1932년 연차보고서』(17쪽)에 실린 도표, 그리고 연방준비은행들이 자체 발행해서 보유 중인 은행권 규모(91쪽)에 근거했다.

155) 1931년 8월 11일 공개시장정책회의에서 해리슨이 상당한 규모로 정부증권을 매입할 것을 권고한 데 대한 응답으로서 칼킨스 총재와 시 총재는 자기네 은행은 잉여 금이 충분치 않아 추가 매입에 참여할 수 없다고 말했다. 해리슨 총재는 앞에서 언급된 1931년 8월 3일자 비망록의 잉여 금 수치를 인용하면서 다음과 같이 지적했다. "결정해야 할 문제는 개별 은행의 참여 가능 여부가 아니라, 도움이 될 연방준비제도의 정책에 대한 동의 여부다." 그날 뒤이어 공개시장정책회의와 연방준비제도이사회의 합동회의에서 마이어 연방준비제도이사회 의장은 집행위원회에 2억 달러 혹은 3억 달러 규모의 정부증권 매입을 위임하는 데 "연방준비제도에 어떤 위험이 있는지" 물었다. "골든와이저 경은 우리가 7억 5천만 달러의 잉여 금을 가지고 있는데 10억 달러로 늘릴 수도 있기 때문에 그 방향으로는 어떤 위험도 없다고 진술했다."(Harrison, Open Market, Vol. II).

사록과 뉴욕연방준비은행 이사회 회의기록을 상세히 읽어보면 잉여 금은 당시 정책 결정 요인으로서 결코 중요하지 않았다. 이 잉여 금 문제와 관련한 가장 심각한 의견 표출이 1932년 1월과 2월에 있었으나 이때는 글래스-스티걸 법안이 제정되는 중이었고 그 문제 자체가 해결되는 중이었다.[156] 이 기간에 금 문제 우려의 중심지는 연방준비

---

10월 5일 뉴욕연방준비은행 이사회의 집행위원회 회합에서 오웬 D. 영은 연방준비은행들의 정부증권 매입이, 결국 나중에 전국신용공사로 이름 붙여지게 되는 공사를 설립하려는 "계획에" 어떻게 "부합하는지" 물었다. 해리슨은 "현재로서는 연방준비제도의 금 보유 규모가 중요한 문제라고 생각한다. 그런 이유에서 정부증권 매입이 달갑지 않다."고 답했다. 하지만 3일 후 뉴욕연방준비은행 이사회에서 해리슨은 "연방준비제도가 보유한 잉여 금의 양이 최근의 금 유출에도 별로 크게 영향 받지 않았다. 그런 점에서 정부증권 매입에는 여전히 상당한 여유가 있다."고 말했다(Harrison, Note, Vol. II, Oct. 5, 8, 1931).

1931년 10월 26일 공개시장정책회의에서 해리슨은 "연방준비제도의 잉여 금 상황은 현재 문제가 안 된다."고 말했다(Harrison, Open Market, Vol. II). 10월 27일 골든와이저 보고에 따르면, 연방준비제도이사회에 직전 5주간의 금 수출에도 불구하고 잉여 금 수준이 유지되었다(Hamlin, Diary, Vol. 19, 169~170쪽). 1931년 11월 30일의 공개시장정책회의에서는 집행위원회에 연말까지 2억 달러 한도 내 정부증권 매입을 위임했다. 잉여 금과 관련해서는 어떤 언급도 없었다(Harrison, Open Market, Vol. II).

연방준비제도이사회 간행물 가운데 우리가 발견한 잉여 금 문제에 대한 가장 이른 언급은 *Federal Reserve Bulletin*, Sept. 1931, 495~496쪽에 있다. 용어 정의 및 1925년 이후 연방준비은행들의 잉여 금과 초과지급준비금을 보여주는 도표가 제시되어 있다. 이 내용은 *Federal Reserve Bulletin*, Nov. 1931, 604쪽에서 다시 한 번 나온다. 『1931년 연차보고서』에는 잉여 금 관련 언급이 없다. 그 보고서나 이전의 어떤 보고서에도 그런 문제에 대처하기 위한 입법 제안은 없다. 입법 제안은 연방준비제도가 보고서에 열거하게 되어 있었다. 『1932년 연차보고서』에 글래스-스티걸 법안 통과에 관한 언급이 있는데, 여기에 잉여 금 문제에 대한 연차보고서 최초의 논의가 있다.

156) 1932년 1월 4일, 해리슨은 뉴욕연방준비은행 집행위원회에 다음과 같이 말했다. 상당 규모의 정부채권 매입안을 "권고할 때 그가 주저하는 유일한 이유"는

제도가 아니라 백악관과 재무부였다. 후버 대통령이 1931년 10월 6일 의회 지도자들과의 회의에서 낸 제안은 결국 글래스-스티걸 법으로 구체화되었다.[157]

(4) 만약 잉여 금이 바람직한 정책을 펴는 데 심각한 장애 요인이었다면, 심지어는 금 유출이 최고조에 달한 기간이라 해도, 잉여 금 문제 완화를 위해 연방준비제도의 과거 정책들과도 잘 부합하게 실행할 수 있는 수단들이 있었다. (a) 앞에서 언급한 회계 조정은 과거에 어느 정도 활용된 것으로 보인다. 그러나 결코 충분히 활용된 적은 없다. (b) 정부증권 대신 연방준비은행권에 대한 적격담보인 어음이 매입될 수 있었다. 어음 보유액은 위기가 정점에 달하던 1931년 9월과 10월에 급증한 다음 1931년 10월~1932년 2월에 계속 감소했

---

"우리가 재량껏 활용할" 잉여 금의 양이 상대적으로 적다는 데 있다. 그 때문에 연방준비은행들은 각자 보유한 모든 자산을 연방준비은행권에 대한 담보로 제공할 수 있는 권한을 가져야 한다(Harrison, Notes, Vol. II, Jan. 4, 1932).

그럼에도 불구하고 그는 1932년 1월 11일 공개시장정책회의(앞의 5절 참조)에서 공개시장 매입을 주장했다. 글래스-스티걸 법이 제정되기 직전인 2월 24일 회의에서는 연방준비제도가 어음 매입, 할인율 인하, "잉여 금 문제 완화에 따라 가능해진, 필요한도 내 정부증권 매입"(1월 11일 회의에서 정부증권 매입 계획이 권고됨) 등을 적극 추진하지 못한 이유가 다음과 같이 설명되었다.

유럽, 특히 프랑스로의 대규모 금 유출, 그리고 인플레이션에 대한 두려움에 자극되어 국내에서 불확실한 상황이 지속된 것이 공격적인 할인율 인하와 정부증권 매입 계획을 바람직하지 않은 것으로 보게 하는 중요한 요인들이었을 수 있다. 연방준비제도가 보유한 잉여 금이 상대적으로 작은 규모였던 점도 정부증권 매입 가능성을 제한하는 또 다른 중요한 요인이었다(Harrison, Open Market, Vol. II, minutes of meetings, Jan. 11, and Feb. 24, 1932).

157) Hoover, *Memoirs*, 115~118쪽. 또한 Benjamin Anderson, "Our Gold Standard Has Not Been in Danger for Thirty-Six Years," *Chase Economic Bulletin*, Nov. 10, 1932, 10쪽 참조.

다. 어음매입금리가 시장금리를 웃돌았기 때문이었다.[158] (c) 회원은
행들이 할인을 늘리도록 장려할 수 있었다. 회원은행들은 언제나 상
당 규모의 적격어음을 보유하고 있었다.[159] 골든와이저를 포함하여

---

158) 연방준비제도 입장에서는, 자기네가 어음 보유액 감소를 선택한 것도 아니고,
   은행인수어음 매입금리가 재할인율보다 낮았다고 주장할 수 있었다. 하지만 단
   독으로 어음을 보유하던 뉴욕 시 소재 은행들은 1931년 11월이면 뉴욕연방준비
   은행에서의 차입이 거의 없는 상태여서 이를 굳이 매각할 이유가 없었다(H. H.
   Villard, "The Federal Reserve System's Monetary Policy in 1931 and 1932,"
   *Journal of Political Economy*, Dec. 1937, 727쪽). 하지만 중요한 것은 매입금리
   의 재할인율과의 관계가 아니라 시장금리와의 관계다. 빌라드Villard의 지적과
   같이 1931년 8~10월에 연방준비제도의 어음 보유액이 증가하는 동안 매입금리
   는 시장금리 수준이거나 이를 밑돌았다. 이후 매입금리는 시장금리보다
   0.125~0.25%p 높았다(위의 글, 728~732쪽). 만약 연방준비은행이 매입금리를
   낮추었더라면 뉴욕 은행들은 자기네가 인수한 어음을 연방준비은행에 매각했을
   것이다. 중요하게 고려할 사항은 매입금리의 시장금리와의 관계이지 재할인율
   과의 관계가 아니라는 점을 뉴욕연방준비은행은 잘 알고 있었다. 1929년 8월에
   단행된 조치가 이 점을 보여준다. 1932년 1월 21일, 해리슨은 뉴욕연방준비은행
   이사회에 다음과 같이 말했다. "[우]리는 아마 우리 어음금리를 낮추었어야 했
   다. 이것이 시장의 유효이자율보다 높[기] 때문이고 우리들의 어음 보유액[이]
   급속히 줄고 있기 때문"이다(Harrison, Notes, Vol. II).
      벤자민 앤더슨은 잉여 금의 활용 가능성이 연방준비제도의 팽창적 정책(우리
   가 앞에서 주목했듯이 그는 팽창정책에 반대하는 입장이었다.)의 제약 요소라고
   주장하면서도 글래스-스티걸 법이 이 제약 완화에 필수적임을 부인했다. 그는
   잉여 금 공급 증가를 위해 활용 가능한 대안을 열거했다. 이는 우리의 네 번째 항
   목(본문의 (4)에 해당하는 내용 — 옮긴이) 내용과 유사하다. (4) - (b)에 대해
   그는 다음과 같이 기술했다.

      더욱이 은행과 대기업의 협력을 포함하는 협조적 정책으로 연방준비은행들이 공
      개시장에서 매입할 수 있는 인수어음 규모를 늘리기는 매우 쉬웠을 것이다. 실제로
      주요 산업계 지도자들이 이런 종류의 제안을 했다(Anderson, "Our Gold Stan-
      dard Has Not Been in Danger," 9쪽).

159) 촌락과 지불준비도시reserve city 소재 회원은행들이 6월 30일 혹은 1926년 6

당시 사람들은 이런 사실을 알았다. 그러면서도 연방준비은행 수중의 잉여 금 규모를 증가시킬 유일한 방법은 채권을 매각하여 회원은행이 할인을 늘리도록 밀어붙이는 것이라고 말한다.[160] 그들은 그런

---

월~1932년 12월 기간 중 납입 청구일call dates 기준으로 보유한 적격자산 규모 참조. 이 수치에는 국법은행권 유통에 담보로 제공되지 않은 적격어음과 미국 정부증권이 포함되어 있다. Federal Reserve Board, *Annual report* for 1932, 126쪽. 재할인된 어음을 포함한 적격어음 보유액은 회원은행 차입금의 네 배만큼 컸다. 이는 1931년 12월에 이 배수가 저점에 도달했을 때의 수치이다. 물론 회원은행 차입금에 대한 담보로는 적격어음뿐만 아니라 미국 정부증권도 제공될 수 있었다. 이에 따라 1931년 12월의 적격어음 보유액을 기준으로 하면 차입 확대 가능성을 실제보다 저평가하게 된다.

1932년 3월 24일 상원 은행통화위원회 청문회 S. 4115(*National and Federal Reserve Banking System*, 72d Cong., 1st sess., 109쪽)에서 글래스 상원의원은 다음과 같이 말했다. "나는 지난 토요일 저녁 연방준비제도의 은행 영업 책임자와 인터뷰를 했는데, 그는 나에게 은행들이 적격어음을 충분히 가지고 있다고 진술했다."

상원에서 진행된 글래스-스티걸 법안 토론에서 글래스가 제시한 수치에 따르면 적격어음은 보유액 분포도 광범위했다. 그 법안 가운데 적격어음 미보유 은행이 연방준비은행의 동의를 얻어 다른 증권을 재할인할 수 있게 한 내용을 지지한다고 그는 말했다. 그것은 은행이 적격어음을 더 이상 적정 규모로 보유하고 있지 않아서가 아니라, 공포에 질린 은행이 자체 보유 적격어음의 재할인을 억제하지 않아도 되게 함으로써 이 조치가 가져올 심리적 영향을 고려해서였다 (*Congressional Record*, Senate, Feb. 17, 1932, 4137쪽. 또한 H. P. Willis and J. M. Champan, *The Banking Situation*, New York, Columbia University Press, 1934, 678~679쪽을 참조).

160) Goldenweiser, *American Monetary Policy*, 160쪽, Federal Reserve Board, *Annual report* for 1932, 18쪽. 벤자민 앤더슨은 강제는 필요하지 않았을 것이라고 믿었다.

그들[연방준비은행들]은, 그 일[정부증권의 매각]이 그들 모두가 협조하여 통일된 정책 사안으로서 수행되는 것이라면, 어떤 강제 없이도 대형은행과 합의하여 자금 시장을 거의 경색시키지 않고 (그 일을 — 옮긴이) 수행할 수 있었다(Anderson,

조치가 디플레이션 유발적일 수 있다고 덧붙인다. 물론 맞는 말이다. 하지만 그것이 유일한 방법은 아니었다. 은행이 할인을 늘리지 못한 것은 부분적으로는 연방준비제도가 지속적인 차입을 못하게 오랫동안 계속 압력을 행사한 때문이기도 했다. 1929년에 연방준비제도는 그 정도로 그치지 않았다. "직접적인 압력"을 행사하여 회원은행이 특별한 목적으로 할인하는 것을 단념시키곤 했다. 1931년이나 1932년에도 할인을 늘리기 위해 회원은행을 설득하는 것보다는 직접적인 압력 행사가 쉬웠을 것이다. 그러는 편이 회원은행 입장에서도 수지타산에 더 맞았을 것이기 때문이다.[161]

---

"Our Gold Standard Has Not Been in Danger," 9쪽).

161) 연방준비제도는 정부증권(이것은 연방준비은행권에 대한 담보물로 받아들여지게 됨)으로 보장된 회원은행 어음을 정부증권의 시장수익률보다 낮은 이자율로 할인해주기로 제안하기만 하면 되었다. 1932년 1월 11일과 12일에 열린 공개시장정책회의에서 재무부 차관 밀스는 분명히 그와 같이 할 것을 권고했다. 6월 30일까지 15억 달러를 조달해야 했던 재무부 입장에서는 1931년 9월 이래 정부증권 가치가 크게 하락하는데도 은행들이 정부증권 인수에 적극 참여하기를 바랐다. "은행들이 인수에 참여하게 하려면 연방준비은행의 할인율을 낮춰서 이할인율과 정부증권 수익률 사이에 어느 정도 차이가 있게 해야 한다. 만약 은행들이 차입을 통해 정부증권을 매입하려 하면 틀림없이 신용 팽창 효과가 나타날 것이다."(Harrison, Open Market, Vol. II). 하지만 그 정책 권고에 따라 취해진 조치는 없었다.

"1929년에 시도되었다가 실패한, '직접적인 압력' 행사를 변형시킨 방법," 즉 "연방준비은행들이 난색을 표하지 않을 …… 차입"을 1930년에 한 뉴욕연방준비은행 이사가 제안했다. 그러나 사람들은 이것이 실제로 문제 해결책이 되리라고 생각하지 않았다(Harrison, Notes, Vol. I, May 26, 1930). 회원은행들의 할인을 독려하는 문제에서 개별 연방준비은행 간에는 어느 때건 의견 차이가 있었다. 예를 들어 찰스 E. 미첼에 따르면 적격 요건의 해석에서 샌프란시스코연방준비은행은 폐쇄적이고 경직적이었다(Harrison, Notes, Vol. II, Oct. 15, 1931). 해리슨은 1931년 10월에 뉴욕 소재 은행들이 "현재 상황의 필요을 충족시키는 데 요구되는 얼마든지" 연방준비제도에서 자유롭게 자금을 빌려야 한다고 제안했

(5) 마지막으로, 1932년 2월 27일에 제정된 글래스-스티걸 법은 잉여 금 문제를 완전히 제거했다. 게다가 우리가 앞에서 보았듯이 이 법의 제정으로 연방준비제도 정책이 바뀌지는 않았다. 1932년의 대규모 공개시장조작은 6주 후에 시작되었다. 이는 주로 의회의 압력 때문이었는데 의회가 휴회하자 얼마 되지 않아 중단되었다.

결론은 뻔하다. 실제로 잉여 금이 부족하여 연방준비제도가 대안을 쓰지 못한 것이 아니다. 잉여 금은 대규모 공개시장 매입을 떠받칠 수 있을 만큼 언제나 충분했다. 잉여 금 부족은 일차적으로 다른 근거에서 채택된 조치들을 위해 내세워지는 부차적 이유였을 뿐이다. 그 문제가 제거되었다고 해서 정책이 저절로 변화한 것도 아니다. 잉여 금 문제는 주로 실제 취한 정책의 사후적 정당화였지 어떤 정책을 추진할 것인가와 관련된 사전적 근거는 아니었다.

---

었다. 심지어 그런 해리슨조차도, 이런 문제로 은행업자와 만나는 것을 주저했다. "우리 행동을 우리 은행으로 찾아와 차입하여 확보한 자금으로 뭔가를 하라는 초대로서 이해시킬 수 있는 준비가 우리 자신에게 되어 있어야" 하기 때문이었다. "이에 따라 이런 절차에는 책임이 수반된다." 오웬 D. 영은 그가 "은행업자의 단체 회의를 소집하고 회원은행에게 우리 은행으로 와서 차입하라는 사실상의 초대장을 보내기"에 앞서 "멈춰서, 보고, 듣기"를 원한다고 말했다(위의 문서, Oct. 23, 1931, Mar. 24, 1932).

클라크 와버튼은 다음과 같이 주장한다. 연방준비은행들의 태도는 적격어음을 더 많이 얻을 수단으로서 할인을 권장하기는커녕, "은행 도산이 잦아지자 예금 인출 수요 때문에 차입해야 하는 회원은행에게 극도로 비정해졌다."(Clark Warburton, "Has Bank Supervision Been in Conflict with Monetary Policy?," *Review of Economics and Statistics*, Feb. 1952, 70~71쪽).

# 7절
# 통화정책은 왜 그렇게 서툴렀을까?

이 장의 앞선 절들에서 살핀 바에 따라, 결정적인 1929~1933년 기간의 통화정책을 특징짓기 위해 이 절 제목에 붙인 "서투르다"라는 형용사는 사실을 명확하게 묘사하는 말이다. 독자들도 우리처럼 그렇게 받아들일 것이라고 우리는 믿는다. 통화시스템은 붕괴했다. 그러나 그럴 수밖에 없었던 것은 분명 아니다.

통화 붕괴monetary collapse를 막기 위한 조치를 취하는 데 은행시스템이나 통화요인 혹은 경제변동의 원리에 관한 일정 수준의 지식이 필요한 것도 아니었다. 그런 지식은 훗날에 가서야 개발됐기 때문에 당시 연방준비제도 입장에서는 활용할 수도 없었다. 정반대로, 앞에서도 지적한 바 있지만, 연방준비제도 스스로 1920년대에 마련한 정책지침이나, 이 문제와 관련해 베그홋이 1873년에 제안한 정책지침을 따르기만 했어도 파국은 막을 수 있었다. 연방준비제도를 세운 사람들은 통화이론과 은행의 작용원리에 대해 여러 가지로 잘못 이해했다. 그들의 통화 문제에 대한 잘못된 이해에 부합하는 정책으로는 1929년~1930년 말의 통화량 감소를 막을 수 없었을 것이다.[162]

162)예를 들어 H. 파커 윌리스(1931년 5월에 『저널 오브 커머스Journal of Commerce』 편집인 직을 사임함)는 연방준비법 진화 과정에서 중요한 역할을 했다. 그는 1931년과 1932년에 쓴 『상업 금융 신문Commercial and Financial Chronicle』 정기 칼럼에서 공개시장조작에 대해 통렬히 비난하고 연방준비제도의 유일한 임무는 적격어음을 할인하는 것뿐이라고 주장했다. 1932년 1월 전보로 보내져 프랑스의 『경제 금융 통신Agence Économique et Financière』에 실린 윌리스의 기사는 연방준비제도가 인플레이션 유발적인 정책을 채택했다고 선언하여 유럽 금융권에 센세이션을 일으켰다. 프랑스은행 총재 모레Moret는 해리슨에게 이 기사를 전보로 보내 논평을 구했다. 다음은 그 기사의 일부다.

인플레이션이 전망된다. …… 아마도 다음 번 뉴욕연방준비은행 이사회 회의에서 할인율이 인하될 것이다. [어쩌면 윌리스의 기사로 인해 할인율은 2월 26일 이전에는 인하되지 않았다.] 공개시장에서 은행인수어음 매입에 적용하는 금리는 화요일[1월 12일]에 인하되었다. 이 인하는 연방준비은행이 그와 같은 경우에 항상 의존해온 예비 조치다. 금융권에서는 이를 통화정책 변화의 조짐으로 간주하고 정부 증권, 은행인수어음, 아마도 기타 어음들에 대한 대규모 매입이 뒤따를 것으로 기대한다. …… 장기어음을 이용하여 인플레이션을 억제하고 신용 팽창을 제한하려는 모든 시도가 전반적으로 반대에 직면할 것으로 예상하는 데는 이유가 있다. 금융권 내 다수가 인플레이션 유발적인 생각에 사로잡혔다. …… 월스트리트는 …… 인플레이션이 증권 가격 상승 전망을 확실히 해주기 때문에 이를 환호하는 분위기다. …… 가장 큰 문제는 연방준비은행들이 할인 및 대부 기능 확대 제안과 연관하여 노출되는 위험요소들이다. …… 이러한 변화를 보면서 일각에서는, 자유로운 금 수출이 가능한 시장이 도처에서 아주 협소해진 가운데, 과거 언젠가 중단된 금 수출이 쉽게 재개될 수 있을 것이라고 말한다(Harrison, Miscellaneous, Vol. II, Willis article, dated Jan. 13, 1932. cable, dated Jan. 15, 1932, Bank of France to Harrison에서 전문 인용).

뉴욕연방준비은행과 프랑스은행이 전화와 전보를 주고받은 후에야 윌리스 기사에 대한 흥분이 가라앉았다(Harrison, Conversations, Vol. II, Jan. 14, 1932, dictated Jan. 20. Harrison, Miscellaneous, Vol. II, cable, dated Jan. 15, 1932). 뉴욕 소재 시중은행들도 자기네 파리 지점으로부터 그 기사에 대해 문의하는 전보를 받았다. 1월 16일 해리슨은 글래스 상원의원에게 "미국 상황에 대한 불안감을 자극하고 혼란을 부추기는 윌리스 기사의 연재"를 막도록 영향력을 행사해 줄 것을 요청했다(Harrison, Miscellaneous, Vol. II).

하지만 그들은 예금을 현금으로 전환하려는 패닉 상황에서 야기되는 문제를 잘 이해했고 그런 패닉에 대처하는 조치를 취하는 것에 충분한 권한을 부여했다. 연방준비법 제정에 앞선 공청회 내용을 철저히 숙지하고 이를 어느 정도라도 이해하여 오직 이것에 기초를 둔 정책이나마 취했더라면 유동성위기를 아마도 1930년 말 이전에, 즉 위기가 크게 확대되기 전에 틀림없이 중단시켰을 것이다.[163]

---

윌리스의 "진성어음"주의 옹호는 그의 예전 선생이었던 J. 로런스 러플린 J. Laurence Laughlin의 입장을 계승한 것이다(*A Monetary History of the United States, 1867-1960*, 5장 각주 7 참조). 그는 연방준비법 초안작업에 참여하면서 이 기준을 연방준비은행들의 운영원리에 적용했다. 당시 그는 1912~1913년 카터 글래스가 하원 은행통화소위원회 위원장일 때 이 위원회에서 전문가로 활동했다. 글래스가 상원의원이 된 후에도 윌리스는 그와 친분관계를 유지했다.

163) 다음을 참조. *Banking and Currency Reform*, Hearings before a subcommittee (Carter Glass, Chairman) of the Houes Banking and Currency Committee, 62d Cong., 3d sess., Jan. 7-Feb. 28, 1913. 그리고 *A Bill to Provide for the Establishment of Federal Reserve Banks*, Hearings before the Senate Banking and Currency Committee (R. L. Owen, Chairman), 63d Cong., 1st sess., Sept. 2-Oct. 27, 1913, 3 vols. 특히 하원 청문회에서 많은 증인들은 유동성위기 대처방안에 대해 명확히 이해하고 있음을 보여주었다. 다음을 참조. the testimony of Leslie M. Shaw, former Secretary of the Treasury, 99~101쪽, F. J. Wade, St. Louis banker, 219~221쪽, W. A. Nash, former chairman of the New York City Clearing House Association, 338~339쪽, A. J. Frame, Wisconsin banker, 415~421쪽. 프레임Frame은 연방준비제도 설립에 부정적이었다. 그는 올드리치-브릴랜드 법을 주법은행state banks으로 확대 적용함으로써 이 은행들이 "곤경에 처할 때 추가 현금을 확보할 수 있도록" 해야 한다고 주장했다. 만약 그랬더라면 "우리는 미국 내에서 다시는 현금 지급 중단 같은 일을 경험하지 않을 것이다."(421쪽). 상원 청문회에서는 다음을 참조. the testimony of G. M. Reynolds, Chicago banker, Vol. I, 228쪽. 그리고 "우리는 탄력적인 어음 발행, 지급준비금의 동원 및 필요 시 사용 등의 방법으로 …… 1907년에 일어난 것과 같은 패닉을 예방할 수 있다."(Vol. III, 2075쪽)라는 아이오와의 사업가 나태니얼 프렌치Nathaniel French의 증언.

주목할 만한 예외가 물론 없는 것은 아니었지만, 그 당시 나온 경제 논평 가운데 공황기에 작동하는 경제 요인에 대해 정확한, 혹은 심도 있는 이해를 갖춘 것은 거의 없었다. 일반인만이 아니라 여러 경제전문가조차 공황을 비효율성과 취약성 제거에 바람직하고 필수적인 경제현상쯤으로 보았고, 적절한 해결책은 당연히 민간이나 정부 모두 허리띠를 졸라매는 것이며, 통화 변동을 공황을 심화시킨 원인이라기보다는 오히려 으레 뒤따르는 결과로 해석했다.[164]

하지만 은행위기와 유동성위기는 공황 일반과 구분되어야 한다. 그것은 예전부터 상세히 연구, 분류되어오던, 더욱 확연한 선례를 가진, 훨씬 더 한정적인 현상이었다. 따라서 은행위기와 유동성위기에

---

클라크 와버튼의 다음과 같은 논평도 참고.

분명히 연방준비제도는 원래 의도대로 운영될 수 있었다. 즉 회원은행의 지급준비금을 감소시키지 않으면서 현금을 탄력적으로 공급할 수 있었다. 이를 위해서는 다만 …… 연방준비은행권 형태로 현금 공급을 늘린 만큼에 해당하는 …… 추가 자산을 연방준비은행들이 확보해야 한다. 연방준비제도 설립이나 연방준비법 제정 이전에 이를 다룬 문헌을 보면 연방준비제도 작동에서 이 원칙은 필수적이다. 그러므로 1930년대에 연방준비제도 관료가 이 원칙에 따른 시스템 운영을 하지 못한 것은 이들이 입법 의도를 따르지 않았다는 혐의를 확인시켜주는 것이다(Clark Warburton, "Monetary Difficulties and the Structure of the Monetary System," *Journal of Finance*, Dec. 1952, 535쪽).

164) 예를 들어 다음을 참조. Hansen, *Economic Stabilization in an Unbalanced World*, 377~378쪽. 연방예산을 줄이려는 반복된 시도와 1932년의 조세 급증은 이러한 견해의 효력을 입증한다. 1932년에 A. B. 애덤스A. B. Adams(*Trends of Business, 1922-1932*, New York, Harper, 1932, 68쪽)는 다음과 같이 진술했다.

현재 이 나라에서 은행신용의 추가 확대는 매우 바람직하지 않다. 기존 거품이 너무 커 이것이 제거되어야 산업을 건전한 기초 위에 올려놓을 수 있다. 일시적으로 팽창시켜봐야 불가피한 디플레이션과 조정을 잠시 미루는 것일 뿐이다. 따라서 현재의 침체를 연장시킬 뿐이다.

대해, 또한 이 문제의 만족스런 해결에 필요한 조치에 대해, 훨씬 더 잘된 이해를 기대해볼 수도 있었다. 이 기대가 어느 정도는 실현되었다. 예를 들어 일리노이 주 하원의원 A. J. 새버스A. J. Sabath는 은행 도산 증가에 적절히 대응하려면 재할인 촉진을 위해 적격 요건을 완화해야 한다고 제안했는데 유진 마이어가 이를 거부했다. 그 후 새버스는 유진 마이어 앞으로 다음과 같은 편지를 보냈다(1931년 1월). "연방준비제도이사회의 주장은 지금이 긴급상황이 아니라는 것입니까? 내가 생각하기로는 만약 비상상황이라는 것이 한 번이라도 존재했다면 바로 지금입니다. 아무도 이 점을 부인하지 못할 것입니다. 1929년에 439개 은행이 문을 닫더니 1930년에는 934개나 속수무책으로 영업을 중지했으니까요." 하원 의원석에서 새버스는 이렇게 말했다. "내 주장은 금융과 상업의 고통을 줄이는 게 연방준비제도이사회가 할 일이라는 것입니다."[165] H. L. 리드, 어빙 피셔Irving Fisher,

---

[165] *Reconstruction Finance Corporation*, Hearings before the House Banking and Currency Committee, 72d Cong., 1st sess., Jan. 6, 1932, 78, 102~104쪽. 또한 1907년 상원의원으로 선출되기 전에 은행가이자 변호사였고 연방준비법이 통과된 당시에 상원 은행통화위원회 위원장이었던 오클라호마 주의 전 상원의원 R. L. 오웬R. L. Owen의 1932년 3월 다음과 같은 증언을 보라.

연방준비제도이사회와 연방준비은행들의 권력은 실로 막대하여 만약 법으로 주어진 권한을 쓸 통찰력을 그들이 가졌더라면 가치의 붕괴를 막을 수 있었을 것이다.

신용이 위축되고 있을 때 그들은 신용을 확대하고 위험한 병적 요소를 바로잡는 일을 하지 않고 1929년 12월~1930년 6월에 신용 공급을 약 7억 달러 줄였다. 1930년 8월에 은행 예금주들이 공포 심리로 준비금을 대규모로 퇴장하기 시작하고 나서야 연방준비은행권을 이용해 신용 공급을 확대했다. 1932년 1월 이후 그들은 신용 공급을 다시 축소시켰다.
신용과 통화 위축에 기인한 공황이었으므로, 분명히 연방준비제도는 공황을 멈

J. W. 안겔J. W. Angell, 카를 봅Karl Bopp 같은 학자 역시 이와 유사한 견해를 개진했다.[166]

출 수 있을 만큼 정부채권과 어음을 공개시장에서 매입하고 연방준비은행권을 발행하는 일을 했어야 했다. 그들은 캐나다왕립은행의 전문가들과 다른 이들에게서 그런 조언을 받기도 했다. 사실 그렇게도 자명한 대책을 얻는 데 자문을 구할 것도 없었다(*Stabilization of Commodity Prices*, Hearings before the House Subcommittee on Banking and Currency, 72d Cong., 1st sess., part 1, 136쪽).

또한 미국에서 가장 큰 전국농장대부협회(*National Farm Loan Association*)와 인디애나카운티 은행가협회 이사인 D. H. 피셔D. H. Fisher의 증언도 참조(위의 책, 289~293쪽).

1932년 6월에 캐나다왕립은행의 월보는 다음과 같이 썼다.

> 1930년과 1931년에 신용 위축에 대한 연방준비제도의 태도는 분명히 수동적이었다. …… 퇴장이 시작되자[이 월보에 따르면 1930년 10월에], 이에 따른 추가적인 위축의 단지 일부분만이 증권 매입으로 상쇄되었다. …… 은행이 자기네 고객에게 좀 더 자유로운 정책을 쓰는 것이 안전하다고 느끼게 되려면 대규모 초과지급준비금 축적이 필요했다. 대공황의 심각성에 비추어볼 때 이전 기간에 비해 초과지급준비금 규모가 훨씬 작았다는 점을 주목할 필요가 있다.

166) 앞의 각주 51 참조. 또한 다음도 참조할 것. H. L. Reed, "Reserve Bank Policy and Economic Planning," *American Economic Review*, Mar. 1993 Supplement, 114, 117쪽(그는 이후 양적 통제로 질적 통제를 보완할 필요성에 근거해 자기 주장을 다음 논문에서 수정했다. "The Stabilization Doctrines of Carl Snyder," *Quarterly Journal of Economics*, Aug. 1935, 618~620쪽), Irving Fisher, *Booms and Depressions*, New York, Adelphi, 1932, 96, 106, 126~134, 148~152쪽. J. H. 로저스J. H. Rogers는 다음과 같이 썼다. "신용 및 가격의 팽창이 절실한데도 이를 위한 기반을 창출하지 못한 직접적 책임은 연방준비제도에 있다고 많은 유능한 연방준비제도 정책 연구자들이 지적했다. 요즘 같은 시기에는 이 중앙기관들이 '공개시장'에서 발휘할 수 있는 강력한 권한을 활용해 경제를 해치는 물가 하락을 잡아야 한다. 그러지 않으면 응분의 비판에 직면해야만 한다고 강력하게 주장한다."(*America Weighs Her Gold*, Yale University Press, 1931, 206~209쪽). W. I. 킹W. I. King은 다음과 같은 기록을 남겼다. "1930년 가파른 물가 하락 초기에 연방 당국이 적극적으로 신규 통화를 유통에 투입하기 시작했다고 가정해보자. 이 과정이 물가 상승을 불러오고 신뢰나 낙관

이와 같은 중요한 예외가 있긴 했지만, 은행위기와 유동성위기를 다룬 문헌들, 특히 학술문헌들은 대체로 거의 공황 일반 관련 문헌들만큼이나 실망스럽다. 매우 놀랍게도 연방준비법 기초작업에 주로 기여한 사람들이나 법안 작성에 깊이 관여한 사람 가운데 일부는 지극히 통찰력이 부족했다. O. M. W. 스프레이그, E. W. 캐머러E. W. Kemmerer, 그리고 H. 파커 윌리스 같은 사람이 대표적 예다. 어쩌면 연방준비제도가 유동성문제를 일시에 완전히 해결했다는 견해에 이들이 지적으로 지나치게 몰입해 있었는지도 모른다. 미국경제학회나 정치과학회의 연간 회보를 보면 학계에서는 원인과 치유책은 고사하고 은행 붕괴가 전례 없는 규모로 일어나고 있다는 사실 자체도 거의 몰랐던 것 같다.

그러한 지적 풍토야말로 왜 1929~1933년 연방준비제도의 행태가 외부의 적극적이고 전문적인 비판으로 중단 혹은 반전되지 않았는지를 설명하는 데 도움이 된다. 하지만 지적 풍토, 외부의 금융적 압력, 권한의 결여 가운데 어느 요인으로도 연방준비제도의 행동이 왜 그랬는지를 설명하지 못한다. 왜 1920년대의 적극적이고 진취적이며

---

주의에 힘을 실어주어 1931년 중반이면 경기를 정상 수준으로 되돌려놓지 않았을까? 그 답은 십중팔구 …… '그렇다!' 일 것이다."('The Immediate Cause of the Business Cycle," *Journal of the American Statistical Association*, Mar. 1932 Supplement, 229쪽). J. W. Angell, "Monetary Prerequisites for Employment Stabilization," C. F. Roos, ed., *Stabilization of Employment*, Bloomington, Principia, 1933, 207~214, 222~226쪽. 카를 봅의 기록은 다음과 같다. "…… 연방준비제도이사회 내 지배적인 인물로 보이는 A. C. 밀러는 일종의 '외과적 수술'로서가 아니라면 공개시장조작에 반대한다고 말했다. 그것이 심각한 공황에서 회생을 자극하는 유일한 효과적 방법인데도 말이다. 1932년까지도 그는 그와 같은 '외과적 수술'이 필요하지 않다는 의견이었다."('Two Notes on the Federal Reserve System," *Journal of Political Economy*, June 1932, 390쪽).

자신에 차 있던 정책이 1929~1933년에 수동적, 방어적이며 주저하는 정책으로 바뀌었는지, 무엇보다도 왜 국내에서 현금이 고갈되는데 연방준비제도가 그 설립취지에 따라 대처하지 못했는지 설명할 수 없다. 유동성위기가 시작되기 전인 1929년~1930년 가을의 경기둔화는 1923~1924년이나 1926~1927년보다 더욱 심각했다. 그래도 연방준비제도는 앞선 시기의 이 두 경기침체에 대한 대응으로 1923년 12월~1924년 9월에 5억 달러 이상, 그리고 1926년 11월~1927년 11월에 4억 달러 이상 정부증권 보유를 늘렸다(모든 수치는 해당 월 마지막 수요일 기준). 대조적으로 1930년 9월의 정부증권 보유액은 1929년 연중 최저 수준에 비해 5억 달러도 넘어서지 않았다. 이 증가분의 80% 이상은 주식시장 붕괴에 대한 대응으로 1929년 말 이전에 이루어졌다. 금융적 불안정성이 극심했던 1930년과 1931년에 연방준비제도의 정부증권 보유액은 1925년과 1926년의 두 해를 제외하면 상대적으로 평온한 1922~1928년의 그 어느 해보다도 변동 폭이 더 작았다.

1929년 이전과 이후의 연방준비제도 정책의 뚜렷한 차이, 즉 1929년 이후의 서투른 정책에 대한 설명 요인이 이 장의 앞선 절들에서 열거되었다. 그것은 바로 연방준비제도 내 권력이동 및 새로 권력을 취득하게 된 개인들의 이해와 경험 부족이었다. 1928년까지는 뉴욕연방준비은행이 국내적으로나 대외적으로나 연방준비제도 정책의 원동력이었다. 뉴욕연방준비은행 설립 이래로 총재직에 있던 벤자민 스트롱은 연방준비제도 내에서 가장 유력한 인물이었다. 뛰어난 단일 개인 —— 영란은행의 몬태규 노먼Montagu Norman, 프랑스은행의 에밀 모로Émile Moreau, 독일제국은행의 히알마르 샤흐트Hjalmar Schacht —— 이 각각 유력한 중앙은행들의 화신인 듯이 보이던 시절에 스트롱은 연방준비제도를 대표하여 해외 중앙은행들을 상대했다. 연방준비제도의 초기 몇 년간, 스트롱은 12개 지역 연방준비은행 최고경영자 모임인 총재회의의 의장이자 가장 큰 영향력을 가진 인물이었다. 이후 1922년에 총재회의는 공개시장조작을 맡는 총재위원회를 만들었다. 여기에서 그는 상임의장permanent chairman으로 지명되었으며, 이 위원회는 향후 공개시장투자위원회로 발전했다.[167]

　스트롱은 상업은행가 출신이었다. 그는 일종의 "은행가들의 은행"이었던 은행가신탁회사the Bankers Trust Company의 총무 일을 했고, 뉴욕 금융계 지도자들이 "구제 대상 금융기관을 판정하고 대부에 제공된 담보를 평가할 목적으로" 구성한 한 위원회의 대표도 지내면서, 1907년 은행위기에 깊숙이 관여했다.[168] 그 경험은 은행업계 일반에만큼이나 그 자신에게도 깊은 영향을 주었다. 이 경험으로 그는 은행 및 통화 부문 개혁에 많은 관심을 갖게 되었다. 이런 인연으로 그는 뉴욕연방준비은행의 첫 번째 총재가 되었다.

　스트롱은 연방준비제도 내부, 외부의 금융계 지도자들의 신뢰와 지지를 누구보다도 많이 얻었다. 그는 자기 생각을 남에게 잘 설득시켜 이끄는 힘과 실제로 그에 따라 행동하는 용기까지도 갖춘 인물이었다. 연방준비제도 정책에 대해 그가 남긴 편지들 가운데 월터 스튜어트에게 보낸 편지가 있다(1928년 8월 3일). 이 편지에서 그는 스튜어트가 두려워한, "파국 지점breaking point"에의 근접을 예견하면서 통화완화정책의 필요성을 언급했다. 그리고 그는 다음과 같이 논평

---

167) Chandler, *Benjamin Strong,* 41~53, 69~70, 214~215쪽, 그리고 7~11장 참조.

168) 위의 책, 27~28쪽.

했다.

> 바로 여기가 내가 연방준비제도 내부의 주저함이나 의견 차이가 가져올 결과에 대해 걱정하는 곳이다. …… 만약 연방준비제도가 적극 나서지 않는다면 뉴욕연방준비은행 혼자서라도 통화를 완화해야 한다고 나는 생각한다. 우리가 그 창립과 유지를 지원해온 전통에 따르면, 대규모 공개시장조작은 개별 연방준비은행이 수행해서는 안 되는 것임에도 그렇다. 긴급 상황에서는 긴급 조치가 필요하게 마련이다.[169]

마침내 연방준비제도가 대규모 공개시장 매입을 시작한 1932년 4월에 뉴욕연방준비은행의 한 이사는 다음과 같이 회고했다. 그가 어느날 스트롱에게 "왜 연방준비법에 연방준비은행의 정부증권 매입권한 규정이 있는지를 묻자 스트롱 총재는 그 권한을 쓰라는 뜻이라고 답했다. 그리고 더 나아가 스트롱 총재는 만약 이 권한을 잘 활용하면 우리가 직면할 어떤 패닉도 막을 수 있을 것이라고 말했다."[170] 만약 스트롱이 1930년 가을에 계속 살아 뉴욕연방준비은행의 지도자로 있

---

169) 위의 책, 460쪽.

170) Harrison, Notes, Vol. II, Apr. 4, 1932. 그때 이사인 클래런스 A. 울리 Clarence A. Wooley가 왜 공개시장 매입이 "더 빨리 수행될 수 없었는지" 물었다. 그는 말했다. "온 나라의 신경체계가 이제 29개월째 긴장 상태다. 과거의 경기 불황 기간을 보면 가장 고질적인 잔재까지도 제거하는 데 5~6개월이면 충분했다. (불황 기간을 장기화시키면서 비유컨대 — 옮긴이) 연방준비제도는 개 꼬리를 (오랫동안 — 옮긴이) 조금씩 자를 책임이 있는가?" 버제스는 "연방준비제도의 존재 자체가 호황 기간과 불황 기간 모두를 더 장기화하는 경향이 있다."고 지적했다(위의 문서).

었더라면, 그는 아마도 다가오는 유동성위기를 정확히 인식했을 것이다. 그것을 피하기 위해 경험과 확신을 바탕으로 적극적이고 적절한 조치를 취할 준비를 했을 것이고 연방준비제도의 동의를 끌어낼 만한 지위나 명망을 유지하고 있었을 것이다. 스트롱은 통화정책의 효과가 발현되는 데 시차가 있음을 알았기 때문에 경기침체가 일시적으로 지속된다는 이유로 팽창정책을 포기했을 리도 없다.[171]

스트롱은 1928년 8월에 활동을 중단했고 그 해 10월에 사망했다.

---

171) 골든와이저 문서(Container 3, folder of Open Market Committee, 1923-52) 가운데 letter, dated at Colorado Springs, Aug. 26, 1923, from Strong to Miller 사본 참조. 다음은 이 편지에서 발췌한 것이다.

나는 결핵에 관해 어느 정도 확실하게 말할 수 있는데, 신용 관련 현상이야말로 일부 결핵 증상과 다소 닮았다. 결핵 환자가 아무리 경솔하거나 과도해도 몇 주 혹은 몇 달, 나쁜 증상이 없을 때가 있다. 평상시와 약간 다른 정신적 혹은 육체적 충격으로 가벼운 염증이 시작되는데 이것이 서서히 도지다가 기능 장애를 유발하고 그 다음에는 열, 맥박, 기침 같은 증상으로 나타난다. 가령 우리가 공개시장조작정책을 수행하다가 뉴욕시장에서 경솔하게 5천만 혹은 1억에 해당하는 연방준비법 제14조에 명시된 공개시장조작 대상 자산을 매각 처분했다고 하자. …… 만일 우리가 무지하거나 조심성이 없다면, 투자자산 매각 처분을 통해 신용 구조를 위험하게 빠른 속도로 무너뜨릴 수 있다. 투자자산 매각 처분은 곧바로 훨씬 큰 규모의 은행 대부를 청산해야 하는 압력 요인이 될 수 있다. 그런 과정이 정점에서는 빠른 맥박과 고열을 수반하면서 나타난다. 그 정점에는 우리가 투자자산을 매각 처분하고 나서 언제인지 알 수 없는 일정 기간 후에야 도달한다. 그리고 우리는 앞서 언급한 시차 때문에 그 원인을 알아내지 못할 수 있다.

어빙 피셔는 이렇게 말했다. "스트롱 의장은 1928년에 사망했다. 만약 그가 살아 있었고 그의 정책이 지속되었더라면 주식시장 붕괴 정도가 덜했을 것이고 주식시장이 붕괴되었어도 그 후 산업 부문의 대공황은 없었을 것이라고 나는 확신한다."(*Annals of the American Academy of Political and Social Science*, Philadelphia, 1934, 151쪽). 또한 Carl Snyder, *Capitalism the Creator*, New York, Macmillan, 1940, 203쪽을 참조.

그가 죽자, 우리가 앞에서 살펴보았듯이 연방준비제도이사회나 다른 연방준비은행 누구도 뉴욕연방준비은행의 지도력을 받아들이려 하지 않았다.[172] 챈들러Chandler는 스트롱의 전기에서 다음과 같이 서술한다.

스트롱의 죽음으로 연방준비제도는 진취적이고 수용 가능한 지도력을 잃었다. 연방준비제도이사회는 뉴욕연방준비은행이 더 이상 그런

---

172) 1927년 가을에 연방준비제도이사회와 연방준비은행들이 다툰 에피소드가 있다. 주식시장 과열에 어떻게 대처할 것인가를 두고 논쟁이 벌어졌을 때보다 훨씬 전의 일이었다. 스트롱이 통화완화정책을 제안하여 연방준비제도이사회가 이를 채택하고 이에 보조를 맞추어 할인율을 인하하려는데 시카고연방준비은행이 이를 꺼려했다. 연방준비제도이사회는 최종적으로 (4 대 3의 표결로) 시카고연방준비은행으로 하여금 할인율을 낮출 것을 지시했다. 이는 전례 없는 조치였다. 이 "조치는 연방준비제도 내외에서 뜨거운 논쟁을 불러일으켰다. …… 대부분 그 행위의 적법성을 의문시했다. 모두들 비상시도 아닌데 그런 권력을 행사하는 것은 현명하지 않다고 봤다." 스트롱 자신은 시카고연방준비은행이 할인율을 낮추기를 바랐지만 "연방준비제도이사회의 조치에 대해 상당히 언짢아했고 그런 일이 발생하는 것을 막거나 적어도 지연시키고자 했다."(Chandler, *Benjamin Strong*, 447~448쪽). 아마도 그는 연방준비은행의 독립성과 이들이 연방준비제도 내에서 실질적으로 지배적 지위를 유지하는 것이야말로 당시에 실행된 특정 조치보다 더 중요하다고 여겼던 것 같다.

크리싱거 총재의 사임이 어쩌면 그 사건과 연관되었을 수 있다. 9월 9일에 연방준비제도이사회가 소집되어 금리 관련 결정을 내렸다. 스트롱은 같은 날 일찍 크리싱거에게 전화를 걸었다. 뉴욕에서 스트롱과 협의한 바 있는 재무부 장관 멜론이 이튿날 해외여행에서 돌아와 워싱턴에 도착할 때까지 회의를 연기해달라는 요청이었다. 크리싱거가 이 사실을 연방준비제도이사회에 알리지 않은 채 이사회가 열렸다. 아마도 멜론은 연방준비제도이사회가 그와 같은 조치를 취하지 말 것을 설득하려고 노력했을 터인데 어쨌든 그가 참석했더라면 표결 결과는 찬반동수가 되었을 것이다(Hamlin, Diary, Vol. 14, Sept. 15, 1927, 38쪽). 크리싱거는 9월 15일에 사임했다.

역할을 해서는 안 된다고 결정했다. 그렇지만 연방준비제도이사회 자체가 그 역할을 적극적으로 수행할 수 없었다. 1927년에 크리싱거 대신 영이 들어왔지만 연방준비제도이사회는 여전히 취약하고 분열되어 있었다. 더욱이 뉴욕연방준비은행뿐만 아니라 거의 모든 다른 연방준비은행들도 연방준비제도이사회의 지휘를 받으려 들지 않았다. 이는 연방준비제도이사회 구성원들 때문이기도 했고 사람들이 아직도 연방준비제도이사회를 일차적으로는 감독 및 검사 기구로 여겼기 때문이기도 했다. 이에 따라 연방준비제도는 우유부단과 교착 상태에 빠져버리기 일쑤였다.[173]

뉴욕연방준비은행 이외의 다른 지역 연방준비은행들은 공개시장 정책이 결정될 때 좀 더 큰 몫을 차지하려 했고, 1930년 3월 공개시장투자위원회 위원 자격을 모든 연방준비은행 총재로 확대함으로써 권력을 분산시켜버렸다. 공개시장조작정책은 이제 총재 다섯 명이 아니라 열두 명 가운데 다수결로 결정되었다. 스트롱이 총재였던 시절에는 그 다섯 명이 뉴욕연방준비은행의 지도력을 즉각 따랐던 반면 이제 새로운 열두 명은 "각각의 개별 이사회에서 지시를 받아 참여했다."

---

173) Chandler, 위의 책, 465쪽. 햄린은 뉴욕연방준비은행의 지배적 지위에 불만을 가지고 있었음(Diary, Vol. 19. Aug. 10, 1931, 126쪽)에도 불구하고 스트롱에 대해 "스트롱은 천재였다. 한마디로 은행가들 가운데에서는 해밀턴 경(앨리그 잰더 해밀턴Alexander Hamilton, 1757~1804년. 미국의 초대 재무부 장관으로서 보호관세와 국영은행을 지지하는 입장을 견지한 것으로 알려짐. 제퍼슨과 정치적 반목 관계에 있었으며 공화당에 의해 미국 역사상 가장 위대한 재무부 장관으로 추앙됨 — 옮긴이) 같은 사람이었다. 그를 대신할 만한 사람은 없을 것이다."(Hamlin, Diary, Vol. 16, Oct. 18, 1928, 60쪽)라고 썼다.

스트롱 생전에는 거의 확실히 일어날 수 없었던, 이러한 권력 무게중심의 이동은 심대하고도 광범위한 영향을 미쳤다. 뉴욕연방준비은행에서 스트롱의 계승자인 해리슨은 스트롱의 부총재 가운데 한 사람으로서 뉴욕연방준비은행에 오기 전 1914~1920년에 연방준비제도이사회의 자문 변호사였다. 1929년과 1930년에 그는 스트롱이 남긴 유산의 영향하에서 활동했으며 비슷한 지도력을 행사하고자 노력했다. 하지만 시간이 흐르면서 그는 매우 유능한 변호사이자 뛰어난 관리자로서, 이슈가 되는 사안의 모든 측면을 보려 하고 상이한 관점들을 조정해 조화를 추구하는 데 큰 가치를 두는 자기 본래의 성격으로 돌아갔다. 그는 개인적으로 남을 설득하는 능력은 갖추었지만, 진정으로 전력투구하고 지배적인 영향력을 행사하기에는 너무 합리적이었다. 그럼에도 불구하고 공개시장위원회 구성이 변화하지 않았더라면 1930년 6월에 아마도 그의 정책이 우위에 있었을 것이다. 물론 위원회 구성의 변화 자체는 뉴욕연방준비은행이 주식시장 붕괴에 대처하면서 독자적으로 행동한 데 대한 반작용인 측면도 있었다. 실제로 그는 연방준비제도 내에서 확고한 권위를 갖추지도, 연방준비제도 외부에서 어떤 대단한 명망을 갖지도 않았다. 그리고 적극적인 반대에 직면해서나 심지어 단순한 타성적 반대에 직면해서조차 자신의 정책적 관점을 수용하게 할 정도의 개인적 역량도 없었다. 다른 연방준비은행 총재들은 그의 제안들을 계속 부결시켰다. 1932년 봄에 마침내 그들이 대규모 공개시장정책에 동의해놓고도, 그들은 반신반의했고 이를 중단시키고 싶어했다. 1933년 1월 20일에 해리슨은 햄린에게 총재들 중 대다수가 실제로는 정부증권을 소진시켜서 공개시장정책을 완전히 반대방향으로 뒤엎기를 바란다고 말했다.[174]

우리는 앞서 뉴욕연방준비은행과 다른 지역 연방준비은행들이 보여주는 통화 문제에 관한 이해력과 지적 소양 수준상의 차이에 대해 언급한 바 있다. 이런 차이는 각 은행이 영업해온 환경이나 그들의 책무를 감안하면 이해할 만하다. 뉴욕은 전국적으로 활발한 금융중심지였다. 증권시장 일반, 그리고 특별하게는 정부증권시장이 집중된 곳이었다. 또한 국제금융거래 역시 그러했다. 뉴욕은 미국에서 유일하게 세계시장이기도 한 자금시장이었다. 연방준비법이 은행 조직 내에서 뉴욕연방준비은행의 지배력을 줄이려고 시도했지만, 나머지 지역 은행들의 자금수요는 여전히 다른 연방준비은행이 소재한 도시를 통해 뉴욕으로 연결되고 있었다. 아울러 이 나머지 지역 소재 은행들은 특히 주식시장 호황이 시작된 이후부터는 뉴욕 소재 은행들과 코레스은행 관계correspondent relations를 계속 유지하고 있었다. 따라서 뉴욕연방준비은행은 금융시장 상황에, 그리고 뉴욕 소재 은행들뿐만 아니라 전국에 걸친 코레스은행들이 겪는 유동성압박에 매우 예민했다. 연방준비은행들 가운데 뉴욕연방준비은행만이 업무영역이 실제로 전국적이었고 단순히 신용시장 여건에 반응하는 것이 아니라 익히 스스로가 신용시장 여건을 조성하는 역할을 수행한다고 여겼다. 다른 연방준비은행들은 현재 상황이나 전망, 양 측면에서 훨씬 더 지방중심적이었으며 다른 지역에서 시작된 금융 동향에 반응하는 입장에 가까웠다. 그리고 자기네 직접적인 지역 문제에 대한 관심이 더 컸다. 이에 따라 연방준비제도가 지도적 위치에서 이끌어가기보다는 다른 요인들에 맞춰가야 한다는 믿음을 가질 가능성이 컸다. 다른 연방준비은행들은 지도력이라든가 국가적 차원의 책임 같

---

174) Hamlin, Diary, Vol. 22, 61쪽.

은 배경이 전혀 없었다. 더욱이 그들은 뉴욕연방준비은행을 시샘하여 뉴욕연방준비은행의 제안에 덮어놓고 의문제기부터 하려는 경향이 있었다.

5인위원회의 지배적 수장으로서 활약하던 뉴욕연방준비은행이 열두 명의 총재들이 채택한 정책을 실행에 옮기는 집행위원회 대표로 바뀐 이러한 권력형태 변화는 또 한 가지 중요한 효과를 가져왔다. 12인위원회의 각 성원들은 자신이 다른 성원들과 동등하며 각자 지역 독립성을 강화하는 일환으로 수립된 기관의 최고 관리자라고 여기게 되었다. 그래서 이들은 단호하게 대규모로 행동을 취해야 할 책임을 공적으로 수용하는 것을 포함하여 어떤 조율된 정책에 합의하기보다는, 표류와 무위의 정책에 훨씬 더 쉽사리 동의했다.[175] 이 위원회를 가리켜 무슨 일을 해야 할지 모르는 사람들이 모여 어떤 대책도 불가능하다고 결론짓는 모임이라고 하는 익살적 묘사에는 어느 정도 진실성이 담겨 있다. 이 묘사는 특히 공개시장정책회의 같은 모임에 적용될 법하다. 공개시장정책회의 조직은 지리적으로 멀리 떨어진 도시들에 기반을 둔 독립적인 인물들로 구성되어 있다. 그래서 오랜 기간 자주 접촉하고 협력하면서나 형성될 수 있는, 세부 문제에 관한 공통된 전망 혹은 책임 등을 서로 전혀 공유할 수 없었다. 그런 성격의 위원회에서 어떤 단호한 조치가 취해졌다면 그것은 필경 성원들 중 누군가가 다른 나머지 성원들로부터 압도적인 리더십을 인정받아 익히 이를 행사할 수 있었기 때문일 것이다. 스트롱이었다면 그런 역할을 할 수 있었다. 해리슨은 그럴 수 없었다.

만약 연방준비제도이사회가 충분히 적극적으로 우월한 정보에 근

---

175) 앞의 각주 89와 114의 해리슨의 진술을 비교할 것.

거한 지적 리더십을 가지고 있어서 해리슨과 함께 다른 연방준비은행들의 저항을 극복할 수 있었더라면, 뉴욕연방준비은행에서 다른 연방준비은행들로 권력의 무게중심 이동이 결정적 요인이 되지 않았을 것이다. 하지만 연방준비제도이사회 내부적으로는 어떤 리더십의 전통도 없었다. 연방준비제도이사회는 1920년대 내내 연방준비제도의 정책 결정에 중요한 역할을 수행하지 않았다. 대신 주로 감독과 검사 기구였다.[176) 1929년 초 투기에 대응할 때 연방준비제도이사회는 양적 조치 대신 "직접적 압력"을 본격적으로 행사하기 시작했는데, 이는 자기네 관점을 받아들이도록 연방준비은행들을 설득시킬 수 있어서가 아니라 할인율 변화에 대한 거부권이 있었기 때문이었다.

연방준비제도이사회 성원 면면을 볼 때 누구도 스트롱이 금융계나 연방준비제도 내부에 구축한 정도의 위상을 가진 이가 없었다. 경험, 개인적 영향력, 혹은 확인된 용기 같은 측면에서 누구도 그에 견줄 수 없었다. 1930년 9월 1일까지 연방준비제도이사회 의장이던 로

---

176) 당시 연방준비제도의 급여구조를 통해 연방준비제도이사회와 연방준비은행들의 상대적 지위 및 능력 있는 인재를 끌어올 수 있는 힘을 엿볼 수 있다. 연방준비제도이사회 성원들 보수는 1935년까지 연간 1만 2천 달러였다. 이는 내각 성원의 급여와 같은 수준이긴 하지만 연방준비은행 수반(훗날의 총재)보다는 매우 낮았다. 스트롱은 뉴욕연방준비은행에서 1919년부터 사망 시까지 연간 5만 달러를 받았다. 해리슨도 그와 같았다. 다른 연방준비은행 총재들의 급여는 1920년대에 2만 달러(6개의 남부와 서부 지역 연방준비은행들)에서 3만 5천 달러(시카고연방준비은행) 사이였다. 이러한 상대적 격차는 1960년에 약간 줄었을 뿐이다. 즉 연방준비제도이사회 성원들은 2만 달러(의장은 5백 달러 추가), 연방준비은행 총재들 급여 가운데 최고 급여는 6만 달러(뉴욕연방준비은행), 최저급여는 3만 5천 달러(시카고와 샌프란시스코 연방준비은행을 제외한 나머지 모든 연방준비은행들)였다.

이 영은 분명 능력 있는 관리자였고 스트롱은 그의 임명을 지지했다. 하지만 그는 뉴욕연방준비은행과 연방준비제도이사회 간 갈등을 부추기는 역할을 했고 정부증권에 대한 공개시장조작에 강력 반대했다. 그는 보스턴연방준비은행 총재가 되기 위해 연방준비제도이사회를 떠났는데, 보스턴연방준비은행 총재 자리는 그가 뉴욕연방준비은행이 선호하는 정책에 반하는 방향으로 자기 영향력을, 아마도 오히려 예전보다 더 효과적으로, 계속 행사할 수 있게 해주었다. 영을 계승한 것은 유진 마이어였다. 마이어는 1917년에 전쟁 관련 부서에서 근무하기 위해 자신의 월스트리트 중개회사를 떠났다. 전비조달공사 War Finance Corporation 사장 직을 역임한 후 정부기관 몇 군데에서 연이어 공직을 수행했다. 1930년 연방준비제도이사회로 오기 전에 그는 연방농장위원회Federal Farm Board에 있었다. 마이어가 연방준비제도이사회 의장에 지명된 것은 해리슨이 다른 연방준비은행 총재들로 하여금 공개시장 매입에 나서도록 설득시키지 못한 직후이자 제1차 유동성위기 발발 직전의 일이었다. 이 두 가지 이유로 인해 당시는 연방준비제도가 경로를 급격히 바꾸기 어려운 시점이었다. 아마도 연방준비제도에 대한 리더십을 확보할 수 있는 시간이 그에게 좀더 있었더라면 그는 연방준비제도를 다른 길로 이끌 수 있었을지도 모른다.[177] 그가 연방준비제도이사회 의장으로 취임한 초기 몇 개

---

177) 마이어의 재임기간에 연방준비제도는 지점branch-체인chain-그룹group 뱅킹 문제, 그리고 지급준비금 문제 연구를 위해 몇몇 연방준비은행의 공직자가 참여한 두 개의 위원회를 설립했다. 그 연구 결과가 보고서로 제출되었으나 위원회 권고에 대해 아무 조치도 취해지지 않았다(다음을 참조. Report of the Federal Reserve Committee on Branch, Group, and Chain Banking, mimeographed, 1932, 그리고 "Member Bank Reserves — Report of the Committee on Bank Reserves of the Federal Reserve System," Federal Reser-

월 동안 그는 팽창적 조치들을 지지했다. 그는 1931년 거의 내내 공개시장정책회의를 설득하여 공개시장 매입 규모 확대를 승인하도록 하는 데 노력했다. 물론 실패했다. 그가 재건금융공사 의장을 겸임한 1932년 2~7월의 6개월간, 연방준비제도이사회 성원들은 그가 연방준비제도이사회 의장으로서의 의무를 경시한다고 느꼈다. 연방준비제도이사회의 다른 풀타임 성원이나 임직원 중 누구도 당시 리더십 행사에 필요한 개인적 자질이나 연방준비제도 내 위상을 가지지 못했다.[178]

---

ve Board, *Annual Report* for 1932, 260~285쪽). 마이어는 상원 은행통화위원회에 전국적으로 통일된 상업은행체계를 추천했다. 이 체계는 은행업의 특권을 국법상의 영업인가national charter를 얻은 기관에 한정함으로써 실행되는 것이었다. 그는 연방준비제도이사회의 총괄 고문 변호사에게서 이 입법의 합헌성을 지지하는 의견을 얻었지만(위의 글, 229~259쪽), 어떤 추가 조치도 취해지지 않았다.

178) 해리슨은 마이어가 재건금융공사 사장 직을 수락하는 것에 반대했다(Harrison, Notes, Vol. II. Jan. 21, 1932).

　　1929~1933년에 남은 연방준비제도이사회 성원들은 에드먼드 플래트 Edmund Platt(1930년 9월 15일 연방준비제도이사회를 떠나기 전까지 부의장 직 수행), 아돌프 밀러, 찰스 S. 햄린, 조지 R. 제임스, 에드워드 커닝햄(1930년 11월 28일까지), 그리고 웨일런드 W. 마기Wayland W. Magee(1931년 5월 5일 이후)로 구성되었다. 플라트는 법학을 공부했고, 신문 편집인이었으며 이후 1920년에 연방준비제도이사회에 지명되기 전까지 하원의원으로서 은행통화위원회에서 활동했다. 밀러와 햄린은 1914년에 임명된 원년 연방준비제도이사회 성원이었다. 상당한 학자적 자질을 갖춘 경제학자 밀러는 통화문제에 관한 좋은 논문들을 썼다. 하지만 햄린도 그랬듯이 그는 이미 1차 대전 직후 리더십 발휘와 독자적 진로 개척 면에서 무능함을 드러냈었다. 챈들러의 표현에 따르면 밀러는 "의심할 바 없이 연방준비제도이사회의 임명직 성원 가운데 가장 능력 있는 사람으로서 영원한 상담자이자 비판자였지만, 결코 상상력이 풍부하고 대담한 기업가는 되지 못했다."(Chandler, *Benjamin Strong*, 257쪽. 그리고 44~45쪽도 보라). 햄린의 밀러에 대한 반복되는 언급에 조금이라도 신빙성을 둘 수 있다면

그것은 관대한 평가라고 할 수 있다. 햄린의 「일기」는 밀러를 사적인 이해관계를 위해 조금도 주저하지 않고 공적인 지위를 이용했으며 중요한 문제에서 사소한 이유로 입장을 바꿀 수 있는 자기중심적인 인물로 묘사했다(Vol. 4, Aug. 6, 1918, 180~181쪽, Vol. 6, May 6, 1921, 90쪽, Vol. 14, Jan. 6, June 9, 1928, 105, 106, 180쪽, Vol. 16, Oct. 30, 1929, 194쪽).

햄린은 변호사였는데 챈들러에 의하면 "지적이긴 하지만 …… 그의 동료 중 한 명이 말했듯이, '스스로는 아무 일도 수행하지 못할 서기amanuensis 타입의 인물'"이었다(Chandler, 위의 책, 256~257쪽). 그의 「일기」를 보면 이런 견해가 확실히 설득력이 있다. 그는 특히 정치적 이슈나 상세한 행정업무에서 상황 판단이 빨랐다. 공익을 지향했으나 독선적인 방식이었다. 뜻을 같이하는 동지들에게는 믿음직스럽고 정직했다. 그리고 다행히도 우리의 목적에 비추어서는 심지가 굳고, 우리가 판단할 수 있는 한, 신랄한 험담꾼이다. 하지만 그의 일기를 보면 좀 더 광범위한 통화정책 이슈들에 관한 그의 이해수준은 상당히 제한되고 편협하며 사고나 행동이 과감하지 못하다. 제임스는 테네시 출신의 소상공인이었고 상업은행의 행장을 몇 년 했다. 커닝햄은 농부였다. 마기 역시 농부였고 농장주였는데, 캔자스시티연방준비은행 오마하 지점 이사회 성원을 역임한 후, 캔자스시티연방준비은행 이사 직을 수행했다(위의 책, 256~257쪽, 챈들러의 의견 참조).

주요 간부 가운데 1926~1945년에 연구통계국장이었던 E. A. 골든와이저가 아마 가장 영향력이 큰 인물이었을 것이다. 하지만 그는 기본적으로 전문적인 기술진이었다. 그의 선임자 월터 W. 스튜어트는 스트롱과 가까운 사이였고 그에게 큰 영향을 미쳤다. 그들의 관계는 1926년에 연방준비제도이사회를 떠난 뒤에도 유지되었다. 골든와이저는 스튜어트가 행사한 정책적 영향력과는 어울리지 않는 신사였다.

연방준비제도이사회의 당연직 성원들로는 통화 감사관, 의장을 지낸 재무부 장관 등이 있었다. 재무부 장관은 1921~1932년 2월까지 취임 당시 유명한 금융업자이자 실업가인 앤드류 W. 멜론이었다. 그 이후 1933년 3월까지는 오그덴 L. 밀즈였다. 1927년에 재무부 차관이 되기 전까지 변호사이자 세무전문가이면서 하원의원이었던 밀즈는 능력 있고 영향력 있는 인물이었다. 앞에서 언급했듯이 그는 글래스-스티걸 법안에 적극적인 지지를 보냈다. 잉여 금의 부족이 연방준비제도의 행동반경을 제한하고 있다고 봤기 때문이었다. 밀즈는 1933년 3월 9일의 긴급은행법에 체현된 주요 아이디어에 분명히 기여했다(제8장 참조).

과거에 미합중국 국법은행 수석검사관이었고 1928년부터 1932년 9월까지 통화 감사관이었던 J. W. 폴J. W. Pole은 은행개혁조치로서 지점 영업을 "교역지 우리 역사상의 모든 은행위기에 대해 그 상세한 내막을 보다 보면 책임감과 리더십을 기꺼이 받아들이는 하나 혹은 그 이상의 뛰어난 인물의 존재가 얼마나 중요한지 알 수 있다.[179] 오직 그런 리더십으로만 해결 가능한 위기들에 취약했던 것이야말로 당시 금융시스템의 한 가지 결함이었다. 물론 뉴욕연방준비은행에서 기타 연방준비은행들로의 권력 이동이나 연방준비제도이사회의 약점보다도 그런 금융시스템의 존재 자체가 궁극적으로 이 시기 금융 붕괴를 더 잘 설명할 것이다. 왜냐하면 그런 시스템 때문에 그러한 여건들이 그토록 광범위한 파장을 가져올 수 있었기 때문이다. 그렇지만, 기왕에 금융시스템은 그렇게 되어 있었다 치고, 권력 이동 그리고 연방준비제도이사회의 약점, 이 요인들은 유동성위기를 초기에 제거하는 데 반드시 필요했을 즉각적이고 단호한 조치를 취할 가능성을 크게 낮춰버렸다.

연방준비제도이사회가 적극적인 지적 리더십을 갖지 못하고, 금융계 전반적으로나 독립적으로 책임을 질 의사나 능력이 없는 연방준비은행 총재들 사이에서 올바른 정책에 대한 공감대도 없었기 때문에, 정책 표류와 우유부단만 난무했다. 시간이 가면 갈수록 그 파급효과는 더욱 누적되었다. 일단 필요한 행동을 한 번 하지 못하고 나면 매번 같은 실패를 반복할 가능성이 더 커졌다. 사람들은 다른 이들에 대해서 그렇듯이 자기자신에게도 실패 원인을 판단 부족보다

구" 혹은 중요한 도시들 인근 지역으로 국한하는 것을 지지했다. 그러나 그는 이 기간 동안의 은행입법이나 연방준비제도 정책에 기록될 만한 어떠한 영향력도 없었다(Comptroller of the Currency, *Annual Report*, 1929, 5쪽, 1930, 5쪽, 1931, 1쪽 참조). 햄린은 그를 가리켜 "전체적으로는 괜찮지만 그다지 강하지 못한 사람"이라고 지적했다(Diary, Vol. 21, Sept. 1, 1932, 105~106쪽).

179) Sprague, *History of Crises*, 이곳저곳.

는 권한 부족 탓으로 돌리려고 하는 법이다. 우리는 1919~1921년 기간 정책의 비판에 연방준비제도가 어떻게 반응했는지를 통해 이미 이런 경향을 목도한 바 있다. 이런 경향은 1930~1933년 기간에 다시 표출되었다. 연방준비제도이사회는 당시 경기 하강과 은행 도산이 연방준비제도이사회의 자체 노력에도 불구하고 발생했으며 자기네가 도저히 통제할 수 없는 불가항력적 산물이었다고 설명했다. 확실히 당시 연방준비제도이사회는 그런 추론이 진실임을 다른 사람뿐만 아니라 자기자신에게도 설득시켰다. 이에 따라 사건이 진행되면서 해결책을 어떤 다른 곳에서 찾으려는 경향이 점점 커져갔다. 초기 단계에서는 경제가 자동 정화될 것으로 희망했다. 그러나 그 이후에는 위기와 파국이 연방준비제도의 통제범위 밖에서 전개되는, 민간 경제에 내재하는 어떤 불가피한 힘의 산물이라는 견해가 점점 더 우세하게 되었다. 연방준비제도는 1930년 가을 첫 번째 유동성위기를 적극적으로 막지 못하자 다음 번 유동성위기에 대해서는 오히려 훨씬 더 소극적 태도로 대처했다. 연방준비제도가 1932년 초에 실은 훨씬 일찍 이루어졌어야 하는 대규모 증권 매입을 실행에 옮기면서 일시적으로 입장을 변경한 것은 단지 의회의 압력이 너무 거셌기 때문이었다. 매입이 극적인 개선을 즉각 가져오지 않자 연방준비제도는 기존의 수동성으로 즉시 퇴보했던 것이다.

금융 붕괴에 대해 앞에서 제시한 설명, 즉 이 시기의 금융 붕괴가 뉴욕연방준비은행에서 다른 연방준비은행들로의 권력이동 그리고 명목상 권한을 가진 인물의 개인적 배경이나 특성의 영향을 크게 받았다는 설명은 무리한 강변으로 보일 수도 있다. 거대한 사건에는 거대한 근원이 있게 마련이라는 것은 하나의 건전한 일반 원칙이다. 따라서 1929~1933년에 미국에서 벌어진 금융 대참사 같은 중요한 사건을 설명하기 위해서는 우연히 당시 권력을 가진 특정 개인이나 공식 당국의 특성들 이상의 뭔가가 필요하다.

　하지만 연쇄작용이라든가 누적적인 파급효과 같은 것이 있어서 때로는 작은 사건이 거대한 결과를 가져올 수 있는 것 또한 사실이다. 부분지불준비제도와 단점은행체제하에서 유동성위기는 정확히 그와 같은 연쇄작용을 일으키는 계기가 될 수 있다. 실제로도 종종 그랬다. 아울러 경제적 붕괴는 종종 누적적인 과정으로 전개되는 특징이 있다. 그것은 어떤 임계치를 넘어서면 일정 기간 그 영향이 확산되면서 자체 힘으로 스스로 강화되다가 더욱 강렬한 붕괴의 과정으로 돌아오기 마련이다. 산사태가 시작되려는 상황에서 돌덩어리를 멈추게 하는 데는 큰 힘이 필요치 않다. 하지만 이를 막지 않아 발생하는 산사태 자체는 큰 규모가 될 수 있는 것이다.

이사의 **의견**Director's Comment

| 앨버트 J. 헤팅거 2세Albert J. Hettinger Jr.* |

전미경제연구소(NBER)는 출판이 승인된 원고에 대하여 이사들이 "반대나 유보 의사를 밝히는 비망록"을 제출할 수 있는 특권을 허용하고 있다. 나는 반대나 유보 표시가 아니라 한 가지 의문점을 제기하려고 한다. 나는 원고를 두 번 읽었는데, 첫 번째 것은 초고였고 그 다음 것은 최종 교정쇄였다. 이 책이 출판되어 표가 본문에 나타나고 그림이 포함될 것이다. 그러면 바울이 말한 "바라는 것의 실체이자 보지 못하는 것의 증거인" 믿음에 의지할 필요가 없게 될 것이다. 그런 상태로 좀 더 편안히 읽을 수 있게 되기를 나는 간절히 기대한다. 내 판단이 옳다면 이 책은 전미경제연구소가 펴낸 진정 위대한 출판물 가운데 하나다. 이 책이 다루는 내용은 광범하다. 거의 한 세기에 걸친 미국 화폐사를 제시하고 해부하고, 또 어떤 의미에서는 이를 재구성하기 위해 분석 도구를 책 전체에 일관되게 활용했다. 그런 점 때문에 나는 기꺼이 수차례 되풀이하여 읽는데, 이 책은 그러는 시간이 유익하다는 확신을 갖게 하는 완성품이다. 나의 의문점은 이 책이 지닌 천재적인 설명 논리와 관련된 것이 아니고 그 밑바탕에 깔린 가

---

* 라자르드 프레레스 사Lazard Frères 파트너

정에 관한 것이다. 나의 의견은 주로 1929~1933년의 서술과 관련된다. 저자들은 이 기간을 이렇게 요약한다. "우리가 보기에 경기 하강 때문에 통화량이 감소했다는 명제는 단 한 가지 의미에서만 타당하다. 그러나 그것은 주로 심리적, 정치적 요인에 의존한 것이어서 경제 관계를 이해하려는 우리의 중심 과제와는 관련이 없다."(691쪽)(이「이사의 의견」본문에 포함된 페이지는 『미국화폐사』의 페이지임 — 옮긴이).

우리는 불가피하게 우리 주변의 배경과 환경의 영향을 다양하게 받는다. 저자들은 동의하려 하지 않겠지만 내 개인적으로는 이 "심리적, 정치적 요인"에 훨씬 더 큰 중요성을 부여하고 싶다. 내 직업은 기업가이며 부차활동은 아마추어 경제학자다. 내 경제학 박사 학위는 유감스럽게도 거의 반세기 전에 취득한 것이고 몇 년간의 대학 강의 경력도 거의 비슷하게 상당히 오래전 일이다. 1926년 이래 산업계와 금융계를 넘나들며 수행한 경쟁적인 사업 실무가 나의 전문 영역이었다. 나에게 사업이란 간단히 말하면 의사결정이자 계산된 위험을 부담하는 것이다. 결정은 항상 쉽지 않다. 그리고 부담하려는 위험은 현실이다. 나는 내 경쟁자들이 실수한 덕분에 살아남을 수 있었다. 만약 그들이 실수를 많이 범하지 않았더라면 나는 이미 사업가로서는 은퇴했을 것이다. 내 생각에 통화정책은 결국 행동을 예측할 수 없는 사람들을 대상으로 한다. 그것은 진공 상태에서, 혹은 다른 모든 요인들이 변하지 않는 것으로 주어져 있다고 가정될 수 있는 세계 속에서 작동하는 것이 아니다.

경제 조치의 영향은 예측하기 어렵다. 이 어려움은 대체로 데니스 로버트슨Dennis Robertson 경이 작성한 것으로 간주되는 물가, 생산성, 소득에 대한 범영국위원회(브리티쉬 카운슬British Council)의 『제3차 보고서』[1]에 잘 드러나 있다. 약 72절에 걸쳐 상황 분석과 확률을 따진 후, 다음과 같은 문구가 등장한다. "하지만 이 모든 요인의 대차대조표를 정확히 판단하는 것은 불가능하다. 경제적 제약과 유인효과는 정확한 영향을 예측할 수 없는 인간의 마음에 작용한다. 그것은 또한 끊임없이 변화하는 상황에서 작동한다." 그리고 이와 관련하여 한 "의사결정자" 케인즈Keynes 경은 1931년 자신이 의장이던 투자신탁의 연차회합에서 다음과 같이 말했다. "어쩔 수 없이 나는 비합리적인 세계에서 합리적인 투자정책을 펼치는 것보다 더 자멸적인 것은 없다는 결론에 도달했다."(정확한 표현은 아닐 수 있음. 기억에서 인용한 것). 그는 또한 『화폐론Treatise on Money』에서 다음과 같이 말했다. "하지만 모든 단계에서 상황을 정확히 진단하는 것, 그리고 이 정확한 균형을 달성하는 것은 때때로 인간의 지혜를 넘어서는 것일 수 있다."[2] 마지막 한 가지 예. 헨리 클레이Henry Clay 경이 쓴 영란은행 수반 노만Norman 경 전기[3]를 보면, 의사들의 권고에 따라 어쩔 수 없이 지중해로 짧은 순항을 나온 노만 경은 육체적으로는 지쳤으나 국제통화체제가 일시적으로나마 안정되었다고 느꼈다. 그가 탄 배가 입항했을 때 전달된 소식은 영국이 금본위제를 이탈했다는 것이었다!

이 책의 저자들은 은의 상황(1893~1897년)에 대해 논의하는 과정에서 다음과 같이 말했다. "은 사건 전체는 화폐가 때로는 무엇이 될 수 있는지에 대한 사람들의 생각이 얼마나 중요한가를 보여주는 매

---

1) *Third Report* of the British Council on Prices, Productivity and Incomes, London, Her Majesty's Stationery Office, July 1959, 25쪽, 문단 73.
2) John Maynard Keynes, *Treatise on Money*, Vol. I, New York, Harcourt, Brace, 1930, 255쪽.
3) Henry Clay, *Lord Norman*, London, Macmillan, 1957.

혹적인 사례다. 미국이 금본위제를 이탈할 수밖에 없을 만큼의 인플레이션을 은이 초래할 수도 있다는 두려움 때문에 금본위제 유지를 위한 강력한 디플레이션이 필요하게 되었다."(133쪽). 이는 심리적이고 정치적인 요인의 중요성을 드러내는 것이다.

내가 공부했던 타우지그Taussig 교수가 쓴 경제학 교과서에 추세를 지속시키는 힘, 즉 모멘텀momentum의 영향에 대한 장이 포함되기를 나는 종종 바랐다. 내가 배우기로는 장기적으로 가치가 가격을 결정하는 요소이며, 가격이 가치에서 이탈하는 현상은 단기적인 것이자 자기 조정으로 해소되는 것이었다. 1929~1933년에 감성적 공포가 번지면서 가격 하락 추세를 지속시키는 모멘텀의 악순환 현상을 나는 배웠다. 그리고 이 같은 상황이 1962년 봄, 신뢰 위기와 주식 폭락 과정에서 반복되는 것을 경험했다. 1929~1933년의 심리 상황에 관해 통계학적으로 접근하지 않은 관점이 J. M. 바커J. M. Barker(대학 강사, 은행가이자 대형 유통체인인 시어스 로벅Sears, Roebuck & Co.의 고위 임원)가 1936년 중서부 지역 은행가 회의에서 발표한 논문에 잘 소개되어 있다. 이 논문에서 다음을 인용해보자.

많은 사람이 같은 시점에 같은 것을 생각한다면 이것은 세상에서 가장 통제하기 힘든 감성적 목표causes 가운데 하나가 된다. 같은 것을 생각하는 사람이 많을수록 사람들은 하나의 목표로 작용하게 되는 불합리하고 감정적인 군중심리에 더욱 확실히 휩쓸리게 된다. 이것은 비참한 경제적 결과를 가져오기도 한다. …… 만약 예전 활황의 후기 국면에 들어 보편적으로 확산된 투기의 광기를 생각해본다면, 이 세계는 물론 이 나라 사람들이 불합리하고 감정적인 탐욕의 군중심리에 얼마나 철저히 사로잡혀 있었는지 알 수 있을 것이다. 파국이

다가오면 불합리하고 감정적인 탐욕은 공포로 바뀌어 널리 퍼진다. …… 이 나라의 모든 도시에서 붕괴 초기 단계에 주식시장에서 타격을 입었거나 이미 나가떨어진 사업가들은 상황 전개를 알기 위해 매일 시세를 살폈다. 그들이 본 것은 하락, 하락, 하락뿐이었다. 이와 같이 떨어지는 증권 가격을 보면서 형성된 감성적 영향하에서 그들이 매일매일의 의사결정을 내렸다는 데 어떤 의심의 여지가 있겠는가?

저자들은 연방준비제도의 정책을 신랄하게 비판한다. 연방준비제도 내부에서 연방준비제도이사회, 공개시장위원회, 개별 연방준비은행들 간에 지속된 갈등 등을 설득력 있게 서술했다. 입센Ibsen의 희곡에 있는 구절이 떠오른다. "악마가 아무것도 성취되지 않아야 한다고 결정했을 때 한 일은 첫 번째 위원회를 임명하는 것이었다." 저자들의 진단은 다음과 같았다. "시장이 강세가 되자 경기 부양 목표는 주식시장 투기 억제 목표와 갈등을 일으키게 되었다. 이 갈등은 1928년과 1929년에 강세시장을 중단시킬 정도로 긴축적이지는 않으면서도 적극적으로 경기를 회복시키기에는 너무 긴축적인 통화정책을 채택하는 것으로 해결되었다."(297~298쪽). 그들은 "연방준비제도이사회는 스스로를 '증권 투기 혹은 가치의 조정자'가 되게 해서는 안 되며 주식시장 과열에는 어떤 직접적인 관심도 기울여서는 안 된다."(291쪽)고 결론짓는다. 이는 과연 내가 받아들일 수 있을지 미심쩍은 부분 가운데 하나다. 통화를 팽창시키면 "경기가 신속히 회복되겠지만", 지주회사 위에 지주회사를 얹어 올리고 "기타" 콜 대부를 몇 십억씩 증가시키고 기존 추세를 지속하려는 모멘텀을 강화시키면서, 경제 불균형에 수반되는 조정과정을 그저 미룰 뿐이고, 오히려 경제 불균형을 더 심화시켰을 수 있다. 실제로 붕괴가 다가왔을 때 "연방준비제도 도입 이전과 마찬가지로 이 시기에도 J. P. 모건 사는 …… 자금을 조성함으로써 유사시 시장질서를 회복하는 데 앞장섰다." 하지만 "파국 이후 2주일이 지나면서 이와 같은 시도는 중단되었다"(305쪽)(이 책 각주 4 — 옮긴이). 이번에는 전혀 다른 종류의 공황이었던 것이다.

나로서는 어쩌면 정당화하기 어려울 만큼 지나친 단순화일 수도 있지만, 저자들의 분석도구 가운데 기본적인 것은 아마도 본원통화 개념이라고 말할 수 있을 것 같다. 본원통화의 역할에 대한 그들의 설명은 일관성이 있고 매우 깊이가 있는 분석이다. 다만 한 가지 점은 적어도 나에게는 문제이다. 수학적 표현과 관련해서는 의문이 없다. 그 이유나 강도 면에서 예측할 수 없는 다른 영향력들이 작용하게끔 하는 바로 그 움직임 없이 연방준비제도가 본원통화를 단순히 증가시킬 수 있다면 나한테는 아무런 유보사항도 없을 것이다. 솔직히 난 그런 판단을 할 능력은 없다. 이것은 본원통화가 늘어나고 다른 모든 요인들이 변화하지 않는 그런 통제된 실험이 아니다. 예금주들은 자기네 은행을 지켜보고 있었다. "뉴욕 소재 은행들이 연방준비은행에게서 차입하는 것을 기피했던 이유 중 하나는 유럽 사람들이 그 자체를 취약함의 징후로 해석할지도 모른다는 두려움 때문이었다."(317쪽)(이 책 각주 18 — 옮긴이). "예금주의 불안감이 특정 은행이 아니라 은행시스템 전반으로 확산되고, 다음 번 도산 은행을 판단하고자 대차대조표를 훨씬 더 면밀히 따지는 시점에 은행의 차입 기피 성향은 훨씬 강화된다."(318쪽). 재건금융공사에서 차입하는 일은 죽음에 입맞추는 것과도 같았다. "이 목록에 이름이 오르면 그 은행은 재무적으로 취약하다는 신호로 해석되었다. 이는 맞는 얘기이기도 했고 해당 은행은 빈번히 예금인출쇄도를 겪었다."(325쪽). "금본위제 유지를 중시하고 내적 안정성보다는 외적 안정성에 더 중점을 두"는 "그 당시 연방준비제도와 금융계 전체"의 "인식"(363쪽)을 오늘날에는 생각해내기 어렵다. 케인즈 경의 표현으로 요약하면, "하나의 폐쇄된 체제와 관련해서라면, 즉 달성해야 할 것이 단지 내적 균형의 조건이라면, 현 상태를 유지하는 데 어떤 심각한 교란요인도 은행 정책을 적절히 써서 언제든지 막을 수 있을 것이다. …… 하지만 외적 균형의 조건도 또한 달성해야 한다면, 그때는 내적 체제에 작용하는 교란요인을 피할 수 있는 어떤 은행 정책도 불가능할 것이다."[4] 챈들러 교수의 벤자민 스트롱 전기,[5] 그리고 헨리 클레이 경이 쓴 노만 경 전기를 나란히 읽으면 우리한테 문제가 되는 것은 폐쇄된 체제가 아니라는 점이 분명해진다. 신규로 창출된 본원통화가 잠식되는 정도, 이것이야말로 내가 가볍게 보지 않으려는 (어떻게 정당화시킬 수 있는지에 대해 나로서는 대답할 능력이 없지만) "내적 체제에 작용하는 교란요인"의 한 가지 척도가 될 것이다.

저자들은 묻는다. "통화정책은 왜 그렇게 서툴렀을까?" 그리고 대답한다. "이 장의 앞선 절들에서 살핀 바에 따라, 결정적인 1929~1933년 기간의 통화정책을 특징짓기 위해 이 절 제목에 붙인 '서투르다'라는 형용사는 사실을 명확하게 묘사하는 말이다. 독자들도 우리처럼 그렇게 받아들일 것이라고 우리는 믿는다. 통화시스템은 붕괴했다. 그러나 그럴 수밖에 없었던 것은 분명 아니다."(407쪽)(이 책 255쪽 — 옮긴이). 이 시기 통화정책은 확실히 성공적이지 못했다. 그

---

4) Keynes, A Treatise on Money, Vol. I, 349쪽.
5) Lester V. Chandler, Benjamin Strong, Washington, D. C., Brookings, 1958.

이사의 의견 · 285

리고 아마도 "서투르다."고 특징지은 것은 정당한 것 같다. 하지만 나는 통화시스템의 붕괴가 필연적이지 않았다는 마지막 문장은 입증되었다고 볼 수 없다. 내가 보기에, 본원통화라는 분석도구가 보이는 하나하나의 움직임에는 어떤 계산된 위험이 내포되어 있는 것 같다. 만약 사람들 생각에 그것이 미치는 영향이 긍정적이라면, 혹은 어쩌면 그것이 중립적이라 해도, 저자들이 상정한 산술적 결과는 낮 뒤에 밤이 오는 것처럼 당연할 것이다. 나는 이 시점에서 물가, 생산성, 소득 등에 대한 범영국위원회 보고서에 있는 앞의 인용문을 단지 인용하려 한다. 만약 이 움직임들이 인플레이션 유발적이었고 "불건전한" 것으로 받아들여졌다면, 결과는 바랐던 것과는 달랐을 수 있다. 바로 그날, 평가절하를 두려워한 한 시민이 달러 대신 금을 선택할 수 있었고, 안전을 추구하는 국제적인 금의 흐름이 마치 격랑 속에서 흔들리는 전함에 탑재된 포의 움직임과도 같이 예측할 수 없는 것이 될 수 있었다. 물론 저자들이 옳았을 수 있다. 그들은 뛰어난 화폐경제학자들이다. 하지만 그럴 수밖에 없는 필연성이 "분명히" 없었다는 것보다는 "어쩌면" 또는 "아마도" 없었다고 표현하는 편이 더 좋았을 것 같다.

만약 내 기억이 정확하다면 본원통화의 잠재력을 보여주는 가장 인상적인 예시는 예금이 57억 2천7백만 달러 감소한 1932년 1월로 종료되는 5개월 기간에 관한 진술이다. "만약 은행 지급준비금 감소를 수반하지 않으면서 현금 인출 수요를 충족하기 위해 추가적으로 이를테면 4억 달러의 본원통화를 공급했더라면, 이로 인해 무려 60억 달러에 달하는 예금 감소를 방지할 수 있었던 것이다."(346쪽). 수학적으로는 이것이 가능했다. 하지만 당시 미국 경제, 영국과 중부유럽의 상황 등을 되돌아보면서 나는 이론상 "발생할 수 있었던" 것이 실제로 "발생했을" 것이라고는 믿지 않는다.

만약 십억 달러의 추가적인 본원통화가 대공황 시기의 세 차례의 전략적인 기간 중 단 한 차례라도 경제 내로 투입되었더라면 어떤 일이 있었을까 하는 문제에 대한 분석은 잘 다루어졌다. 그 세 차례 기간은 다음과 같다. (1) 1930년 1월~10월 말, (2) 1931년 1월~8월 말, (3) 1931년 9월~1932년 1월 말. 만약 로이드은행Lloyds이 이와 같이 가정된 잠재적인 추세 전환을 보증한다면 나는 더 편할 것 같다. 시장에서 사용하는 용어로 돌아가도 된다면 총이익gross income과 순이익net income 사이에는 엄청난 차이가 있다. 그것은 이 나라 안뿐만 아니라 전 세계의 모든 금융중심부에 있는 사람들의 반응에 의해 결정되었을 것이다. 만약 그것이 긍정적인 것이었다면 저자들의 가정은 쉽게 옹호될 수 있다. 반면 예를 들어 그것이 금본위제를 위협하는 인플레이션 유발적인 것이라고 받아들여졌다면 본원통화의 잠식이라는 형태로 나타난 "비용"이 저자들이 자신 있게 예견했던 결과들을 불가능하게 할 정도로 "순"이익으로 남게 되는 부분을 줄였을 수 있다. 다시 한 번, 나는 모르겠다. 나는 그저 의문을 던질 뿐이다.

텍사스 커빌Kerrville 지역에 있는 찰스 E. 슈라이너 부동산은행 Bank of the Charles E. Schreiner Estate은 90세쯤 된 루이스 슈라이너Louis Schreiner가 운영하고 있다. 이 은행의 창업자는 그의 부친인 슈라이너 올드캡틴old Captain(그 지역에서 그는 그렇게 불렸음)이었다. 이 올드캡틴은 "대부를 거두는 시점은 대부하기 전"이라는 규칙을 정했는데, 거의 한 세기 동안 좋았던 시절에나 나빴던 시절에나 그 은행은 결코 대부를 거두어들이지 않았다. 규제 조직에 의해 지적으로 관리되는 본원통화는 저자들이 지적하듯이 많은 것을 달성할 수 있다. 그러나 불가능한 것을 달성할 수는 없다. 내가 보기에 케인즈 경의 다음과 같은 후회 조의 언급 속에 유사점이 있는 것 같다. "비합리적인 세계에서 펼치는 합리적인 투자정책보다 더 자멸적인 것은 없다." 나는 그것(적절한 본원통화공급정책 — 옮긴이)이 우리가 문제에 처한 다음에 감성적인 조수 흐름tidal wave을 바꾸는 능력에 희망을 걸기보다는 우리가 문제에 처하지 않도록 하는 능력에 더 큰 희망을 가지려고 한다.

나는 내 "의문을 던지는 의견"에 대해 어떤 유효성이 있다고 주장하지 않겠다. 나 역시도 대학 시절에는 심리적, 정치적인 요소들을 전혀 강조하지 않았다. 사업 세계에서의 긴 삶의 경험이 내 견해를 변화시켰다. 비스마르크Bismark에 관한 한 가지 이야기가 있다. 회의 중에 비스마르크의 참모들이 도저히 알 수 없다면서 어떤 요인들을 비웃은 다음에 그가 도달한 결론은 "신사 여러분, 불가해한 것들이 이겼습니다the Imponderables have it!"는 것이었다. 그의 결론이 정확했는지 난 모르겠다. 그리고 이와 비슷하게 내가 불가해한 것들에 부여한 중요성이 유효한 것인지 모르겠다. 나는 달리 하기에는 너무 많은 실수들을 저질러왔기 때문에, 나의 의견을 겸허하고 조심스럽게 제출하려 한다.

전체적으로 볼 때 이 책『미국화폐사, 1867~1960년』에 나는 무한한 감탄사를 보낸다.

## 옮긴이의 말

> 만약 지질학을 알고 싶다면 지진을 연구하시오. 경제학을 이
> 해하고 싶다면 미국과 세계 경제 전체를 덮친, 역사상 가장 거
> 대한 재앙, 대공황을 연구하시오. 대공황이 제기한 이슈와 교
> 훈들은 오늘날에도 여전히 그 의미를 잃지 않고 있습니다.[1]

미국의 실물 생산이 1929년 8월 정점 이후 감소하기 시작했고 10월
에는 주가가 폭락했으며 1930년 10월 은행위기가 터졌다. 그리고
1931년 5월에는 오스트리아 최대은행 크레디트안슈탈트가 파산하면
서 세계 경제는 결국 장기간 수렁으로 빠져들었다.

　프리드먼과 슈워츠는 이 책에서 연방준비제도의 잘못된 긴축통화
정책이 대공황을 심화시켰다고 주장했다. 저자들에 따르면 1930년
10~12월의 은행위기는 특히 합중국은행이 문을 닫으면서 민간이 은
행예금 대신 안전자산인 현금을 선호하도록 충격을 가했다. 동시에
은행들의 자금관리방식도 위험회피적, 안전 우선주의적으로 변했다.

---

1) Ben S. Bernanke, *Wall Street Journal*, 2005. Dec. 7.

이에 따라 은행의 신용창조기능이 크게 감퇴했다. 통화승수가 급락한 것이다. 그럴 때는 연방준비제도가 적극적인 공개시장정책을 써서 본원통화 공급을 늘려 통화량 급감을 막아야 한다. 그러나 아무도 그런 리더십을 발휘하지 않았다.[2] 뿐만 아니라 진성어음주의[3]와 금본위제 유지라는 낡은 인식의 틀을 벗어나지 못했다. 통화정책은 1932년 4~8월의 예외는 있었지만 1933년 봄 전국 은행 휴무 National Banking Holiday 기간까지 긴축기조였다. 이는 초기에는 주식시장 과열에 대한 우려 때문이었고, 1931년 9월 영국이 금본위제를 이탈하고 파운드화를 평가절하한 후에는 미국이 금본위제 고수에 더욱 집착했기 때문이었다. 진성어음주의는 미국이 금본위제에서 이

---

2) 월터 베그홋의 책 『롬바드 스트리트』는 1873년에 출판되었지만, 20세기에조차 중앙은행의 역할에 대한 연방준비제도 주요 구성원의 몰이해는 여전히 심각한 수준이었다. 역사상 가장 단호하고 결연한 중앙은행으로서의 정책이 필요했던 시점에, 현명하고 강력한 리더십의 결여는 연방준비제도 조직구조의 지방주의적, 분권적 특성과 맞물리면서 그러한 몰이해의 해악을 확대시킨 면이 있다.

3) 통화공급을 진성상업어음과의 교환에 국한함으로써 신용이 생산적인 용도를 넘어 과도하게 팽창하지 않게 해야 한다는 예로부터의 생각. 이 교리는 1913년 연방준비법에도 명시되어 있다. 이를 고수하느라 1929~1933년뿐 아니라 1920~1921, 1937~1938년 불황도 야기했다. 물론 1920~1921년의 긴축에는 영국의 금본위제 복귀를 도우려는 의도도 있었다. Allan H. Meltzer, *A History of the Federal Reserve Vol. 1: 1913-1951*, University of Chicago Press, 2003, 400~404, 729~731쪽. 또한 1936년 8월~1937년 5월에는 경기과열을 우려한 '출구전략'으로서 은행의 법정지불준비율을 두 배로 올리는 실수도 범했다. 물가 하락이 만연한 상황에서 통화팽창이 인플레이션을 유발할 가능성을 생각하는 것은 기우인데 이 책에 대한 NBER 이사의 의견에서도 이러한 기우가 반복되는 것은 아이러니다. 프리드먼과 슈워츠는 뉴욕연방준비은행과 벤자민 스트롱의 외로운 투쟁에 대해 상당량의 지면을 할애한다. 당시 영국, 미국, 프랑스, 독일의 중앙은행 간 협력 시도와 갈등은 실현된 결과만으로 판단하기 어렵다. Liaquat Ahamed, *Lords of Finance*, Penguin, 2009(조윤정 옮김, 『금융의 제왕』, 다른세상, 2010).

탈한 이후까지도 신봉되었다. 미국의 통화긴축은 미국 내 경기침체를 다른 나라들보다 심하게 만들었을 뿐 아니라 세계적인 공황 파급에도 책임이 있다.

통화요인을 강조한 프리드먼과 슈워츠의 1930년대 대공황 설명은 『미국화폐사, 1867~1960년』이 출간된 1960년대 초반 당시 지배적이던 기존 해석과 여러 측면에서 대비되었다. 당시 대공황에 대한 이해는 과소소비, 과잉생산, 유동성함정, 재정정책의 효과 등 기존 경제이론을 기계적으로 적용하는 단계를 넘어서지 못했다. 이 책 출간을 계기로 비로소 차원이 달라졌다. 특히 이후 대공황 연구가 은행위기 같은 통화 및 금융 부문의 영향에 주목하게 된 데에는 이 책이 기여한 바가 크다. 이와 같은 연구사적 의의에 비추어 이 책이 경제학 분야에서 고전의 반열에 오른 것은 당연하다.[4]

저자들의 대공황 설명이 실증적으로 타당한지에 대해서는 오랜 논쟁이 있었다. 특히 1930년 은행위기를 둘러싼 논쟁이 대표적이다. 이 논의에 따르면 통화공급 감소는 금리 상승을 수반했을 텐데 실제로 금리 상승은 관측되지 않으며, 명목통화량이 감소했지만 물가 하락으로 인해 실질통화량은 감소하지 않았다. 적어도 1931년 여름까지는 통화요인의 설명력이 없다는 것이다.[5] 그러나 명목금리가 하락했다 해도 실질금리는 오히려 상승했을 수도 있어, 이것은 물가 하락

---

4) Michael D. Bordo, "The Contribution of A Monetary History of United States, 1867-1960 to Monetary History," *Money, History, and International Finance: Essays in Honor of Anna J. Schwartz*, NBER, 1989, 15~70쪽. Edward Nelson and Anna J. Schwartz, "The Impact of Milton Friedman on Modern Monetary Economics," *Journal of Monetary Economics* 55, 2008, 835~856쪽.

5) Peter Temin, *Did Monetary Forces Cause the Great Depression?*, W. W. Norton & Company, 1976, 169쪽.

(디플레이션) 예상 문제로 귀결된다. 물가 하락에 대한 기대가 광범위하게 형성된 것이 어느 시점인가를 둘러싼 논란이 있긴 하나,[6] 프리드먼과 슈워츠가 제기한 통화요인의 설명력이 떨어지는 것은 아니다.

저자들은 1929~1933년 대공황 기간의 초기 침체를 어떤 요인이 촉발했는가에 관해서는 따로 언급하지 않는다. 실제로 이 책에 1930년 말 은행위기 이전 기간에 통화긴축이 공황을 직접 촉발시켰다는 문구는 없다.[7] 저자들은 통화량 감소가 주기적인 경기침체를 사상 유례없는 재앙적 대공황으로 심화시킨 측면에 초점을 맞춘다. 이에 따른 일련의 은행위기가 대공황의 전개 과정에서 어떤 역할을 했는지, 그리고 통화정책이 어떤 역할을 해야 했는지의 문제에 주목한다.

이 책 이전이나 이후에 나온 연구결과를 감안하면, 물가 하락이 예견되지 않았고, 따라서 실질금리에는 아무런 영향이 없었더라도 채무의 실질 부담을 확대시켜 자산가격 하락과 지출 감소를 낳았으며 다시 이로 인해 은행위기가 유발되는 또 다른 효과("부채디플레이션 debt-deflation")가 발생했다는 점도 고려할 필요가 있다. 결국 이

---

6) 현재까지의 연구 결과에 따르면 대체로 1930년 초까지는 물가 하락 기대가 광범위하지 않았다. 1930년 9월경 이후에 물가 하락 기대가 확산되었다. 이는 1930년 말 은행위기의 중요성을 강조하는 저자들 입장을 기각하기보다는 오히려 뒷받침한다.

7) 한편 공저자 슈워츠는 이 책 출간 이후에 초기 침체를 촉발한 요인 역시 통화긴축이라는 주장을 개진하기도 했다(Anna J. Schwartz, "Understanding 1929-1933," Karl Brunner, ed., *The Great Depression Revisited*, Kluwer-Nijhoff Publishing, 1981). 이와 같은 주장은 『미국 화폐사, 1867~1960년』의 입장과는 다르다(Robert J. Gordon and James A. Wilcox, "Monetarist Interpretations of the Great Depression: An Evaluation and Critique," Karl Brunner, ed., *The Great Depression Revisited*, Springer, 1981).

시기 물가 하락은 예상된 만큼은 실질금리 상승에 반영되었고 또한 예상되지 않은 만큼은 부채디플레이션을 야기함으로써 공황이 심화하는 데 영향을 미쳤다고 볼 수 있다.[8]

　대공황 연구에서 시야를 유럽을 포함한 세계로 넓히는 것은 필수적이다. 유럽에는 중부유럽의 은행시스템 붕괴가 대공황 발발의 신호탄이었다. 이 위기는 오스트리아에서 두 번째로 큰 은행 보덴크레디트안슈탈트가 1929년 11월 파산하고 다시 이를 합병한 구제은행 크레디트안슈탈트가 1931년 5월에 파산함으로써 현실화되었다. 예금인출쇄도와 오스트리아 쉴링에 대한 공격이 밀어닥쳤고 오스트리아 정부는 금본위제를 고수하려다 준비금을 순식간에 소진하고 외환통제를 도입했다.

　같은 시기 독일에서도 금융위기가 터졌다. 바이마르공화국의 비효율적 재정 운영이 문제가 되어 외환위기와 은행위기가 동시에 진행되는 쌍둥이 위기가 발생했다. 파산기업에 대규모 자금을 투입했던 다나트은행이 파산했는데 제국은행은 최종대부자 역할을 할 능력이 없었다. 독일은 결국 1931년 7월 금본위제를 사실상 포기했고 자국 내 외국인 자산에 대한 동결 조치를 내렸다. 다른 나라에서도 외국인 자산 인출을 제한하는 조치가 잇달았다. 오스트리아와 독일 금융위기의 파급효과는 컸다. 이 과정에서 헝가리, 루마니아를 포함한 여러 유럽 나라가 예금인출쇄도와 외환 압박으로 심각한 고통을 겪었다.

---

8) 프리드먼-슈워츠는 부채디플레이션 효과를 강조하지 않는다. 한편 1930년 은행위기의 배경과 원인 자체에 대해 이후 다양한 연구가 이루어졌다. 특히 단점單店은행제도와 지방주의에 근거한 은행산업구조, 1920년대의 농산물가격 및 주택가격 하락, 체인-그룹 형태의 불투명한 은행 지배구조 등이 주목을 끌었다.

유럽의 금융위기는 영국 파운드에 대한 압력으로 이어졌다. 1931년 9월 영국이 할 수 없이 금본위제를 이탈했다. 다시 대서양을 건너 미국으로 전파되었다. 1931년 9~10월에 은행위기가 발생했다. 이 1931년의 은행위기는 대공황시기에 미국에서 발생한 최초의 전국적 은행위기였으며 처음으로 연방준비제도의 보유 금이 해외로 대량 유출되는 사태를 빚었다. 전 세계가 극도의 불황에 허덕이던 가장 심각하고 결정적인 이 시기에 연방준비제도는 금본위제를 고수하기 위해 금리를 인상했다. 1931년 가을의 이 통화긴축은 공황을 미국뿐 아니라 전 세계적으로 더욱 심화시킨 주 요인이 되었다. 프리드먼-슈워츠가 강조하는 부분이다.

1933년 2~3월 은행위기는 결국 전국 은행 휴무 조치로 이어지면서 금융공황의 절정으로 치달았다. 이 책 이후의 논쟁에서 1930년 은행위기를 많이 다루지만, 이와 같이 대공황의 국제적 파급과 관련된 문제나, 앞에서 언급한 대공황의 전개 과정에서 발생한 은행위기의 역할 문제를 이해하는 데 실은 1931~1933년의 은행위기가 더 중요하다.

2007~2008년에 전 세계를 덮친 금융위기는 연구자뿐 아니라 정책입안자, 금융시장참여자, 일반인 모두에게 대공황에 대한 관심을 고조시켰다. 2008년 금융위기는 주요 선진국 경제 대부분이 연루된 점에서 실로 1930년대 금융위기와 비견할 만하다. 그러나 2008년 금융위기와 1930년대 위기는 그 배경부터가 다르다. 1930년대 대공황은 제1차 세계대전 이후의 구조적 문제를 해결하지 못한 채 금본위제에 복귀한 많은 나라가 긴축정책을 쓰고 이에 은행위기 같은 금융시스템 문제가 수반되면서 발생했다. 전후 생산요소를 평시체제로

복귀시키는 문제, 임금 및 물가 유연성의 하락, 국경 변화에 따른 기존 분업질서의 단절, 연합국 간 대부체계의 정지, 패전국에 부과된 배상금 문제, 초인플레이션에 따른 중산층 저축의 소멸 등이 그 구조적 배경이다.

반면 2008년 금융위기의 구조적 배경은 글로벌 무역 불균형, 세계화 진행에 따라 성장하는 쪽이 더 빨리 성장한 결과로서 빚어진 국내 및 국제 소득불평등의 심화, 유럽연합의 지리적 확장과 구사회주의권 체제 전환상의 어려움 등이다.[9] 이와 같은 구조적 불안정이 국제 경제에 전반적으로 불확실성을 증폭시킨 가운데, 부동산 버블의 생성과 소멸 과정에서 규제받지 않은 '그림자은행체계shadow banking system'[10]가 붕괴하면서 그 파장이 실물부문에까지 미친 것이다.

2008년 금융위기 이후 세계 경제의 향방을 1930년대 대공황에서 유추하는 수없이 많은 책과 글에서 이러한 차이점이 충분히 고려되

---

9) 양동휴, 「1930년대 세계 대공황과 2008년 위기」, 『경제논집』 49권 제1호, 2010년 3월, 1~29쪽. 물론 오늘날의 글로벌 불균형(미국의 경상수지 적자와 동아시아의 흑자가 누적되는 상황)은 1930년대 미국의 지속적 경상흑자와 독일의 적자와 비견할 만하고 전간기의 금본위제에 대한 집착은 요즈음의 워싱턴 컨센서스와 닮아 있긴 하다. Peter Temin, "The Great Recession and the Great Depression," NBER Working Paper, 15645, January 2010.

10) 그림자은행체계는 예금방식으로 자금을 조달하지 않으면서 금융중개기능을 수행하는 비은행금융기관들로 구성된다. 투자은행investment bank, 연금기금, 헤지펀드, 구조화투자회사(SIV), 보험회사, 경매방식 우선주, 자산유동화 상업어음ABCP conduit, 환매조건부 채권repo 등이 그 예다. 이들은 예금은행에 집중된 전통적 규제를 회피하면서 레버리지 확대를 통해 공격적으로 이윤기회를 추구한다. 김도형·양동휴, 「2007-9년 국제금융위기의 역사적 조망」, 『경제발전연구』 15권 제2호, 2009년 12월, 42~43쪽.

었는지 의문이다. 역설적이게도 지금 우리에게 대공황에 대한 정확한 역사적 이해가 필요한 것은 바로 그 때문이다.

정부개입에 반대하고 자유시장을 열렬히 옹호한 시카고 학파 수장 밀턴 프리드먼이 대공황에 대해 쓴 고전이라는 이 책 소개를 들으면 아마도 적지 않은 독자가 정부나 중앙은행 개입을 최소화하고 시장의 자동조절기능이 작동하게 내버려둬야 한다는 주장을 예상했을지도 모른다. 그러나 실제로 이 책에서 프리드먼과 슈워츠는 당시 진성어음주의와 같은 낡은 인식에 사로잡힌 연방준비제도의 소극적 자세를 비판했다.[11] 적극적 공개시장 매입으로 유동성을 공급함으로써 통화량의 급감을 막아야 한다는 정책 처방을 제시했다. 그렇다면 자유시장론자로 알려진 '프리드먼'에 대한 이미지는 잘못되었다는 것인가? 아니다. 물론 프리드먼은 자유시장론자다. 이 책 역시 어느 정도는 프리드먼의 자유시장론자로서의 신념에 바탕을 둔 것이다. 즉, 시장에 문제가 생겼을 때 이 문제점을 고쳐서 시장이 잘 돌아가게 하는 역할을 정부가 했어야 했다는 것이다. 편향되어 보이는 그의 정치적 입장을 염두에 두고 이 책을 대할 필요는 없다. 이 책은 읽는 누구나 알게 되겠지만 독자를 정치적으로 설득할 의도가 담긴 책이 결코 아니다. 전문적인 경제학 서적이다.

이 책의 주장이 모두 타당한 것으로 입증되지는 않았다는 점에도

---

11) 저자들이 이 책에서 연방준비제도의 최종대부자 기능을 명시적으로 주장했다고 보기는 어렵다. 금융기관 지원 문제와 관련해 연방준비제도가 소극적이라는 비판은 있지만 이 역시 명시적이지는 않다. 중앙은행의 최종대부자 기능의 목적은 금융 안정이며, 통화정책과는 엄연히 다르다. 연방준비제도가 적극적으로 통화완화정책을 추구했어야 했다는 저자들의 주장은 어디까지나 통화정책에 대한 것이다. 이 둘은 다르다.

주의하자. 나열하기 어렵지만 저자들의 진술은 이중적 해석의 여지가 있거나 모호한 것도 있다. 역사적 사실 관계가 불충분하게 서술되어 후대의 연구를 통해 좀 더 규명되어야 하는 부분도 눈에 띈다. 아울러 대공황 설명에 중요한 요소가 누락된 것도 어렵지 않게 지적할 수 있다. 그렇지만 이 책의 고전으로서의 품격과 풍미에 대해서는 연구자나 독자 모두 수긍할 수 있을 것이다. 출판된 지 거의 50년인데 오늘날 경제학 관점에서 보아도 개념이 정확하고 자연스럽다. 직관도 지극히 날카롭다. 특히 가상적인 공개시장 매입의 정책 효과를 분석하는 부분에서 프리드먼과 슈워츠는 수학수식을 전혀 쓰지 않고 복잡한 수리논리를 순전히 말로 풀어낸다. 문장이 유려하면서 그 의미가 애매모호하지 않고 분명한 것도 인상적이다.

이 번역서의 원본은 『미국화폐사, 1867~1960년』의 백미 부분인 제7장만 따로 떼어 출판한 책이다. 유명한 교과서 저자이자 뉴케인지안 거시경제학자 블랑샤Blanchard 교수(MIT 대학)는 이 책과 케인즈의 『고용, 이자 및 화폐의 일반이론』을 거시경제학 분야의 "두 고전two classics"으로 꼽았다.[12] 케인즈 책은 난해하고 미국화폐사는 너무 분량이 많아 읽기 어렵다는 평도 했다. 그렇다면 우리는 이 번역을 통해 그 백미 부분만 음미할 수 있게 된 셈이다.

책 분량이 작은데도 번역은 여러 이유로 지체되었다. 그만큼 조금이라도 더 정확한 번역물을 내기 위해 고심했다고 위안을 삼지만 의욕이 넘치는 젊은 출판사 사장께는 미안한 마음이다. 초역은 나원준이 했고, 이를 양동휴가 원문 배경까지 살펴 검토 수정했다. 그 다음 나원준이 다시 검토하고, 이를 양동휴가 2차로 확인, 재수정했다. 저

---

12) Olivier Blanchard, *Macroeconomics*, Prentice Hall, 1996, 622쪽.

자들이 원고를 서로 얼마나 여러 차례 돌려보며 저술했는지는 알 길이 없지만, 옮긴이들은 공동작업의 효과를 극대화하고자 최선을 다했다고 자부한다. 이와 같은 고전은 오래전에 이미 번역되었어야 하는 일일 텐데 우리 이름이 이 고전의 우리말본과 함께 기억될 수 있다는 것을 영광으로 생각한다. 다만 번역 도중 양동휴가 저자 안나 J. 슈워츠에게 한국어판 서문을 부탁하는 메일을 보냈을 때, 슈워츠의 건강이 매우 위중하여 서문을 쓸 형편이 못 된다는 그 동료의 답변을 전해들은 것은 안타까운 일이었다. 슈워츠가 하루 빨리 건강을 되찾아 평생의 연구를 이어가기 바란다.

번역에는 2008년에 프린스턴 대학 출판부가 '프린스턴 고전 Princeton Classic Edition'으로 재발간한 단행본을 사용했다. 원본이 재발간되면서 새로 포함된 글까지 모두 번역했다. 특히 피터 번스타인과 벤 버냉키의 글은 시의적절하여 독자가 본문의 통시적인 뜻을 잘 알도록 돕는다. 끝으로 양동휴는 항상 그렇듯이 문장을 다듬는 과정에서 적극적으로 도움을 준 처 김영완 박사에게 끝없는 고마움을 표한다. 나원준은 낯선 타향 생활을 시작하며 두 어린아이와 남편을 뒷바라지하느라 힘든 처 임지아에게 특별한 사랑과 감사의 마음을 전한다. 편집 과정에서 보여준 미지북스의 이지열 대표와 박선미 편집팀장의 열정과 노고를 잊을 수 없음은 물론이다.

2010년 5월
양동휴, 나원준

### 국민순생산 Net national product(NNP)

국민소득과 종종 같은 의미로 사용되는 표현. NNP의 측정 방법에 대해서는 Simon Kuznets, *Capital in the American Economy: Its Formation and Financing*, National Bureau of Economic Research, Princeton University Press, 1961을 보라.

### 내재물가 Implicit prices

경상가격 기준 국민순생산(명목 NNP — 옮긴이)을 1929년 가격 기준 국민순생산(실질 NNP — 옮긴이)으로 나누어 구한 물가지수(NNP 디플레이터 — 옮긴이).

### 매입어음 Bills bought

연방준비은행이 시중은행이나 단기채권(및 어음) 딜러로부터 매입한 은행인수어음 bankers' acceptance(BA)이나 무역인수어음 trade acceptance을 일컫는 말. 연방준비은행은 일반적으로 자신이 정한 매입금리로 매도 의뢰된 모든 우량어음을 매입한다.

### 본원통화 High-powered money, Monetary Base

민간보유현금 currency held by the public에 은행이 보유하고 있는 시재금 時在金, 그리고 일반은행이 연방준비제도에 예치한 예금을 더한 것. 이 총액을 본원통화라고 하는데 이는 은행 지급준비금으로 보유되고 있는 본원통화 1달러가 몇 배에 달하는 예금 창출을 초래할 수 있기 때문이다. 다른 조건이 동일하다면 (즉 예금/준비금 비율과 예금/유통현금 비율), 본원통화가 증가할 때 동일한 비율로 통화량이 증가한다.

### 연방준비은행 신용 잔액Federal Reserve credit outstanding

주로 연방준비은행의 대부와 투자를 가리키는 것으로 매입어음, 할인어음, 연방정부증권, 그리고 기타 연방준비은행 신용의 합계액이다.

### 연방준비은행의 대對 민간 및 대 금융기관 청구권
Federal Reserve claims on the public and banks

연방준비은행 신용 잔액에서 연방준비은행의 연방정부증권 보유액을 차감한 것이다.

### 연속연율Continuous annual rate

연속복리를 가정하고 계산된 변화율. 어떤 변수의 변화 후 값의 자연로그에서 변화 전 값의 자연로그를 차감한 다음, 이를 경과기간 연수로 나누는 방법으로 계산한다.

### 예금/유통현금 비율Deposit-Currency ratio

상업은행 예금 규모를 민간보유현금으로 나눈 비율. 이 비율이 높을수록 본원통화 가운데 은행 지급준비금으로 사용되는 비중이 크다. 이에 따라 본원통화의 크기와 예금/준비금 비율이 일정하다고 할 때 이 비율이 높을수록 통화량이 증가한다. 이 비율의 변화가 통화량에 미치는 영향은 예금/준비금 비율의 크기에 달려 있다.

예금/준비금 비율 Deposit-Reserve ratio

상업은행 예금 규모를 은행 지급준비금으로 나눈 비율. 지급준비금 규모가 일정하다고 할 때 이 비율이 높을수록 예금 잔액 규모가 크다. 본원통화의 크기가 일정하다고 할 때 이 비율이 증가하면 유통에 사용될 수 있는 여유분 현금 규모의 증가가 수반되는 경향이 있다. 이에 따라 지급준비금의 양도 변동한다. 그러므로 이 비율의 변화가 통화량에 미치는 영향은 예금/유통현금 비율의 크기에 달려 있다.

유통속도 Velocity

경상가격 기준 NNP(명목 NNP — 옮긴이)를 통화량으로 나눈 비율. 여기서 통화량은 NNP가 측정되는 단위기간(일반적으로는 캘린더상의 만 1년) 동안의 추정된 평균치를 적용한다.

은행 지급준비금 Reserves of banks

상업은행이 보유하고 있는 본원통화와 일치하며 은행 보유 시재금과 연방준비제도의 일반은행에 대한 예금부채로 구성된다. 개별 은행들은 자신이 다른 은행에 예치한 예금을 지급준비금으로 여기는데 그와 같은 개별 은행들의 지급준비금을 모두 합하면 은행 지급준비금과 일치하지 않게 된다. 은행 지급준비금은 상업은행 전체의 결합재무제표에 나타나는 금액으로서 여기서 은행 간 예금은 상계처리된다.

직접적인 압력 Direct pressure

이 책의 각주 60에서 언급되었다. *A Monetary History of the United States, 1867-1960*, 254~257쪽의 설명 참조.

통화당국 Monetary authorities

통화량 결정에 대한 최종적인 권력을 행사하는 정부기관. 1914년 이래로 미국에서 주요 통화당국은 연방준비제도와 재무부였다.

**통화당국의 법정불환화폐**Fiat of the monetary authorities

연방준비제도와 재무부의 본원통화에 대한 신용 기여(수탁자로서의 기여)를 일컫는다. 본원통화란 재무부와 연방준비제도의 채무 합계액이다. 이 채무 중 몇몇에 대해서는 통화당국이 수탁관계에 의하지 않은 자산을 보유한다. 예를 들면 금 증서gold certificate에 대해서는 금 스톡을, 그리고 몇몇 연방준비은행권Federal Reserve notes과 연방준비은행들에 예치된 은행예금에 대해서는 할인어음이나 매입어음과 같은 연방준비은행의 대 민간 및 대 금융기관 청구권을 보유한다. 다른 채무에 대해서는 통화당국이 자신의 법정불환화폐에 기초하여 수탁관계에 의한 자산을 보유한다. 예를 들면 몇몇 연방준비은행권과 연방준비은행들에 예치된 은행예금에 대해 연방준비제도는 정부증권을 보유한다.

**통화량**Money stock

민간이 보유한 유통현금과 상업은행 예금의 계절조정된 합계액. 현재의 연방준비제도 용어로는 은행 외부의 유통현금, 조정된 요구불예금, 그리고 상업은행 정기예금의 합계액.

**통화량 결정의 근접 결정요인**Proximate determinants of the money stock

통화량(M)의 변동이 발생한다면 그것은 산술적으로 반드시 다음 세 가지 변수의 변동을 통해 일어나게 된다. (1) 본원통화(H), (2) 예금/준비금 비율(D/R), (3) 예금/유통현금 비율(D/C). 이들을 통화량과 연결시키는 공식은 다음과 같다.

$$M = H \cdot \frac{\frac{D}{R} \cdot \left(1 + \frac{D}{C}\right)}{\frac{D}{R} + \frac{D}{C}}$$

이 세 가지 변수가 선택된 이유에 대해서는, 그리고 통화량 변동을 개별 변수 요인 및 상호작용 요인으로 분해하는 정확한 방법과 관련해서는 *A Monetary History of the United States, 1867-1960*, Appendix B를 참조할 것.

### 할인어음 Bills discounted

연방준비제도 회원은행이 연방준비은행에서 차입하여 확보한 연방준비은행 신용 공급액을 나타내는 말. 1929~1933년에 적정액의 지급준비금을 보유하려는 목적으로 한 회원은행들의 차입은 주로 두 가지 형태로 이루어졌는데 둘 다 할인이라는 이름으로 알려져 있다. (1) 회원은행이 보유하고 있는 단기 상업/산업/농업 혹은 기타 어음의 재할인, (2) 회원은행이 발행한 약속어음을 토대로 한 대부advance. 단 이 약속어음에 대해서는 정부증권이나 할인적격요건을 갖춘 어음이 담보로 제공되었다.

# 1차 **사료**

『미국화폐사』를 저술하던 때에 우리는 통화정책과 관련된 연방준비제도의 내부문서에 접근할 수 없었다. 따라서 우리는 1964년 8월에 1914~1960년 기간에 해당하는 대부분의 문서들을 연구자들에게 공개할 의향이 있다는 연방준비제도이사회의 발표를 기뻐하는 바이다. 이로써 미래의 연구자들은 우리가 상당히 의존했던 다음의 1차 사료들에 의존할 필요가 없어진 것 같다.

### 골든와이저 문서The Goldenweiser Papers

이 문서와 저자에 대한 설명은 각주 107에 나와 있다.

### 찰스 햄린의 일기The Diary of Charles S. Hamlin

햄린은 보스턴의 변호사로서 1914년 8월에 2년 계약으로 연방준비제도이사회에 임명되었고 1916년과 1926년에 10년 계약으로 재임명되어 특별변호인으로 임명된 1936년까지 봉직했다. 그는 연방준비제도이사회의 의사록들을 포함하여 일상적 행위와 관련한 상세한 기록을 남겼다.

### 연방준비제도에 대한 조지 레슬리 해리슨 문서
The George Leslie Harrison Papers on the Federal Reserve System

해리슨은 뉴욕연방준비은행의 부행장(1920~1928년), 행장(1928~

1936년), 총재(1936~1941년)를 역임했다. 뉴욕연방준비은행과 관련된 기간에 해당하는 해리슨의 개인 문서들에는 다수의 공식 비망록과 기타 문서들이 포함되어 있다. 자료들은 문서의 절 제목에 의해 다음과 같이 구분된다.

Conversations, 1926-40 (Harrison, Conversations로 인용)

Office Memoranda, 1921-40 (Harrison, Office), 약간의 중복이 포함된 대화 기록들

Miscellaneous Letters and Reports, 1920-40 (Harrison, Miscellaneous), 연방준비제도이사회를 포함한 상대방과의 서신 사본

Open Market Investment Committee, 1928-40 (Harrison, Open Market), 정기회의 의사록, 집행위원회 회의, 비망록, 서한들, 결의안들

Governors Conference, 1921-40 (Harrison, Governors), 회합을 위한 상세 의제

Discussion Notes, 1930-40 (Harrison, Notes), 뉴욕연방준비은행 이사회 및 집행위원회 의사록

Special Memoranda, 1933-40 (Harrison, Special), 뉴욕연방준비은행 조사 부서에 의해 준비된 정책 질의에 대한 토론.

# 도표 출처

## 도표 1

Simon Kuznets, *Capital in the American Economy*, Princeton for NBER, 1961(이 책의 워크시트, variant 3, 컴포넌트 방법component method, 명목소득과 실질소득). 실질소득으로 나눈 명목소득(내재가격 디플레이터).

*A Monetary History of the United States, 1867-1960*, Table A-1, 708~713쪽, 8열(통화량), Table A-5, 774쪽, 1열(유통속도).

*Historical Statistics of the United States, 1789-1945*, Bureau of the Census, 1949, 344쪽(도매물가지수).

*Industrial Production, 1959 Revision*, Board of Governors of the Federal Reserve System, 1960, S-151쪽(산업생산).

*The National Bureau's Research on Indicators of Cyclical Revivals and Recessions*, NBER, 1960. 12., 5쪽(기준순환일)

## 도표 2

*A Monetary History of the United States, 1867-1960*, Table A-1, 712-713쪽, 1, 2, 3, 4, 8열.

## 도표 3

*Business Cycle Indicators*, G. H. Moore, ed., Princeton for NBER, 1961, Vol. II, 139쪽(개인소득personal income).

*Historical Statistics of the United States, 1789-1945*, Bureau of the Census, 1949, 344쪽(도매물가지수).

*Industrial Production, 1959 Revision*, Board of Governors of the Federal Reserve System, 1960, S-151쪽(산업생산).

도표 4

*Common-Stock Indexes, 1871-1937*, Cowles Commission for Research in Economics, Bloomington, Ind., Principia Press, 1938, 67쪽(보통주 주 가지수).

*Banking and Monetary Statistics*, Board of Governors of the Federal Reserve System, 1943, 450~451쪽(상업어음금리), 469~470쪽(Baa 등급 회사채 및 연방정부채권 수익률), 441쪽(할인율).

도표 5

*Federal Reserve Bulletin*, Sept. 1937, 909쪽.

도표 6

*A Monetary History of the United States, 1867-1960*, Table A-1, 712~713쪽, 8열, 그리고 Table B-3, 803~804쪽, 1, 2, 3열.

도표 7

A. 부채

*A Monetary History of the United States, 1867-1960*, Table B-3, 803~804쪽, 1열(본원통화), Table A-2, 739~740쪽, 2열(연방준비은행에 예치된 은행예금).

*Banking and Monetary Statistics*, 411~412쪽(연방준비은행권, 재무부 현금, 금주화와 금증서), 연방준비제도가 공제한 2억 8천7백만 달러를 계절

조정하여 금주화에 재가산함.

B. 자산

*Banking and Monetary Statistics*, 537쪽(금 스톡), 연방준비제도 공제분 2억 8천7백만 달러를 계절조정하여 재가산함, 375~376쪽, 연방준비은행 신용 잔액과 연방준비제도의 연방정부증권 보유액은 각각 계절조정한 다음에 후자를 전자로부터 차감함(연방준비은행의 대 민간 및 대 금융기관 청구권), 본원통화에서 금 스톡, 그리고 연방준비은행의 대 민간 및 대 금융기관 청구권 금액을 차감함(기타 유형자산과 통화당국의 법정불환화폐).

도표 8

*Banking and Monetary Statistics*, 375~376쪽(연방준비은행 신용 잔액, 연방정부증권 보유액, 할인어음, 매입어음), 계절조정됨. "기타"는 잔여분으로부터 얻어짐.

갤브레이스, J. K.(Galbraith, J. K.) 81 주 6

고든, R. A.(Gordon, R. A.) 81 주 6

고튼, 개리(Gorton, Gary) 26

골드스미스, R. W.(Goldsmith, R. W.) 163 주 65

골든와이저, E. A.(Goldenweiser, E. A.) 238 주 145, 239~240 주 147, 242~244, 245 주 152, 250~251, 251 주 160

그레이엄, 프랭크 D.(Graham, Frank D.) 173 주 75


로버트슨, 데니스(Robertson, Dennis) 280

로저스, J. H.(Rogers, J. H.) 260 주 166

리드, 해롤드 L.(Reed, Harold L.) 138 주 51, 260 주 166


메이스지크, 조지(Macesich, George) 69 주 1

밀리노, 도널드 J.(Mullineaux, Donald J.) 26

미첼, W. C.(Mitchell, W. C.) 18, 31


바커, J. M.(Barker, J. M.) 282

버냉키, 벤(Bernanke, Ben) 24, 27~28, 53, 53 주 18

번스, A. F.(Burns, A. F.) 18, 110

번스, J. M.(Burns, J. M.) 123 주 44

베그홋, 월터(Bagehot, Walter) 234

봅, 카를(Bopp, Karl) 260, 261 주 166

브루니, 찰스 H.(Brunie, Charles H.) 41 주 5, 55 주 21

비슬리, 노먼(Beasley, Norman) 123 주 45

빌라드, H. H.(Villard, H. H.) 250 주 158


삭스, 제프리(Sachs, Jeffrey) 24

소프, 윌러드 L.(Thorp, Willard L.) 119 주 40

솔터, 아서(Salter, Arthur) 173 주 74

슈워츠, 안나 제이콥슨(Schwartz, Anna Jacobson) 35~37, 36 주 2, 42, 42 주 7, 47 주 11, 49 주 12

슐레징어, A. M.(Schlesinger, A. M., Jr.) 123 주 44

슘페터, J. A.(Schumpeter, J. A.) 81 주 6

스나이더, 칼(Snyder, Carl) 265 주 171

스미스, 릭시(Smith, Rixey) 123 주 45

스프레이그, O. M. W.(Sprague, O. M. W.) 120, 275 주 179


아이켄그린, 배리(Eichengreen, Barry) 24~25

안겔, J. W.(Angell, J. W.) 261 주 166

애덤스, A. B.(Adams, A. B.) 258 주 164

앤더슨, 벤자민(Anderson, Benjamin) 244, 245, 249 주 157, 250 주 158, 251 주 160

연방준비제도이사회(Federal Reserve Board) 81 주 6, 143 주 54, 144 주 55

와버튼, 클라크(Warburton, Clark) 71 주 2, 117~118 주 38, 253 주 161, 258 주 163

워버그, 폴 M.(Warburg, Paul M.) 106 주 28

윌리스, H. P.(Willis, H. P.) 112 주 32, 251 주 159


제임스, 해롤드(James, Harold) 24

제임스, F. 시릴(James, F. Cyril) 89 주 11

존스, 제스(Jones, Jesse) 113 주 33

차우드리, 에산(Choudhri, Ehsan) 22, 24

채프먼, J. M.(Chapman, J. M.) 112 주 32, 251 주 159

챈들러, 레스터 V.(Chandler, Lester V.) 191 주 94, 263 주 167, 263 주 168, 264 주 169, 266, 266 주 172, 273~ 274 주 178, 285


캄파, 호세 마누엘(Campa, José Manuel) 24

캐리, 케빈(Carey, Kevin) 24

케인즈, 존 메이너드(Keynes, John Maynard) 6, 281, 285

코친, 레비스(Kochin, Levis) 22, 24

클레이, 헨리(Clay, Henry) 281, 285

킹, W. I.(King, W. I.) 260 주 166


타우지그, F. W.(Taussig, F. W.) 282


프라이델, 프랭크 B.(Freidel, Frank B.) 123 주 45

프리드먼, 밀턴(Friedman, Milton) 11~12, 11 주 1, 35, 36 주 2, 37~38, 41, 42 주 7, 49, 49 주 12, 49 주 14, 53 주 18, 74 주 3

피셔, 어빙(Fisher, Irving) 260 주 166, 265 주 171


하디, 찰스 O.(Hardy, Charles O.) 47 주 11

한센, A. H.(Hansen, A. H.)  81 주 6,
258 주 164

해리슨, 조지(Harrison, George)  91 주
12, 98 주 17, 101 주 20, 102~103 주
22, 103~104 주 23, 115 주 35, 116 주
36, 122 주 43, 134 주 48, 138 주 51,
140~141 주 53, 143 주 54, 144 주
55, 151 주 58, 154 주 60, 162 주 64,
163 주 66, 166 주 68, 166 주 69, 168
주 72, 172 주 73, 177 주 76, 178 주
79, 180 주 82, 182 주 84, 184~185
주 86, 186 주 88, 186~187 주 89,
188 주 90, 188 주 91, 190 주 92, 190
주 93, 191 주 94, 192 주 95, 193 주
96, 193~194 주 98, 198 주 103, 200
주 105, 201 주 107, 204 주 111, 206 주
114, 208 주 115, 209 주 118, 210 주
122, 215 주 127, 216 주 129, 219 주
133, 221 주 134, 223 주 137, 237 주
143, 237 주 145, 245, 246 주 152, 246
주 153, 247~248 주 155, 250 주 158,
252~253 주 161, 256 주 162, 264 주
170

해몬드, 브레이(Hammond, Bray)  118
주 39, 163 주 65

해밀턴, 제임스(Hamilton, James)  16

햄린, 찰스 S.(Hamlin, Charles S.)  138
주 51, 178 주 78, 181 주 83, 182 주
84, 184 주 86, 186~187 주 89, 199
주 104, 206 주 114, 208 주 117, 245,
245~246 주 152, 267 주 173, 268,
273~274 주 178

후버, 허버트(Hoover, Herbert)  94 주
15, 103 주 23, 112 주 33, 123 주 44,
249 주 157

가너, 존 N.(Garner, John N.) 112 주
　33
개인소득
　~ 월별 수치 77
　도표공개시장 매입 계획과 ~ 110
　1차 은행위기 기간 중의 ~ 91
　주식시장 붕괴와 ~ 80
거시경제 6~7
거품 50, 53
경기 호황과 불황(1914~1933년) 66 도
　표, 70~75
경제
　~의 심리적, 정치적 요인 280~288
　경기 침체 106
　공개시장매입정책과 ~ 110
　1차 은행위기와 ~ 91
　1933년 은행위기와 ~ 111~112
　주식시장 붕괴와 ~ 80
　화폐의 ~에 대한 영향 63, 69~70,
　　110~111, 280~288
경제에서의 심리적 요인 280~287
경제에서의 정치적 요인 280~288
계약의 자유 11
고용 91, 110
『고용, 이자 및 화폐의 일반 이론(Gene-
　ral Theory of Employment, Interest,

and Money)』(케인즈) 6
고정환율 39
골드스미스, R. W.(Goldsmith, R. W.)
　163 주 65
골든와이저, E. A.(Goldenweiser, E.
　A.) 201 주 107, 238 주 145, 239~240
　주 147, 242~245, 247 주 155, 250,
　274 주 178
골든와이저 문서 202 주 107
골즈보로, T. 앨런(Godsborough, T.
　Alan) 216 주 128
골즈보로 법안 222 주 136
공개시장 매입
　~에 대한 반대 100, 191~195, 194
　　주 98, 215 주 127, 216~218,
　　221~222 주 134, 256 주 162, 272
　~을 위한 의사결정 267
　뉴욕연방준비은행에 의한 ~ 134~
　　135, 177~182, 185~186, 199
　뉴욕연방준비은행의 ~에 대한 옹호
　　175~176, 185~192, 195
　대규모 ~(1932년 4월) 18, 108~
　　111, 148~151, 213~220
　스트롱과 ~ 264~265
　연방준비제도에 의한 ~ 187~189,
　　200, 203, 204, 268

2차 은행위기 기간 중의 ~ 94, 143
1930년에 대해 가상적으로 적용된 ~
　의 효과 228~233
잉여 금 문제와 ~ 243~244, 247~
　249, 247~248 주 155, 248~249 주
　156
　팽창적 ~ 175, 176
공공사업 107
공화당 122
공황 대공황(1929~1933년)을 보라.
국무부 208 주 116
국법은행권 149, 150 주 57
국제결제은행(Bank for International
　Settlements) 208 주 116
국제 경제에서 미국의 역할 170~173
국제신탁 86 주 9
그린스펀, 앨런(Greenspan, Alan) 41,
　50~52
글래스, 카터(Glass, Carter) 105, 105
　주 28, 123, 123 주 45, 221 주 134,
　251 주 159, 256~257 주 162
글래스-스티걸 법(1932년) 104, 105 주
　26, 176, 212, 216 주 128, 244, 248,
　249, 250 주 158, 251 주 159, 253, 274
　주 178
금
　~과 금환본위제 169~170
　~ 스톡 236
　~ 스톡과 통화량 172
　~에 대한 가상 정책 236~239
　~에 대한 국내 수요 114, 124, 152~
　154, 154 주 60
　~ 유입 108, 140, 140 주 52, 141~
　142, 149, 171, 172
　~ 유출 97~100, 115, 145, 149,

170, 174, 207, 209, 235
　~의 달러 평가 123, 123 주 45
　~의 불태화 172, 198, 204, 235, 239
　~의 상환 및 반출 중단 117
　~ 퇴장 154 주 60
　뉴욕연방준비은행의 ~ 34~35
　담보로서의 ~ 243
　연방준비제도의 ~ 정책 153, 153 주
　59
　외국 은행위기와 ~ 94
　프랑스와 ~ 174
　잉여 금 문제, 금본위제도 보라.
금본위제
　~와 불황 21~24
　~의 변형 69
　~의 유지 209, 237, 285
　~의 전반적인 포기 20~21, 96 주 16
　국제~ 20~24, 96 주 16
　루즈벨트와 ~ 19, 123
　영국의 ~ 이탈과 그 영향 16, 22,
　95~107, 96 주 16, 144~148, 164,
　174, 176, 207~213
　중국과 ~ 21, 173
　금환본위제도 보라.
금 블록 21~24
금융 재건 89 주 11
금환본위제(gold-exchange standard)
　20, 169~170
기리, W. B.(Geery, W. B.) 193
긴급 구호 및 건설에 관한 법(1932년)
　104 주 24, 105 주 25, 112 주 33
긴급은행법(1933년) 117, 122, 221 주
　134, 273 주 178

네덜란드 24, 95, 96

네바다 주 113

노리스, 조지 W.(Norris, George W.)
193, 194 주 98, 203, 211 주 123

노먼, 몬태규(Norman, Montagu) 262,
281

노벡, 피터(Norbeck, Peter) 221 주 134

농업조정법에 대한 토마스 수정안(1933
년) 123 주 45

농장 104 주 24

뉴욕 시 소재 은행들 79~80 주 5, 99 주
18, 114, 133, 134

뉴욕연방준비은행
~과 공개시장정책회의 186~189,
188 주 91, 191~193
~과 국제통화관계 207, 208 주 116,
256 주 162
~과 다른 연방준비은행의 관계 195,
267~270
~과 연방준비제도이사회 29, 134~
135, 175~184, 196, 262, 266
~과 은행 도산 166~167
~에 의한 어음 매입 183~184,
187~188, 211~212, 223
~에 의해 매입된 정부증권 134~
135, 177~183, 185~186, 199
~에 의해 옹호된 공개시장 매입
175~177, 185~192, 195~196
~의 금 보관 34~35
~의 뉴욕 시 은행들에 대한 대부
134
~의 재할인율 98
~의 할인율 78 도표, 128, 140, 143,
148, 178~180, 183~184, 207~
209, 209 주 120, 242 주 148

~이 보유한 지식과 이해 정도 195,
268~270
~이 주선한 구제 조치 98, 101~
102, 102 주 22
은행위기 기간 중의 ~ 88
주식시장 붕괴와 ~ 80

뉴욕 주 115, 116 주 36

뉴저지 주 116

니커보커신탁회사(Knickerbocker Trust
Company) 89


담보 104, 243~244

담보 대출의 청산 128, 132~135

대공황(1929~1933년)
~시기 화폐의 역할 64, 67~71
~에 대응하기 위한 활용 가능한 지
식 255~257, 258~260, 259~260
주 165
~에 대한 구호 노력 107
~에 대한 동시대의 반응 258, 261
~의 교훈 11~12, 64, 69~71
~의 국제적 성격 169~174
~의 심각성 67
~의 예견된 귀환 40
~의 원인 6~7, 12~31, 276~277
~의 전개 과정 75
~ 이전 사례 67~68
연방준비제도와 ~ 6, 64

『대공황, 1929~1933년』(프리드먼과 슈
워츠) 37~38

대공황의 국제적 성격 169~174
~에서의 미국의 역할 170~173
~에서의 심리적, 정치적 요인 280
고정환율 173

국제적 불황 20~24
금본위제 20~24
금 불태화 172
금환본위제 169, 170
뉴욕연방준비은행과 ~ 207, 208 주 116
외국은행 94, 96, 144, 144 주 55, 207, 208 주 116, 262
외환 136 주 50
2차 은행위기 93
대내적 유출 17, 97, 98, 100, 114, 115, 124, 234, 235, 243
대안적 정책들 224~253, 259~260 주 165
1930년의 ~ 227~231
1931년 초반의 ~ 231~233
1931년 후반의 ~ 233~242
대외 유출 16~17, 96~101, 114~115, 124, 234~236
대통령 선거운동(1932년) 122, 122 주 44
대통령 실업구제협회 107
데이(Day)(샌프란시스코연방준비은행 부총재) 212 주 124
도매물가
~ 월별 수치 77 도표
주식시장 붕괴 기간 중의 ~ 80
독일 22, 23, 93, 172, 173
독일제국은행 144 주 55, 263
동결자산 106
디플레이션 52~53

라몬트, 토마스 W.(Lamont, Thomas W.) 86 주 9

러플린, J. 로런스(Laughlin, J. Laurence) 257 주 162
레이놀즈, 잭슨(Reynolds, Jackson) 87 주 9
레이번, 새뮤얼(Reyburn, Samuel) 97 주 17
로버트슨, 데니스(Robertson, Dennis) 280
로자, 로버트(Roosa, Robert) 36 주 4
로자, 로버트(Rosa, Robert) 36, 36 주 4, 37
로치, 스티븐(Roach, Stephen) 53, 54
루마니아 23, 172
루이지애나 주 113
루즈, 로버트(Rouse, Robert) 37
루즈벨트, 프랭클린(Roosevelt, Franklin) 19, 117, 123, 123 주 44, 123 주 55
리더십 29~30, 271~275
리드, 해롤드 L.(Reed, Harold L.) 138, 259
리만, 허버트 H.(Lehman, Herbert H.) 86 주 9, 115, 116 주 36
리타우어센터(Littauer Center), 하버드 대학교의 36

마기, 웨일런드 W.(Magee, Wayland W.) 273 주 178
마샬, 앨프리드(Marshall, Alfred) 61
마이어, 유진(Meyer, Eugene) 112, 115, 116 주 36, 151 주 58, 175, 199~201, 201 주 107, 203~205, 206 주 114, 208, 212, 214, 216, 219, 221 주 134, 222, 222 주 136, 238 주 145,

247 주 155, 259, 272, 272~273 주 177, 273 주 178

마틴, 윌리엄 맥체스니(Martin, William McChesney) 194 주 98

매사추세츠 주 116

매입금리 249, 250 주 158

맥가라, 게이츠 W.(McGarrah, Gates W.) 208 주 116

맥더걸, 제임스(McDougal, James) 191, 199, 203, 210, 211 주 123, 212 주 124, 213, 215 주 127, 216, 217, 220

멜론, 앤드류 W.(Mellon, Andrew W.) 26, 50, 181, 266 주 172

명목금리 9

명목소득 73, 74

모레, 끌레망(Moret, Clement) 256 주 162

모로, 에밀(Moreau, Émile) 262

물가 도매물가를 보라.

물가, 생산성, 소득에 대한 범영국위원회(브리티쉬 카운슬)(British Council on Prices, Productivity and Incomes) 280, 286

미국경제학회(American Economic Association) 261

『미국화폐사, 1867~1960년』(프리드먼과 슈워츠) 6, 9, 11, 12, 20, 42, 288

미쉬킨, 프레더릭(Mishkin, Frederic) 54

미시건 주 113

미첼, 찰스 E.(Mitchell, Charles E.) 144 주 55, 208, 254 주 161

민간
　～의 은행에 대한 신뢰 83, 85, 92~94, 123 주 44, 146, 147, 166

～의 은행예금 75, 88, 90, 94~95 예금/유통현금 비율도 보라.

～의 현금 보유 83, 88, 90, 93, 95, 113 예금/유통현금 비율도 보라.

개인소득도 보라.

민간구제기구 107

민주당(미국) 122

밀러, 아돌프(Miller, Adolph) 48, 138, 166, 178 주 78, 182 주 84, 200, 208 주 117, 236 주 141, 273 주 178

밀즈, 오그덴 L.(Mills, Ogden L.) 112 주 33, 115, 116 주 36, 214, 222, 254 주 161, 274 주 178


바커, J. M.(Barker, J. M.) 282

뱅크런(예금인출쇄도) 26, 87 주 9, 98, 112, 113, 162, 165

버냉키, 벤 S.(Bernanke, Ben S.) 50, 52~53

버제스, W. R.(Burgess, W. R.) 163, 188 주 91, 208, 208 주 116, 217~218, 223, 235 주 141, 244 주 151, 264 주 170

베그홋, 월터(Bagehot, Walter), 『롬바드 스트리트(Lombard Street)』 233~235, 255

벨기에 24, 96

보스턴연방준비은행 218, 219

본원통화(high-powered money)
　～ 공급의 실패 147
　～와 통화량 125, 126 도표, 127 주 46 의 표
　～의 심리적, 정치적 요인들 284~287

~의 증가 138
금 유출과 ~ 99
은행 도산과 ~ 164, 165
은행위기(banking panic) 기간 중의
~ 151~152
2차 은행위기 기간 중의 ~ 142
1차 은행위기 기간 중의 ~ 139~
141
1931~1932년의 ~ 144~150
자산 매각과 ~ 98 주 17
재무부 및 연방준비은행의 자산과 부
채로 나누어 살펴본 ~ 129 도표
주식시장 붕괴와 ~ 135~138
지급 제한과 ~ 118
볼커, 폴(Volcker, Paul) 7, 35, 41
봅, 카를(Bopp, Karl) 260
불황 대공황(1929~1933년)을 보라.
브로드릭, 조지프 A.(Broderick, Joseph
A.) 85 주 9
블랙, 유진(Black, Eugene) 191, 204
비스마르크, 오토 폰(Bismark, Otto
Von) 288

산업생산
~ 월별 수치 77 도표
1차 은행위기 기간 중 ~ 91
주식시장 붕괴 기간 중 ~ 80
『상업 금융 신문(Commercial and Fi-
nancial Chronicle)』 256 주 162
상업어음금리 101~102, 109
상원 은행통화위원회 105
새버스, A. J.(Sabath, A. J.) 259
샌프란시스코연방준비은행 252 주 161
생산 산업생산을 보라.

샤호트, 히알마르(Schacht, Hjalmar)
262
소득 명목소득, 개인소득, 실질소득을
보라.
소비자물가지수 50~53
슈라이너, 루이스(Schreiner, Louis)
287
슈워츠, 안나 제이콥슨(Schwartz, Anna
Jacobson) 11~30, 37, 38, 42~44,
46
스나이더, 칼(Snyder, Carl) 188 주 91,
196
스웨덴 96
스위스 96
스칸디나비아 국가들 22, 24
스털링 16, 95, 96 주 16
은도 보라.
스튜어트, 월터 W.(Stewart, Walter W.)
48, 263, 274 주 178
스트롱, 벤자민(Strong, Benjamin) 15,
29, 30, 47, 48, 191, 207, 235~236 주
141, 262~266, 265 주 171, 266 주 172,
271, 271 주 176, 274 주 178
스페인 22, 24
스프레이그, O. M. W.(Sprague, O. M.
W.) 261
시, 조지(Seay, George) 191, 212 주
124, 220, 247 주 155
시카고 108, 191
시카고연방준비은행도 보라.
시카고연방준비은행 218~219, 266 주
172
식별의 문제(identification problem)
12
신용의 용도 48

신케인즈주의 종합 7
실업 9, 74, 107
실질금리 9
실질소득 73


아이오와 주 113
안겔, J. W.(Angell, J. W.) 260
애터베리, O. M.(Attebery, O. M.) 194
　주 98
앤더슨, 벤자민(Anderson, Benjamin)
　244, 250 주 158, 251 주 160
연방기금금리 8~9
연방은행신탁 163 주 65
연방자문위원회 195
연방재정 106~107
연방정부의 재정적자 107
연방주택대부은행 69, 106
연방주택대부은행법(1932년) 106~
　107, 149
연방준비법(1913년) 105, 115, 256 주
　162, 257, 259 주 165, 261, 269
연방준비은행
　~과 공개시장정책회의 186
　~과 연방준비제도의 관계 42~44,
　219 주 132
　~들 가운데 엘리트로서의 뉴욕연방
　준비은행 195, 268~270
　~의 권한 177~178
　~의 은행 휴무 68, 116
연방준비은행 신용 잔액
　~의 계절적 패턴 94, 108, 142, 185,
　196~198
　~의 유형 131 도표
　2차 은행위기 기간 중의 ~ 94~95,

　142
　1차 은행위기 기간 중의 ~ 93, 140~
　141
　1931~1932년의 ~ 145, 148~149,
　197~198, 210
　주식시장 붕괴 당시의 ~ 83~85,
　139
　주식시장 붕괴 이전의 ~ 127~128
연방준비제도
　~ 안에서의 정책 의사결정 44~47,
　190 주 93, 267, 270, 275
　~에 대한 신뢰 166
　~에 대한 의회의 압력 108, 213,
　216, 216 주 128, 221~222 주 134,
　222, 276
　~에 대한 프리드먼의 견해 38, 55
　~에서의 권력 중심 이동 및 권력 투
　쟁 29, 134~135, 175~184, 262,
　268, 270, 275
　~에서의 은행 차입 100~101, 105,
　105 주 26
　~에서의 지역 은행 43~44
　~에 의한 공개시장 매입 108~111,
　148~151, 213~220, 268
　~에 의한 지급 제한 116~118
　~에 의해 매입된 정부증권 18,
　187~189, 200, 203, 204, 215, 262
　~와 비회원은행들 167~168
　~와 외국은행들 144, 144 주 55
　~와 은행 도산 166~168
　~와 주식시장 투기 15, 47~54, 283
　~의 금 정책 153, 153 주 59
　~의 급여 구조 271 주 176
　~의 설립 26, 43
　~의 수동성 167, 262, 276

~의 실패  6, 64, 70, 89, 114~115, 255~277, 285

~의 중요성  34, 35

대공황 이후 변화된 ~의 권력  69

1940년대의 ~  35~38

1920년대의 ~  42~46

대안적 정책들, 연방준비은행 신용 잔액, 통화 정책도 보라.

연방준비제도 공개시장정책회의  90 주 12, 100, 101, 166, 175, 186~188, 186~187 주 89, 191~193, 193~194 주 98, 196, 199~205, 206 주 114, 207, 209~215, 219~224, 246, 247 주 155, 247, 252~253 주 161, 270

연방준비제도 공개시장투자위원회  44, 45, 52, 134, 175~179, 181, 182, 185, 186, 263, 267

연방준비제도이사회

  ~에 의해 임명된 공개시장투자위원 회  44

  ~와 공개시장정책회의  199~205, 206 주 114

  ~와 뉴욕연방준비은행  29, 134~ 135, 175~184, 196, 262, 266~ 267

  ~와 연방준비은행  266 주 172

  ~와 운영 기능  179~181

  ~와 은행 도산  166~167

  ~와 은행 차입  105 주 26

  ~와 은행 휴무  122 주 44

  ~와 잉여 금 문제  248 주 156

  ~와 주식시장 투기  14~16, 46~55

  ~와 통화정책  42, 200~201

  ~의 권력  181, 271

  ~의 리더십  29~30, 271~275

그린스펀과 ~  50~53

은행장들의 ~와의 관계  37

영, 로이(Roy Young)  177, 179, 181, 182 주 84, 192, 194 주 98, 199, 199 주 104, 203, 213, 215 주 127, 216, 217, 220, 267, 271~272

영, 오웬 D.(Young, Owen D.)  86 주 9, 122 주 43, 166, 209, 217, 219, 248 주 155, 253 주 161

영국

  ~의 금본위제 이탈  16~18, 22, 95~97, 144, 164, 174, 207

  ~의 불황  96 주 16

  ~의 차입  94

  독일에 의해 동결된 ~의 자산  93

영란은행  144 주 55, 207, 262

예금 은행예금을 보라.

예금/유통현금 비율

  은행 도산과 ~  158

  2차 은행위기 기간 중의 ~  142~ 143

  1차 은행위기 기간 중의 ~  139

  1931~1932년의 ~  144~150

  주식시장 붕괴 당시의 ~  135~136

  통화량과 ~  124~125, 126 도표, 127 주 46의 표

예금/준비금 비율

  2차 은행위기 기간 중의 ~  142

  1차 은행위기 기간 중의 ~  139

  1931~1932년의 ~  144~150

  주식시장 붕괴 당시의 ~  133~136, 138

  통화량과 ~  124~125, 126 도표, 127 주 46의 표

오르파니데스, 아타나시우스(Orphanides, Athanasios) 14 주 2

오스트리아 23, 93, 172

오스트리아국립은행 144 주 55

오웬, R. L.(Owen, R. L.) 259 주 165

오펜하이머 사(Oppenheimer & Co.)
　40

올드리치-브릴랜드 법(Aldrich-Vree-
　land Act)(1908년) 104, 257 주 163

와버튼, 클라크(Warburton, Clark) 168
　주 71, 253 주 161, 258 주 163

외국은행 93, 96, 144, 144 주 55, 207,
　208 주 116, 262

외환 136 주 50

우체국 저축예금 85 주 8

울리, 클래런스 A.(Woolley, Clarence
　A.) 264 주 170

워렌, 조지(Warren, George) 123

월스트리트 47, 48

윌리스, H. 파커(Willis, H. Parker) 256
　주 162, 261

윌리엄스, 존 H.(Williams, John H.)
　37, 37 주 3, 38

유동성
　~위기에 대한 대처 257, 257 주 163,
　　258~260, 265
　~위기의 중요성 277
　은행위기 기간 중의 ~ 88~90
　일련의 ~위기 89
　주식시장 붕괴와 ~ 128, 132~135

은 173, 281
　스털링도 보라.

은행
　~과 채권시장 90
　~ 부실 97 주 17
　~에 대한 신뢰 83~85, 92~94, 122

주 44, 146~148, 166
　~에 의한 차입 100~101, 105 주 26,
　　112~114
　~의 지급준비금 83, 88, 93, 96~97,
　　109, 138, 150~151, 151 주 58,
　　220, 223, 259 주 165, 287~288
　예금/준비금 비율도 보라.
　~ 자산 100~102, 102 주 22, 121,
　　162~165

금융기관 간 인수와 추가 출자를 통
　한 부실 ~ 처리와 금융 재건 26,
　89 주 11

뱅크런(예금인출쇄도) 26, 87 주 9,
　98, 113, 162, 165
　외국 ~ 94, 96
　주식시장 붕괴와 ~ 82
　캐나다의 ~ 157~159

은행 도산 155~168
　~과 본원통화 164~165
　~과 통화량 감소 156~159, 165
　~에 대한 연방준비제도의 태도
　　26~27, 166~168
　~에 따른 손실 156~157
　~ 원인으로서의 부실 은행 경영
　　26~27, 164~165, 167~168
　~의 간접적 영향 157, 159
　~의 기원 26, 159~165
　~의 비통화적 영향 27~28
　~의 역할 25~28, 155~159
　~의 정도 68~69

도산 은행 예금의 회수 102~103 주
　22

19세기의 ~ 119, 119 주 40

연방준비제도 이전의 ~ 25~26

은행예금에 대한 지급 제한과 ~ 97,

97 주 17

은행 휴무 이후의 ~ 121

우량한 은행과 취약한 은행 간 관계
와 ~ 26~27, 162~164, 163 주
65

유럽의 ~ 93~94

1차 은행위기 기간 중의 ~ 83~88,
89~90

1933년의 ~ 111~112, 120~121

1932년의 ~ 108, 111

1931년의 ~ 98~99, 103~104

자산 가치와 ~ 162~165

채권시장과 ~ 163~164, 163 주 65

통화정책과 ~ 27~28, 235~236 주
141

투자와 대부의 ~에 대한 영향 159~
162

합중국은행 ~ 86~87

은행 휴무도 보라.

은행예금

~에 대한 연방보험 69, 105

~에 대한 지급 제한 88~89, 97

~ 월별 수치 76 도표

~의 감소 156

1932년의 ~ 109

지불 중단 상태의 ~ 84 도표, 85, 93,
96~97, 156~157

예금/유통현금 비율과 예금/준비금
비율도 보라.

은행예금에 대한 보험 69, 105

은행예금의 지급 제한 88, 89, 97,
97~98 주 17, 116~121, 117 주 38

은행 지급준비금 83, 88, 93, 97, 109,
138, 150, 151, 151 주 58, 220,
222~224, 259~260 주 165

예금/준비금 비율도 보라.

은행 폐쇄 은행 도산과 은행 휴무를 보
라.

은행 휴무

~의 유형 115 주 35

1932~1933년의 ~ 19, 68, 111, 113,
116 주 36, 115~117, 120~121,
122 주 44

전국 ~ 19, 115~117, 116 주 36,
120~121, 122 주 44

은행 도산도 보라.

의사결정

개인적 ~과 관료적 ~ 38

기업의 ~ 280

연방준비제도의 ~ 43~47, 190 주
93, 266~268, 270, 275~276

의회

~와 통화정책 107, 176, 213

연방준비제도에 대한 ~의 압력 108,
213, 216 주 128, 216, 221 주 134,
222~223, 275~277

은행 휴무와 ~ 113

특수한 입법 행위들도 보라.

이자수익률 월별 수치 78 도표

이자율

2차 은행위기 기간 중의 금리 95

1차 은행위기 기간 중의 금리 90

1932년의 금리 109

주식시장 붕괴 기간 중의 금리 80,
81, 137

이중 저점 110

2차 은행위기(1933년 3월)

~ 기간 중의 이자율 95

~ 기간 중의 현금 보유 93

~와 비교한 1차 위기 142~143

~의 통화량 94~95, 141~144

해외 사건들과 ~ 92~94

이탈리아 24

인플레이션

  ~ 목표 설정 8

  ~에 대한 논쟁 7

  ~에 대한 통화주의적 접근 8~9,
  40~41

  볼커의 ~ 조절 41

  연방준비제도의 ~에 대한 접근법
  8, 45~46, 51, 53

  1940년대의 ~ 41

  화폐와 ~ 40

  화폐 이론 오인과 ~ 256~257 주
  162

일리노이 주 116

일본 22, 52

1일물(오버나이트) 대부금리 8

1차 은행위기(1930년 10월)

  ~ 기간 중의 유동성 88

  ~ 기간 중의 은행 도산 83~88

  ~ 기간 중의 은행예금 88, 90

  ~ 기간 중의 이자율 90

  ~ 기간 중의 통화량 92, 139~141

  ~ 기간 중의 현금 보유 88, 90

  ~와 비교한 2차 위기 142~143

  ~의 경제적 영향 91

1933년 은행위기

  ~ 기간 중의 대내적 유출과 대외적
  유출 113~115, 124

  ~ 기간 중의 은행 도산과 은행 휴무
  111~113, 115~117

  ~ 기간 중의 통화량 151~154

  ~ 기간 중의 통화정책 18~19,
  220~225

~의 요인 121~124

지급 제한과 ~ 117~121

후버 대통령, 루즈벨트 대통령 당선
  자, 그리고 ~ 19, 122~124

1907년 위기 97 주 17, 147

1839년 위기 68~69, 119

입센, 헨리크(Ibsen, Henrik) 283

잉여 금 문제 242~253

  ~에 대한 설명 243

  ~ 완화 조치 249~251, 250 주 158

  ~의 고려 205, 210 주 122, 212,
  243~249, 248~249 주 156

  공개시장 매입과 ~ 243~244,
  247~248 주 155, 247~249,
  248~249 주 156

  글래스-스티걸 법과 ~ 212, 244,
  253

  정책적 영향에서 ~의 무의미함
  243~253

자산

  ~동결 106

  영국의 ~ 94

  은행 ~ 100~102, 102~103 주 22,
  121~122, 162~165

  통화당국의 ~ 130 도표

자산가격 50~54

자연실험(natural experiments) 12~
  13, 30

자유 11

자유시장 11, 51

재건금융공사(Reconstruction Finance
  Corporation, RFC) 69, 104, 104 주
  24, 108, 112, 112 주 33, 122, 122 주

43, 212, 273, 273 주 178

재무부  37, 123 주 44, 212, 223, 249,
 252 주 161

재산권  11

재할인율  98

『저널 오브 커머스(Journal of Commer-
ce)』 256 주 162

적격어음  104, 243~244, 250 주 159,
 250, 256 주 162

전국신용공사(National Credit Corpora-
tion)  103, 207, 248 주 155

전미경제연구소(National Bureau,
NBER)  137, 279

정부증권  18, 90, 95, 101, 102, 110,
 134, 135, 137, 150 주 57, 152, 164,
 165 주 67, 176~179, 185~189, 200,
 203, 204, 214, 215, 228~231, 262
채권시장, 공개시장 매입도 보라.

정부 지출  107

정책준칙  9

정치과학회(Academy of Political
Science)  261

정화유통령  68

제2차 세계대전  40

제2합중국은행  68

제임스, 조지(James, George)  182 주
84, 273 주 178

제조업자신탁(Manufactures Trust)  86
주 9

조세  107

주가의 월별 수치  78 도표

주식시장 붕괴(1929년 10월)
 ~ 기간 동안의 화폐 유통속도  81
 ~ 기간의 이자율  80, 81
 ~ 기간의 지출  81

~ 기간의 통화량  80~83, 127~139

~ 기간의 통화정책  176~183

~ 기간의 할인율  137, 138

~ 기간 중 거래된 주식  79

~에 앞선 시장질서 회복 시도  79 주
4

~와 경제침체  80

~와 유동성  128, 132~135

~와 은행  83

~와 증권매매업자에 대한 대출  80
주 5, 133

~의 초기 영향  80

~ 이전의 통화정책  14~16

대공황 시기 ~의 역할  80~82

주식 가격과 ~  75~79

주식시장 투기  14~15, 14~15 주 3,
47~54, 283

주택 금융 기관  106

주택대부은행법(1932년) 연방주택대부
은행 법(1932년)을 보라.

중국  21, 173

증권매매업자에 대한 대출  80 주 5, 133

지급 중단  120

지불 중단 은행의 예금  84 도표, 85, 93,
97, 157

지출  81
정부 지출도 보라.

직접적 압력  15, 47~49, 251, 252 주
161, 271

진성어음주의  46, 194 주 98, 221 주
134, 244, 256 주 162

집계통화량  8


참전군인  91, 91~92 주 13

채권시장
~과 통화량 190
연방준비제도와 ~ 191~195, 201
은행 도산과 ~ 162~165, 163 주 65
1차 은행위기 기간 중의 ~ 90~91,
90 주 12
회사채, 정부증권, 공개시장 매입도
보라.
철도채권 102~103 주 22, 103 주 23
청산소(clearinghouses) 26
청산소은행(Clearing House banks) 85
주 9, 88, 99 주 18, 115, 116 주 36
청산소협회(Clearing House Associa-
tion) 85 주 9
초과지급준비금 83, 93, 109, 138,
150~151, 151 주 58, 219~220, 223,
259 주 165
총재회의 263
침체 52

칼킨스, 존 U.(Calkins, John U.)
191~192, 212 주 124, 247 주 155
캐나다 22, 28, 157~159, 174
캐나다왕립은행 195, 260 주 165
캐머러, E. W.(Kemmerer, E. W.) 261
커닝햄, 에드워드(Cunningham, Ed-
ward) 182 주 84, 273 주 178
커티스, 프레더릭 H.(Curtiss, Frederic
H.) 193 주 98
케이스, J. H.(Case, J. H.) 85 주 9, 162
케인즈, 존 메이너드(Keynes, John
Maynard) 281, 285, 288
콜 대부 132
크레디트안슈탈트(Kreditanstalt)(오스

트리아) 93
크리싱거, 대니얼 R.(Crissinger, Daniel
R.) 266 주 172, 267

탤리, 린 P.(Talley, Lynn P.) 192~193
테일러, 로버트 M.(Taylor, Robert M.)
65
테일러 준칙 45
토마스, 엘머(Thomas, Elmer) 214
통화당국의 자산 130 도표
통화량
~ 변동 요인 125~154
~에 대한 해외의 영향 93~94
~ 월별 수치 76 도표
~의 급감 99
~ 저점 127 주 46
공개시장 매입과 ~ 148~151
금 스톡과 ~ 171~172
대공황 시 ~ 67~69, 74, 156~159
미국과 캐나다의 ~비교 157~159
본원통화와 ~ 125, 126 도표, 127 주
46의 표
영국의 금본위제 이탈 후 ~ 144~
148
은행 도산과 ~ 156~159, 165
은행위기(banking panic) 시 ~
151~154
2차 은행위기 기간 중의 ~ 94~95,
142~144
1차 은행위기 기간 중의 ~ 92,
139~141
1933년의 ~ 111
1932년의 ~ 109
주식시장 붕괴와 ~ 81~83,

127~139

채권시장과 ~ 190

통화 부문 이외 영역에서의 구호 노력
106~107

통화 완화 150, 197, 283

통화완화정책도 보라.

통화완화정책 138 주 51, 235 주 141,
263~264

통화 완화도 보라.

통화정책

~과 은행 도산 27~28, 235~236 주
141

~과 주식시장 붕괴 14~17, 176~
183

~에 대한 의회의 노력 105~106

~에 의한 인플레이션 목표 설정 8,
45, 51, 53

~ 에피소드 13~20

~을 실로 비유 150

~의 무력성 7, 64, 69

~의 실패 255~277, 285~286

~의 지연된 효과 265

~의 힘 7, 31, 39, 42, 63~64, 70

공개시장 매입과 ~ 213~220

대공황 기간 중 ~의 전개 175~225

연방준비제도의 ~ 7~8, 183~206

은행위기 기간 중 ~ 19, 220~225

1931~1932년의 ~ 16~17, 207~
213

1929~1931년의 ~ 183~206

1980년대의 인플레이션을 억제하는
~ 7

대안적 정책들도 보라.

통화주의

대공황의 원인에 대한 ~ 설명 6~7,

13~20, 23

인플레이션과 ~ 8~9, 40~41

투기 14, 14~15 주 3, 46~54, 283


팬처, E. R.(Fancher, E. R.) 193 주 98,
211 주 123

팽창적 조치 공개시장 매입을 보라.

퍼블릭내셔널은행(Public National
Bank) 86 주 9

펜실베이니아 주 116

폴, J. W.(Pole, J. W.) 274 주 178

폴란드 24

푸앙카레, 앙리(Poincaré, Henri) 16

프랑스

~와 금 16, 23, 96, 149, 174, 237,
237~238 주 145

~와 금본위제 20, 23, 174, 237

~와 미국통화체제 204, 207, 237,
239, 239 주 146

~으로부터의 영국의 차입 94

~의 불황 23, 174

~의 스털링 매도 95

프랑스은행 207, 237, 237 주 145, 256
주 162, 262

프레임, A. J.(Frame, A. J.) 257 주 163

프렌치, 나태니얼(French, Nathaniel)
257 주 163

프리드먼, 밀턴(Friedman, Milton) 6,
10~31, 37~46, 55

프리드먼과 슈워츠의 역사의 활용
12~30

플래트, 에드먼드(Platt, Edmund) 182
주 84, 273 주 178·

피셔, 어빙(Fisher, Irving) 259, 265 주

171

피셔, D. H.(Fisher, D. H.) 260 주 165

필라델피아 193


하디, 찰스 O.(Hardy, Charles O.) 47

한센, 앨빈(Hansen, Alvin) 40

할인

   ~의 중요성 감소 109

   연방준비제도에 의해 ~이 단념된 사

   례 251~252, 252 주 161

   은행위기 기간 중의 ~ 89, 100~101

할인율

   ~의 월별 수치 76 도표

   뉴욕연방준비은행의 ~ 76 도표,

     127~128, 140, 143, 147~148,

     178~180, 183~184, 207~209,

     209 주 120, 242 주 148

   상업어음금리와 ~ 109

   시카고연방준비은행의 ~ 266 주 172

   2차 은행위기 기간 중의 ~ 95, 143

   1차 은행위기 기간 중의 ~ 140

   1932년의 ~ 148

   1920년의 ~ 170~171

   주식시장 붕괴 당시의 ~ 137~138

   주식시장 투기와 ~ 15, 47~49

합리성과 경제학 281~283, 288

합중국은행 85~89, 85 주 9, 166, 199

해리슨, 조지(Harrison, George) 15,

   18, 29, 49, 49 주 13, 85 주 9, 99 주

   18, 115, 116 주 36, 134, 135, 138,

   140 주 53, 154, 154 주 60, 162, 168,

   172, 177, 179~182, 186 주 89,

   187~191, 188 주 91, 196, 198~200,

   202~205, 206 주 114, 207~209, 211,

213~216, 216 주 128, 218, 219, 219

   주 132, 221 주 134, 222 주 136, 222,

   224, 237~238 주 145, 239 주 146,

   248~249 주 156, 247~248 주 155,

   250 주 158, 252~253 주 161, 256 주

   162, 268, 270~272, 271 주 176, 273

   주 178

해리슨 문서 202 주 107, 245

해몬드, 브레이(Hammond, Bray) 163

   주 65

햄린, 찰스 S.(Hamlin, Charles S.) 182

   주 84, 208 주 117, 267 주 173, 273 주

   178

햄린 일기 202 주 107, 245

헝가리 23, 172

헝가리국립은행 144 주 55

현금

   ~의 월별 수치 76 도표

   민간의 ~ 보유 83, 88, 90, 93~95,

     113

   외화 ~ 136 주 50

   예금/유통현금 비율도 보라.

현상유지협정 93

홀리-스무트 관세법(Hawley-Smoot

   Tariff Act, 1930년) 140 주 52

화폐

   ~에 대한 연구 63

   ~의 경제적 역할 63~64, 69, 111,

     280~288

   대공황과 ~ 63~64, 69~71

   인플레이션과 ~ 40

   1839~1844년 불황과 ~ 68

   통화량의 측정 단위 7

   통화량도 보라.

화폐 유통속도

~의 일반적 원리 74

대공황기의 ~ 74

주식시장 붕괴와 ~ 81

환율 39, 169~170, 173~174

회사채 90, 101~102, 163~164

후버, 허버트(Hoover, Herbert) 19, 93,
103, 104, 107, 112 주 33, 116 주 36,
117, 123 주 44, 203, 207, 249

후버 대통령과 루즈벨트 대통령 당선자
19, 122~124


J. P 모건 사(J. P. Morgan and Compa-
ny) 79 주 4, 284

RFC 재건금융공사를 보라.

# 대공황, 1929~1933년

| | |
|---|---|
| 발행일 | 2010년 8월 10일 (초판 1쇄) |
| | 2023년 12월 20일 (초판 8쇄) |
| 지은이 | 밀턴 프리드먼, 안나 제이콥슨 슈워츠 |
| 옮긴이 | 양동휴, 나원준 |
| 펴낸이 | 이지열 |
| 펴낸곳 | 미지북스 |
| | 서울시 마포구 잔다리로 111 (서교동 468-3) 401호 |
| | 우편번호 04003 |
| | 전화 070-7533-1848   팩스 02-713-1848 |
| | mizibooks@naver.com |
| | 출판 등록 2008년 2월 13일 제313-2008-000029호 |
| 책임 편집 | 박선미 |
| 출력 | 상지출력센터 |
| 인쇄 | 한영문화사 |

ISBN    978-89-94142-04-3  93320
값 20,000원

∘ 블로그 http://mizibooks.tistory.com
∘ 트위터 http://twitter.com/mizibooks
∘ 페이스북 http://facebook.com/pub.mizibooks